المدن والآثار

الإسلامية في العالم

رقم التصنيف: 956

المؤلف ومن في حكمه: أحمد أرشيد عثمان الخالدي.

عنوان الكتاب: المدن والآثار الآثار الإسلامية في العالم.

رقم الإيداع: (2008/3/855).

الواصفات:: التاريخ الإسلامي //الإسلام /الآثار/

بيانات النشر : عمان- دار المعتز للنشر والتوزيع.

*أعدت دائرة المكتبة الوطنية بيانات الفهرسة والتصنيف الأولية.

*يتحمل المؤلف كامل المسؤولية القانونية عـن محتـوى مصـنفه
ولا يعبر هذا المصنف عن رأي دائرة المكتبة الوطنيـة أو أي جهـة
حكومية أخرى.

تلفون المؤلف: 0788202951 /0777313067/0795745730

الطبعة الأولى

2010م – 1431هـ

دار المعتز للنشر والتوزيع

الأردن – عمان – وسط البلد – مجمع الفحيص التجاري ط1

تلفاكس: 4620990 6 962+

2

المدن والآثار

الإسلامية في العالم

اعداد

احمد أرشيد الخالدي

الطبعة الأولى

١٤٣١هـ -٢٠١٠م

فهرس

مقدمة

يكاد يكون من المتعذر القول بأن هناك في العمارة الإسلامية والفن الإسلامى اتجاهًا عربيًّا أو فارسيًّا أو تركيًّا أو هنديًّا موحدًا؛ لأن إرادة الحاكم في تلك العصور كانت تلعب دوراً أساسيًّا، ولكن بالطبع نظراً لوحدة العقيدة، فقد كانت هناك سمات كثيرة مشتركة خاصة في عمارة المساجد.

وفيما يلي جولة سريعة في عدد من البلاد الإسلامية ورؤية لمدى التوافق الفني المعماري في مختلف البلاد وفي فترات زمنية مختلفة أيضاً.

<u>الفن والعمارة في مصر:-</u>

لقد غمرت روح الإسلام وحضارة العرب جميع البلاد المصرـية ذات الأصالة التاريخيـة، وطرحت أمامها تلك الثروة المعماريـة والفنيـة الضخمة مـن مدنيـة قدماء المصرـيين، وتسابقت في مجالات الفنون المختلفة حتى أصبحت هـذه البلاد رائـدة وقائـدة للشعوب الإسلامية في مختلف العصور.

ومن الواضح أن يقـترن تـاريخ الفنـون والعـمارة في مصرـ بالتـاريخ السياسى والاجتماعـي والاقتصادي والثقافي والروحي. وقد تعاقبت على مصر دول متعددة وحكومات مختلفة، وتغيرت كل واحدة منها وتغير أساليب الحكم فيها، مما كان له أكبر الأثر في تطـور الفنـون والصناعات المتعددة، وتجلى ذلك بصورة واضحة في تطور أساليب العمارة والبناء وخاصة ما كان لتغير المذهب الـديني مـن أثر، فقد كان الفاطميون مثلاً شيعة انفصلوا عن الخلافة، ثم جاء صلاح الـدين وظهـر بعـده فـن آخر يختلف عن فن الفاطميين في طريقة البناء والزخرفة، وهكذا الحال في حكم المماليك ثم الأتراك.

والأمثلة المعمارية الرائعة في مصر كثيرة من أهمها مسجد "أحمد بن طولون" الذى يُعدّ تحفة معمارية حقيقية؛ حيث يتكون من صحن مربع مكشوف تحيط به أروقة من جوانبه الأربعة، وتقع القبلة في أكبر هذه الأروقة، وهناك ثلاثة أروقة خارجية بين جدران الجامع وبين سوره الخارجى تسمى بالزيادات.

وهناك أيضًا الجامع الأزهر ومسجد وضريح السلطان قايتباي.

الفن والعمارة في المغرب العربي والأندلس:-

اهتم خلفاء بني أمية أمثال عبد الرحمن الناصر، وهشام، والحكم، وغيرهم اهتمامًا كبيراً بالغ الأثر بالفنون والعمارة. وأولوها حبهم ورعايتهم لدرجة أن كانت قرطبة العاصمة في وقتها ذات مكانة خاصة ومنزلة جامعية، وسُمِّيَت مدينة العلم والمال والجمال. واحتفظت الأندلس بأعظم تراث للفن الإسلامي خلده التاريخ بما له من سحر وجمال.

ويعتبر جامع القيروان وجامع الزيتونة في تونس من أشهر الآثار المعمارية الباقية للآن.

وغرناطة هي آخر المدن الإسلامية في أسبانيا، ويقرن اسمها دائمًا باسم أشهر تحفة معمارية بها وهي (قصر الحمراء) الذي يعتبر فخرًا للعمارة الإسلامية ومعجزة من معجزات الفن الإسلامى العريق.

شُيِّد قصر الحمراء في أوائل القرن الثالث عشر؛ حيث نجد شعار بني الأحمر "لا غالب إلا الله" منقوشاً على حوائط هذا القصر وعلى جميع مبانيه بالخط الكوفي والنسخ.

ويتكون القصر من عدة عناصر معمارية هامة، نذكر منها قاعة الشورى، ومنها إلى ساحة الآس التي بها بِرْكة صناعية وبصدرها قاعة السفراء؛ حيث كان

العرش، ثم ساحة الأسود العالمية المشهورة، والتي تجمع مع ما حولها من القاعات أروع ما في القصر- من جمال وسحر، ويلاحظ أن أسقف الحمامات المخصصة للقصر من البلور على شكل قباب تصل إليها أشعة الشمس الضعيفة، وتنعكس داخل الحمامات فتضفي سحرًا خاصًا على المكان.

وقد امتازت "إشبيلية" بشكل عام بسلامة التنسيق وحسن التخطيط، وساعد ذلك جمال الخضرة النضر ووجود المناظر الطبيعية، أما قرطبة فقد كانت عاصمة الأمويين القديمة في الأندلس، وأجمل مبانيها ذلك الجامع الكبير الشهير بأروقته وأعمدته المتعددة.

الفن والعمارة في الهند:-

حينما استولى المسلمون على دلهي عام ١١٩٣م ظهر الفن الإسلامي في شمال الهند، ويمكن تقسيم الفن إلى عصرين عظيمين.

الأول هو عصر الباتان: وأهم ما يمتاز به هذا العصر أن العمارة كانت فيه تذكارية معبِّرة، وذلك بتقدم فن البناء وطرق الإنشاء باستعمال الحجر الرملي والرخام بمختلف أشكاله وأنواعه، ومراعاة مقياس الرسم المناسب في تصميمات هذه الأبنية، حتى أصبحت مدينة دلهي العاصمة بما حوته من مبانٍ ضخمة وآثار إسلامية تضارع أثينا أو روما أو القسطنطينية ولا تقل عنها من الناحية المعمارية.

أما العصر الثاني فيُسمَّى المغولي ١٥٢٦م إلى ١٨٥٧م، فقد كانت الفنون فيه متأثرة بالفن الهندي القديم، فتميزت العمارة والأبنية فيه بالنافورات والفساقي وخلجان المياه؛ مما أضفى على هذه الأبنية سحراً خاصًا.

ولا شك أن تاج محل الذى أنشأه الشاه (جيهان) في أجرا هو أعظم وأشهر الآثار الإسلامية حتى لُقِّب بألمع جوهرة في تاريخ العمارة بالهند.

<u>الفن والعمارة في فارس:-</u>

خصصت فارس للمسلمين أيام الخلفاء الراشدين، ومن أهم الآثار المعمارية الباقية الخالدة جامع أصفهان الكبير، ولعل من أهم المميزات هو كثرة استعمالات كسوة الحوائط في العمارة الفارسية بالأنواع المختلفة المتعددة من القيشانى ذي الألوان الزاهية والذهبية؛ حيث تفننوا في صناعتها، وكانت تسمى "بالكاش الفرفوري".

<u>الفن والعمارة في تركيا:-</u>

من المعلوم أن العثمانيين سُلالة من الأتراك السلاجقة، وكان لهم فن تأثر بالفن الفارسي، فلما استولوا على القسطنطينية وضعوا أسس عماراتهم ومبانيهم على نفس الأسس الخاصة بالعمارة البيزنطية المزركشة، والتى كانت من أهم مظاهرها ومعالمها الواضحة كثرة القباب، وقد نجحوا في تحويل كثير من الكنائس إلى دور عبادة مسلمة، وهذا هو السبب في الاستغناء عن نظام الصحن المكشوف المحاط بالبواكي على جوانبه الأربعة كما هو متبع في جميع المساجد في البلاد الإسلامية.

وقد أصبح جامع "أياصوفيا" نموذجًا يُقتدى به في بناء الجوامع التركية، وقد كثرت استعمالات القباب حتى حملت على الأعمدة والعقود، أما الحوائط فكانت تُكسى من الداخل بألواح القيشانى الملون. وأبدع ما شيَّده العثمانيون من المساجد بالقسطنطينية جامع "بايزيد" وجامع "السليمانية"؛ حيث استعمل في جميع النوافذ الزخارف البديعة المصنوعة من الجبس المحلى بالزجاج الملون.

مكة المكرمة:-

تقع مدينة مكة المكرمة في إقليم الحجاز على بعد حوالى ٧٢ كيلو متر شرق ميناء جدة (بالمملكة العربية السعودية) على ساحل البحر الأحمر على خط عرض ٢٧َ ٢١ْ شمالا، وخط طول ٤٩َ ٣٩ْ شرقا، ويذكر أنها سميت مكة لأن الماء بها قليل، وقيل لأنها تمك الذنوب، وقد ذكرت في القرآن بعدة أسماء أخرى هي بكة، والقرية، وأم القرى، والبلد الأمين.

نبذة تاريخية :-

ترتبط نشأة مكة بقصة سيدنا إبراهيم الخليل وابنه إسماعيل عليهما السلام حيث أمر الله إبراهيم أن يذهب بابنه إسماعيل إلى الوادي الذي أقيمت فيه مكة، وأن يسكنه فيه، فامتثل إبراهيم لأمر الله ،وارتحل إلى ذلك الوادي ،وكان قفرا خاليا من السكان ،وتعرك زوجه (هاجر) وابنها الطفل (إسماعيل) في هذا المكان الذي لم يكن فيه ماء وإنما نبع الماء من بين أصابع إسماعيل بعد أن يئست هاجر من وجوده وهي تسعى باحثة عنه بين صخرتي الصفا والمروة من أجل إنقاذ ولدها، وكان وجود الماء في هذا المكان أمرا عجيبا، فجذب القبائل التي كانت تسكن بالقرب منه، حتى أن قبيلة جرهم طلبوا من هاجر أن ينتفعوا بماء زمزم، فأذنت لهم، وبدءوا يقيمون بيوتهم في هذا المكان، ومن هنا كانت نشأة مكة، وفيها عاشت هاجر وإسماعيل بين قبيلة جرهم، وتزوج منهم إسماعيل، وبذلك زحف العمران على مكة واتسعت وذاعت شهرتها بين المدن خصوصا بعد بناء إبراهيم للبيت الحرام، وأصبحت مكة مكانا مقدسا ،وزادها الله تشريفا بهذا البيت.

وقد قامت قبيلة جرهم بخدمة الكعبة ورعاية زوارها حتى ضعفت وحل مكانها قبيلة خزاعة ثم قريش بعد ذلك بزعامة قصي بن كلاب الجد الرابع للنبي، والذي أسس دار الندوة بالقرب من الكعبة ليتشاور فيها زعماء قريش، وفي عام ٥٧١م.

شهدت مكة حدثين عظيمين، أولها هزيمة أبرهة ملك الحبشة الذي ساق جنوده يتقدمهم فيل ضخم يريد هدم الكعبة، والثاني مولد النبي صلى الله عليه وسلم.

وكان لأهل مكة منزلة عظيمة عند العرب، والعرب ينظرون إليهم نظرة تقدير واحترام ويرونهم قادة وسدنة المركز الديني بصفتها مشرفة على مصالح الوافدين إلى البيت الحرام، وظلت مكة تحتفظ بمكانتها حتى جاء الرسول صلى الله عليه وسلم ودعاهم إلى عبادة الله عز وجل وترك عبادة الأوثان حتى خرج منها مهاجرا إلى المدينة بعد ثلاثة عشر عاما، ثم عاد فاتحا لها دون قتال، وطهر البيت الحرام من الأصنام التي كانت محيطة به، ومن هذا التاريخ أصبح لمكة مكانة في قلوب المسلمين في أرجاء الأرض وذلك لأن بها البيت الحرام الذي يتوجه إليه الناس في صلاتهم، ويقصدها الناس لحج بيت الله الحرام.

وقد ظل حال مكة مستقرا طوال عهد الرسول صلى الله عليم وسلم ومن بعده الخلفاء الراشدين، ومع انتقال مركز الخلافة إلى دمشق في عهد الدولة الأموية كانت مكة تتمتع بهدوء نسبي, وفي مطلع القرن الرابع الهجري/العاشر الميلادي قامت ثورة علوية بزعامة محمد بن سليمان من آل الحسن في مكة المكرمة وأعلن نفسه خليفة على أرض الحرمين، ففي موسم الحج عام ٣٠١هـ/٩١٤ م انتهز فرصة تجمع الحجيج واستولى على الإمارة التي كانت بيد الوالي العباسي وأعلن نفسه خليفة.

ولم يلبث أن تعرض الحجاز إلى هجوم خطير من جانب القرامطة دعاة الفاطميين في شرق الجزيرة العربية ففي عام ٣١٧هـ/٩٢٩ م دخل القرامطة مكة بقيادة أبي طاهر القرمطي واستطاعوا هزيمة ابن محارب الوالي العباسي على مكة الذي لم يستطع لهم وقفا وانتهى الأمر بقتله واستولى القرامطة على مكة، وما لبث أن عد الخلفاء العباسيون العدة للقضاء على القرامطة وبذلك عاد نفوذ العباسيين وأقيمت الخطبة فيها للخليفة الراضي وكان ذلك عام ٣٣٧هـ/٩٤٩ م وقد أسند الخليفة الراضي ولاية الحرمين إلى والي مصر محمد بن طغج الإخشيدي، ولم تدم

ولاية الحجاز طويلا للإخشيديين فعندما حاز بنو بويه على السلطة في مقر الخلافة العباسية وصارت الأمور إليهم وأصبح يذكر أسماؤهم مع الخليفة العباسي على منابر مكة.

وعندما تم الغزو الفاطمي لمصر عام ٣٥٨هـ/٩٦٩ م أعلن كبير الأشراف الحسنيين جعفر بن محمد بن الحسين من بني سليمان من آل الحسن بن علي بن أبي طالب استقلاله بإمارة مكة والدعوة للحاكم الفاطمي في خطبة الجمعة، وفي عام ٣٨٤هـ/٩٩٤ م تولى أمر مكة الشريف أبو الفتوح الحسن بن جعفر الذي بدأ عهده مخلصا للفاطميين وما لبث أن خرج عن طاعة الحاكم بأمر الله الفاطمي عام ٤٠٠هـ/١٠١٠ م وتم هذا بإغراء من الوزير أبي القاسم حسين بن علي المغربي الذي خرج عن طاعة خلفاء البيت الفاطمي وجعله ينتحل لقب الخلافة وأخذ له البيعة من قبائل بني سليم وبني هلال وبني عوف وبني عامر، ثم أصدر الخليفة الحاكم بأمر الله أوامره بعزل أبي الفتوح عن ولاية مكة وتعين ابن عمه أبي الطيب داود، ثم تنازل أبو الفتوح عن دعوته بالخلافة مقابل عزل أبي الطيب عن ولاية مكة وعودتها إليها وكان ذلك عام ٤٠٣هـ/١٠١٣ م وظل مواليا للحكام الفاطميين حتى توفي عام ٤٣٠هـ/١٠٣٩ م وبعد وفاة أبي الفتوح خلفه ابنه شكر الذي لقب بتاج المعالي لما تمتع به من شجاعة وقوة لتأديبه القبائل المتمردة عليه حتى لقب بملك الحجاز، واستمر في ولائه للبيت الفاطمي حتى عام ٤٥٣هـ/١٠٦٣ م.

وبعد أن أنهى صلاح الدين الأيوبي الحكم الفاطمي في مصر عام ٥٦٧هـ/١١٧٢ م أخذ يتطلع إلى مد نفوذه إلى بلاد الحجاز، وقد شجع صلاح الدين على تحقيق ذلك عدم استقرار الأمور ببلاد الحجاز بالإضافة إلى ضعف أمراء مكة وانحيازهم تارة إلى الخلافة العباسية وتارة إلى الحكم الفاطمي ،وفي ذلك الوقت وصلت حملة صلاح الدين إلى الحجاز ثم اليمن بقيادة أخيه توران شاه عام ٥٦٩هـ/١١٧٤ م فدخل مكة دون قتال إذ رحب به الشريف عيسى بن فليتة وأعلن دخوله في طاعة صلاح الدين وتعهد بالخطبة له بعد الخليفة العباسي.

ولم يعمد الأيوبيون إلى تغيير نظام الحكم القائم بالحجاز أو استبدال الامراء بغيرهم إنما أقروا الهواشم ثم بني الحسن على التوالي في إمارة مكة، وقد وصل النفوذ الأيوبي ذروته بمكة على يد الفرع الأيوبي باليمن وذلك عندما قام الملك المسعود الأيوبي بتولية نور الدين عمر بن رسول نائبا عنه في مكة وجعل له ولاية الجند ومدير أموالها، وعندما تولى عمر بن رسول ملك اليمن صارت مكة تابعة لنفوذه دون الأيوبيين في مصر والشام وبدأ حكم بني رسول في اليمن ومكة.

وقد ظلت الحرب سجالا بين الأيوبيين وبين بني رسول حتى سقطت الدولة الأيوبية في مصر- عام ٦٤٧هـ/١٢٥٠ م وقامت دولة المماليك وكان يتولى أمر مكة في ذلك الوقت الملك المظفر شمس الدين يوسف بن رسول الذي وطد سلطانه عليها في أول حكمه بسبب انشغال المماليك في تثبيت دعائم دولتهم ضد الأخطار الداخلية والخارجية، ثم تلا ذلك سقوط الخلافة العباسية على يد المغول عام ٦٥٦هـ/١٢٥٨م.

وفي عام ٩٢٣هـ/١٥١٧ م. وصلت الحجاز أنباء انتصارات سليم الأول العثماني في مصر وتغلبه على سلطان المماليك الشراكسة قانصوه الغوري في موقعة مرج دابق ،وكان يعتزم متابعة زحفه إلى الحجاز وضمها إلى سلطنته فلما جاءه وفد الحجاز وقدم له الطاعة بقيادة أبونمي بن بركات عن منطقة الحجاز كلها أصدر السلطان سليم مرسوما ثبت الشريف بركات أميرا على مكة وما تبعها.

وفي عام ١٠٤١هـ/١٦٣٢ م. نشب صراع على الإمارة بين أبناء الأسرة الحاكمة في مكة (آل الحسن) وحدثت معركة الجلالية ونتج عن ذلك دخول الأتراك مكة وتولى إمارتها الشريف نامي، ثم خرج منها في نفس العام ودخلها الشريف زيد بن محسن في موكب حافل تتقدمه صناجق الأتراك ونزل دار الإمارة وأرسل مناديه بالأمان وأنه منذ اليوم حاكم البلاد.

وفي عام ١٠٩٥هـ/١٦٨٤ م. تولى إمارة مكة الأمير أحمد بن زيد الذي كان مقيما في تركيا والذي جاء من اجل إنهاء الصراع بين شرفاء مكة وإبعادهم عن

إمارتها وكان ذلك بأمر الخليفة العثماني محمد الرابع، وعندما مات أحمد بن زيد عام ١٠٩٩هـ/١٦٨٨/
م. اتفق أعيان مكة على تولية ابن أخيه سعيد بن سعد بن زيد

وكتبوا بذلك لدار الخلافة، وانتهز الفرصة الشريف أحمد بن غالب فكتب إلى والي مصر يطلب تعيينه
في الإمارة فأرسل والي مصر إلى والي جدة بموافقته على توليته ورفض الشريف سعيد التولية وكادت
تقع معركة كبيرة في شوال عام ١٠٩٩هـ/١٦٨٨ م. لولا أن الشريف سعيد قرر في آخر الأمر الانسحاب
ومغادرة البلاد وما لبث الأمر السلطاني أن ورد من دار الخلافة يقر الشريف أحمد بن غالب.

وفي عام ١١٨٦هـ/١٧٧٢ م تولى الشريف سرور الولاية على مكة وكان عهده من الفترات
المزدهرة في التاريخ المحلي والإقليمي الحديث لكل من مكة والحجاز، إذ امتاز عهده بالسلم والأمان
والعدل والرخاء قياسا لما سبقه من عهود شريفية أخرى.

وفي عام ١٢٧١هـ/١٨٥٥ م ولد في إستانبول الشريف حسين بن علي الذي تولى الشرافة على
مكة في عام ١٣٢٦هـ/١٩٠٨ م، وقد كانت له مطامع لأن يصبح ملكا على العرب، وفي سبيل ذلك
تحالف الشريف حسين بن علي مع القوات البريطانية من أجل إخراج العثمانيين من الشام ومن البلاد
العربية، فقام بما أطلق عليه في التاريخ الثورة العربية الكبرى ضد دولة الخلافة وبالفعل نجح الشريف
حسين وحلفاؤه من الإنجليز من هزيمة الدولة العثمانية في الحرب العالمية الأولى، ونتج عن ذلك
سقوط الخلافة على يد أتاتورك وتخلي إستانبول عن دورها التاريخي في قيادة العالم الإسلامي.
فتفككت بذلك الدولة الإسلامية الكبرى ولم يحصل الشريف حسين على ما وعده به حلفاؤه من
الإنجليز وال فرنسيين وبقي كما هو أميرا على مكة والحجاز.

ولم يدم هذا المنصب كثيرا للشريف حسين، فقد جاءت نهاية فترة الأشراف كزعماء لمكة
والحجاز حيث التقت القوات السعودية (اتباع ابن سعود من بلاد نجد) بقيادة خالد بن لؤي مع
قوات الشريف حسين بن علي التي كان يقودها بنفسه وذلك

في ٢٦ أيلول/سبتمبر ١٩٢٤م/١٣٤٢ هـ. فانكسرت قوات الشريف حسين وتنازل عن العرش منسحبا نحو العقبة، ودخلت القوات النجدية (السعودية) مكة المكرمة في ٤ كانون الأول/ديسمبر عام ١٩٢٤م/١٣٤٢ هـ. ثم طلب الشريف علي بن الحسين من المعتمد البريطاني أن يتوسط بينه وبين آل سعود وعقدت اتفاقية بين الجانبين تنازل فيها الشريف علي عن الحجاز، ونودي بابن سعود في ١٣٤٤هـ/١٩٢٦ م بمكة ملكا علي البلاد الحجازية بعد إدماجها ببلاده القديمة لتولد المملكة العربية السعودية. وقد ظلت مكة المكرمة تحت سيادة البيت السعودي منذ هذه اللحظة وحتى وقتنا الحالي.

المعالم الحضارية:-

تحيط الجبال بمدينة مكة من جميع النواحي ،وهي حارة في الصيف إلا أن ليلها طيب، وعرضها سعة الوادي، والمسجد في ثلث البلد، والكعبة في وسط المسجد، وموقع مكة يجعل منها ملتقى للطرق التجارية، فهناك طريق يؤدي إلى الشام شمالا وهناك طرق تتجه شمالا مخترقة سلسة جبال السراة إلى العراق، وطرق تؤدي إلى اليمن، وأخرى تصل مكة بالبحر الأحمر.

وقد استفادت مكة من موقعها الجغرافي في منتصف طريق التجارة، وبوجود البيت الحرام بها، ولما كانت بلدا غير ذي زرع فقد اعتمدت على التجارة وما يجلب لها من الخارج، وقد كانت مكة قبل القرن السادس الميلادي تقتصر على التجارة الداخلية حيث كان النشاط التجاري الخارجي في يد اليمن، وكان أهل مكة يتجرون في حاصلات الجزيرة العربية، أو ما يصل إلى أيديهم من عروض التجارة الخارجية على يد تجار اليمن، ولم تكن مكة تجني من وراء ذلك أرباحا كبيرة تمكن أهلها من إحراز ثروة كبيرة، إنما كانت تسمح لهم بالإعاشة.

ولكن في بداية القرن السادس الميلادي كانت حالة اليمن قد تدهورت نتيجة للصراع الداخلي بسبب الخلاف الديني لانتشار اليهودية والنصرانية فيها والتنافس بين الدينين، ونتيجة لوقوعها في منطقة التصارع الدولي بين الإمبراطورية الفارسية والإمبراطورية البيزنطية، وقد استخدمت الأخيرة الحبشة

حليفتها لإقرار النفوذ الرومي على جنوب بلاد العرب عن طريق غزو اليمن حيث تكررت غزوات الحبشة على اليمن حتى سقطت في يدها في النصف الأول من القرن السادس الميلادي، وقد استمر حكم الحبشة لليمن حتى أخرجهم منها الفرس في حوالي سنة ٥٧٥م، ولم تتحرر اليمن من الاحتلال الأجنبي إلا بعد ظهور الإسلام وانضمامها إلى الدولة الإسلامية.

وقد أدت كل هذه الظروف إلى أن تفقد اليمن مركزها التجاري، وصحب هذا ظهور نهضة القبائل المضرية في الشمال، والتي ما لبثت أن تحررت من نفوذ الجنوب، وبدأت تقوم بدور إيجابي في الجزيرة العربية.

وكانت مكة في ذلك الوقت قد حظيت بنوع من الاستقرار والتنظيم على يد قبيلة قريش، التي نظمت الحج ونشطت القدوم إلى هذه البقعة المتوسطة، وأقرت حرمتها وحرمة الأشهر الحرم للقدوم إليها والتجمع في أسواقها، كما أخذت قريش تحتل المكانة التجارية التي كانت تحتلها اليمن، واحتلت مركز الوسيط المحايد لنقل التجارة بين الشمال والجنوب، وأخذ رجالها عهودا من الدول للمتاجرة في أراضيها لتسمح لتجار قريش أن يدخلوا بلادها في سلام، وقد قام بهذا الدور أبناء عبد مناف هاشم وإخوته الذين كانوا أصحاب النفوذ الأقوى في قبيلة قريش.

وقد كان هاشم رجلا حكيما نشيطا، استطاع أن يقوم على ترتيب القوافل التجارية، فجعل لها رحلتين في السنة رحلة في أشهر الصيف إلى الشمال، ورحلة في أشهر الشتاء إلى الجنوب، وقد عمل هاشم على تأمين طرق القوافل بما عقده من محالفات مع رؤساء القبائل الضاربة على جنبات طرق التجارة، فكان يحمل لهم تجاراتهم دون أجر؛ وبذلك ربط هاشم مصالح القبائل الاقتصادية بمصلحة مكة، وكون بذلك شبكة تجارية تربط مكة بما حولها، وبذلك أخذت قريش تسيطر شيئا فشيئا على التبادل التجاري بين الشمال والجنوب، وعظمت قوافلها حتى لتبلغ القافلة الواحدة خمسمائة وألفي بعير تحمل عروض التجارة المختلفة.

وكانت القوافل تحمل حاصلات الجنوب؛ فتحمل من حاصلات الهند المنتجات التي ترد إلى موانئ الجنوب، وأهمها الذهب والقصدير والحجارة الكريمة والعاج وخشب الصندل والتوابل كالبهار والفلفل ونحوها، والمنسوجات الحريرية والقطنية والكتانية والأرجوان والميعة والزعفران والآنية من الفضة والصفر النحاس و الحديد ،كما تحمل من حاصلات إفريقيا الشرقية والأطياب وخشب الأبنوس وريش النعام والجلود والذهب والرقيق.

كما تحمل من حاصلات اليمن البخور واللبان والمر واللادن والعطور والحجارة الكريمة كاليشب والعقيق والجلود ذات الرائحة الطيبة، ومن حاصلات جزر سقطرة العود والند، ومن البحرين اللؤلؤ ،وتحمل من الشمال القمح والدقيق والزيت ومصنوعات فينيقيا، هذا بالإضافة إلى ما تحمله من حاصلات بلاد العرب نفسها من الزيت والبلح والقرظ والصوف والوبر والشعر والجلود والسمن.

وكان تجار مكة يحملون هذه البضائع إلى الشمال والجنوب في رحلات الصيف والشتاء، وكانت البضائع تفرغ في مكة ثم تخرج منها في القوافل إلى الجهات الأخرى. وقد اعتمد الروم على تجارة مكة إلى حد كبير، وخصوصا بعد أن احتدم الصراع بينهم وبين الفرس، وأصبح الفرس يسيطرون على التجارة الواردة عن طريق الشمال المار بخليج العرب ثم العراق، ويمنعونها من الوصول إلى أيدي أعدائهم أو يبيعونها إليهم بأثمان باهظة، فكانت بيزنطة تعتمد على تجارة مكة وخاصة الحرير.

وكانت القوافل التي كانت تقصد الشام تتسوق من أسواق عينتها لها الحكومة البيزنطية؛ لتحصل منها على الضرائب ولتراقب الوافدين الأجانب إلى بلادها، فكانت تنزل أيلة ومنها إلى غزة حيث تتصل بتجار البحر المتوسط، ومن غزة يذهب بعض التجار إلى بصرى وإلى بيت المقدس.

كما كان لمكة صلات قوية بالحبشة عن طريق البحر الأحمر، حيث كان أهل مكة يستعملون البحر في نقل متاجرهم إلى الحبشة عن طريق ميناء الشعيبة، إليها ترد السفن

قبل جدة ثم أخذت جدة موضعها في عهد الخليفة عثمان بن عفان ـ أو بعض موانئ اليمن القريبة.

ولم تكن قوافل مكة تجارة أفراد وإنما كانت تجارة مدينة، وكانت قريش كلها تشارك فيها، وكان كبار التجار يقومون على هذه القوافل التي تضم أموالا لأفراد متعددين، منهم من يسافر على تجارته، ومنهم من يستأجر آخرين ومنهم من يقرض ماله للمتاجرة على النصف، وأحيانا كانت القافلة تحمل أموالا لأهل مكة جميعا.

وقد عمل بالتجارة نساء أيضا، فكان منهن ثريات اشتغلن بالأعمال التجارية، مثل السيدة خديجة بنت خويلد التي كانت تتجر بمكة وكانت تستأجر الرجال للسفر بتجارتها إلى الشام، ومثل الحنظلية أم أبي جهل التي كانت تتاجر في العطور تجلب لها من اليمن.

وكان النقد المتداول عند تجار مكة هو الدينار والدرهم، والدينار عملة ذهبية والدرهم عملة فضية، وكان التعامل بهما دارجا في الشام والعراق ومصر، وقد عرفهما أهل الحجاز وتعاملوا بهما، وكان أهل مكة يملكون ثروة كبيرة من هذه العملة.

المساجد: وتعد ديار مكة معلم من معالم الحضارة الإسلامية لما فيها من آثار ومعالم ترتبط بتاريخ الإسلام ارتباطا وثيقا وفي مقدمة هذه المعالم والآثار بيت الله الحرام الذي بناه سيدنا إبراهيم وولده إسماعيل استجابة لأمر الله تعالى، وهو قبلة المسلمين في جميع أنحاء العالم، كما يحج ملايين المسلمين إليه كل عام.

ويوجد في مكة أكثر من مسجد له تاريخ عريق أهمها على الإطلاق المسجد الحرام وكذلك مسجد الراية الذي ركز الرسول صلى الله عليه وسلم فيه الراية يوم فتح مكة، ويقع حاليا في شارع الغزة، ومسجد أم المؤمنين عائشة الذي يقع عند حدود الحرم في الشمال الغربي لمكة، وكذلك مسجد نمرة. وفي منى أيضا مسجد البيعة، مسجد الخيف وهو في الجهة الجنوبية من منى ويكون على يمين القادم من مكة وعلى

يسار القادم من عرفات، وكان في صحن المسجد بالقرب من جداره الشرقي قبة عظيمة أقيمت فوق ثمانية عقود،وهي موضع الخيمة التي أقيمت للنبي صلى الله عليه وسلم في حجة الوداع والتي صلى فيها الأوقات الخمسة من ظهر يوم التروية إلى فجر يوم عرفة، وقد أعيد بناء مسجد الخيف على أحدث طراز وأعظم بناء فصار أكبر وأعظم ما كان عليه، أما مسجد الكوثر فيقع في وسط منى على يمين القادم من مكة المكرمة.

دار الأرقم: ومن المعالم الإسلامية البارزة دار الأرقم ابن أبي الأرقم التي دخلها النبي مع الأوائل من المسلمين، وهي دار في جوار جبل الصفا في أطراف مكة بعيدة عن طرق القرشيين المعتادة، فاتخذها النبي مكانا آمنا لاجتماع المسلمين الأوائل من أجل التخفي عن أعين قريش في بداية الدعوة حتى لا تحدث مواجهة بين النبي وأصحابه وبين قريش، وذلك من أجل أن يعلمهم النبي الإسلام ويعدهم ويربيهم، وهذا المكان لم تستطع قريش أن تكتشفه على مدى عامين.

غار حراء:-

غار حراء: من معالم مكة أيضا غار حراء وهو الذي كان يتعبد فيه النبي صلى الله عليه و سلم وفيه هبط عليه الوحي، وهو يقع على جبل النور شمال مكة على بعد خمسة كيلومترات، وهناك أيضا غار ثور وهو الذي لجأ إليه الرسول صلى الله عليه وسلم وأبو بكر ثلاثة أيام وهما في طريقهما إلى المدينة، وهو يقع على بعد تسعة كيلومترات جنوب مكة.

جبل عرفات:-

جبل عرفات: ومن الأماكن المقدسة أيضا جبل عرفات وهو الجبل الذي يشهد أهم أركان الحج، ويقع على مسافة ٢٥ كيلو متر إلى الجنوب الشرقي من مكة، ويرتفع عن سطح البحر حوالي ٧٥٠ قدما، ويقف عنده الحجاج في التاسع من ذي الحجة ليؤدوا أهم مناسك الحج.

<u>جبل الرحمة بمكة المكرمة</u> :-

وفي شمال جبل عرفات يقع جبل الرحمة الذي وقف عليه الرسول صلى اللـه عليـه وسـلم فـي حجة الوداع في العام العاشر الهجري يخطب الناس مبينا لهم أمور دينهم، وفي هذا المكان نـزل عليـه قوله تعالى "اليوم أكملت لكم دينكم وأتممت عليكم نعمتي ورضيت لكم الإسلام دينا". ومن الأماكن التي يحرص المسلمون على مشاهدتها جبل ثور الذي اختبأ فيه الرسـول صـلى اللـه عليـه وسـلم هـو وصاحبه أبو بكر الصديق أثناء الهجرة، وهو أحد الجبال الكثيرة التي يحيط بمكـة ويقـع جنـوبي مكـة بحوالي ستة أميال، ويبلغ ارتفاعه خمسمائة متر عن الأرض التي حوله، وقد لجـأ الرسـول صـلى اللـه عليه وسلم وصاحبه إلى الغار المجاور لقمة هذا الجبل مدة ثلاثة أيـام وذلـك عنـد بدايـة الهجـرة إلـى المدينة المنورة وعجزت قريش التي خرجت للبحث عن الرسول صلى اللـه عليـه وسـلم عـن اكتشـاف وجوده هو وصاحبه في هذا الغار رغم وصول المشركين إلى بابه ووقوفهم أمامه.

<u>منطقة منى</u> :-

منى: كذلك من الأماكن المقدسة منى فهي قرية تقع على مسافة سبعة كيلو مترات مـن مكـة وبها منازل لا تشغل إلا في أيام الحج، ومنى يقصدها الحجاج عنـد الفجـر مـن اليـوم الثـامن مـن ذي الحجة فيمكثون فيها إلى طلوع شمس اليوم التالي حيث يقصدون عرفة، وإليها يفيض الحجـاج مـن عرفة بعد غروب الشمس من اليوم التاسع لـذي الحجة حيث يمكثون بهـا يـوم العيـد الأكبـر وأيـام التشريق ويرمون الجمرات.

<u>مقبرة المعلاة بمكة المكرمة</u> :-

مقبرة المعلاة: ومن الآثار التاريخية في مكة المكرمة مقبرة المعلاة، وتقع في الشمال الشرقي من مكة، وهي مقبرة المكيين منذ العصر الجاهلي إلى يومنا هذا، وتضم

قبور بني هاشم من أجداد النبي وأعمامه وقبور بعض الصحابة والتابعين، وفيها قبور جدي النبي عبد مناف وعبد المطلب وعمه أبي طالب، وقبر زوجته خديجة، وعبد الله بن الزبير وأمه أسماء بنت أبي بكر وغيرهم كثيرون من الصحابة والتابعين والعلماء والصالحين، ويطلق عليها مقبرة الحجون أيضا نسبة إلى جبل الحجون المشرف عليها.

المكانة العلمية :-

كان للعرب في عصر ما قبل الإسلام أسواق عامة يجتمعون فيها للبيع والشراء وتبادل المنافع، وكان أهم هذه الأسواق في الحجاز سوق عكاظ، وكانت تقوم في سهل منبسط بين مكة الطائف، وسوق عكاظ كانت تقع في واد بينه وبين الطائف ليلة وبينه وبين مكة ثلاث ليال، وهو واد يتسع كثيرا لقوافل العرب، فانفرد سوق عكاظ بموقعه الجغرافي الممتاز بين مكة والطائف، وشغل هذا السوق مكانا منبسطا في واد فسيح توفرت فيه المياه والنخيل، وكان ينعقد من أول ذي القعدة إلى العشرين منه أي عند بداية الأشهر الحرم والحج إلى مكة، ولذا امتازت سوق عكاظ بميزتين فريدتين على سائر أسواق العرب، أولهما قربها من مكة، مركز التجارة الكبرى في بلاد العرب كلها، وثانيهما اطمئنان التجار إلى الأمن على أنفسهم وأموالهم ومتاجرهم من عبث العابثين احتراما للأشهر الحرم.

واختصت سوق عكاظ بنظام جعلها أحسن أسواق العرب، إذ اتسع لجميع قبائل العرب فاتخذت كل قبيلة لنفسها فيه مكانا معينا، وأشرف على السوق وعملياته رئيس كان غالبا من بني تميم من قريش، وساعده أشخاص من مختلف القبائل لأخذ أسلحة الواردين على السوق وإبقائها عندهم حتى نهاية الموسم إمعانا في تأكيد الأمان والاطمئنان، وكان رئيس السوق هو الذي يفصل في الخصومات، وممن اشتهر بهذه الرياسة عبد الله بن جدعان، وهو من حكماء العرب وأثريائهم من أبطال حلف الفضول.

ولم تكن عكاظ سوقا للتجارة فحسب، بل كانت سوقا للخطابة والشعر أيضا، وقد استمع فيها الرسول - صلى الله عليه وسلم - إلى قس بن ساعدة وهو يخطب في الناس، وقالوا إنه كانت تقوم للنابغة فيها قبة ويفد عليه الشعراء يعرضون شعرهم، فمن أشاد به طار اسمه.

وكثيرا ما كانوا يفتدون الأسرى في سوق عكاظ وتدفع الديات، وأيضا كثيرا ما كانت تقوم المفاخرات والمنافرات، وعرف غير واحد بأن الناس كانوا يحتكمون إليه فيها، ويذكر في هذا الصدد أناس من تميم مثل الأقرع بن حابس، ومعنى ذلك كله أن عكاظا كانت أشبه بمؤتمر كبير للعرب، فيه يجتمعون وينظرون في خصوماتهم، ومنازعاتهم، وكل ما يتصل بهم من شئون.

ولقد أوجد اجتماع الرجال والنساء في سوق عكاظ مناسبات لعقد زيجات كثيرة، وكان بعض المبشرين يغشون هذه السوق وغيرها للدعاية لديانتهم، فكانت في الحقيقة منتدى عاما يحوي كل نواحي النشاط الإنساني في الجزيرة العربية اقتصاديا واجتماعيا وثقافيا ودينيا.

على أن القيمة التاريخية لسوق عكاظ كان هو الميدان الأدبي والثقافي، إذ جاء الشعراء والخطباء من كل أقاليم شبه جزيرة العرب وتباروا في إلقاء القصائد الرائعة والخطب الرنانة بلهجة قريش، بهذا نالت اللهجة القرشية صفة السيادة على لهجات القبائل كلها ومهدت هذه السيادة اللغوية إلى وحدة بلاد العرب عندما نزل القرآن الكريم بلغة قريش، وهي اللغة العربية الفصحى، ومن أسواق قريش أيضا ذو المجاز بالقرب من عكاظ، وكانت تظل هذه السوق منعقدة إلى نهاية الحج.

ومن أهم معارف العرب التي وجهوا إليها جل اهتمامهم وعظيم عنايتهم الشعر العربي في الجاهلية، الذي يعتبر أحد المصادر الهامة لتاريخ العرب وحضارتهم في ذلك العصر، إذ يصور لنا كثيرا من أحوال العرب الاجتماعية والدينية كما يصور لنا طباعهم وأخلاقهم، والشعر ديوان العرب، وبه حفظت الأنساب، وعرفت المآثر، ومنه تعلمت العربية، وفيه ذكر لأيام العرب ووقائعهم.

وكانت تقام في الجاهلية أسواق أدبية أو منتديات أدبية، كسوق عكاظ وذي المجنة وغيرها، يتوافد إليها الشعراء من كافة أنحاء الجزيرة العربية ليعرضوا بضاعتهم الشعرية، وليتنافسوا ويتبارزوا في أيهم الأفضل أسلوبا وبلاغة وفصاحة، فإذا حظيت إحدى هذه القصائد على القبول والرضا كتبوها على الرقاع، وعلقوها على أستار الكعبة، ولذلك سميت بالمعلقات، وكانت هذه المعلقات لشعراء فحول اشتهروا اشتهارا واسعا في تاريخ الأدب العربي وهم : امرؤ القيس، طرفة بن العبد البكري، زهير ابن أبي سلمى المزني، لبيد بن ربيعة العامري، عمرو بن كلثوم التغلبي، عنترة بن شداد العبسي، الحارث بن حلزة اليشكري.

وبدخول الإسلام مكة أصبحت حلقات العلم في المسجد الحرام تؤدي دورا واضحا في ازدهار الحياة الفكرية، فقد كان العلماء يفدون إليه من شتي البلدان وتعقد فيه الحلقات العلمية في مختلف العلوم الدينية، وكان هؤلاء العلماء يزاولون التدريس والإفتاء لأهل مكة والقادمين إليها.

وكان العلماء يدرسون في هذه الحلقات علم القراءات وتفسير القرآن الكريم والحديث الشريف والفقه والعلوم العربية. ولم تكن حلقات العلم في المسجد الحرام تقتصر على الدرس بل كانت المناظرات تتم فيها بين العلماء من المجاورين والوافدين عليهم من شتي أقطار العالم الإسلامي، وبذا كانت تعقد في الحرمين المكي والمدني في أوقات موسم الحج حلقات مختلفة في جميع العلوم النقلية والعقلية ومختلف المعارف.

الرباطات: أنشئت الرباطات في بلاد الحجاز كي توفر سبل الراحة لطلاب العلم والحجاج المقيمين فيها أثناء مواسم الحج. فمن الرابطات رباط الزنجبيلي وقد بني هذا الرباط عثمان بن علي الزنجبيلي نائب السلطان صلاح الدين الأيوبي بعدن، وقد وقفه عام ٥٧٦هـ/١١٨٣ م ويقع هذا الرباط أمام مدرسته بمكة عند باب العمرة، وقد وقفه على طلاب المدرسة وعلى اصحاب المذهب الحنفي المقمين بمكة.

وهناك رباط العفيف وينسب هذا الرباط إلى العفيف عبد الله بن محمد الأرسوفي ويسمي رباط آبارقيبه، وقد وقفه وعن موكله القاضي الفاضل عبد الرحيم بن علي البيساني مناصفة في عام ٥٩١هـ/١١٩٤ م. ويقع هذا الرباط عند مدرسة الأرسوفي جنوب مكة بالقرب من باب العمرة كما هو مثبت في الحجر الذي على باب الرباط وقد نقش على حجر تأسيسه بأنه وقف على الفقراء والمساكين العرب والعجم من الرجال القادمين إلى مكة المكرمة والمجاورين بها على أن لا يزيد سكن المقيم فيه على ثلاثة سنوات.

المدارس: وجدت في مكة عبر العصور العديد من المدارس. فمن المدارس الأولى مدرسة الزنجبيلي وهي أول مدرسة أنشأت في عهد الأيوبيين، وقد وقف هذه المدرسة الأمير عز الدين عثمان بن علي المعروف بالزنجبيلي، وكان نائبا للسلطان صلاح الدين الأيوبي بعدن، وقد وقف هذه المدرسة عام ٥٧٩هـ/١١٨٣ م وتقع هذه المدرسة عند باب العمرة، وبنى بجوارها رباطا خاصا يسكنه الدراسون فيها، وكانت الدراسة في هذه المدرسة على مذهب الإمام أبي حنيفة النعمان رحمه الله تعالى، كما كانت هذه المدرسة تعرف باسم دار السلسلة ويشرف عليها بعض أشراف مكة، وممن تولى التدريس بها الفقيه أبو الحنفي صديق بن يوسف بن قريش الذي تلقى تعليمه بمصر وأقام بها فترة طويلة.

وقد توالى إنشاء المدارس في مكة فأنشئت مدرسة طاب الزمان الحبشية عتيقة المستضيء العباسي وأوقفتها على عشرة من فقهاء الشافعية، وتقع هذه المدرسة بدار زبيدة وكان تاريخ وقفها في ٥٨٠هـ/١١٨٤ م. وكذلك مدرسة الأرسوفي، وقد أوقف هذه المدرسة العفيف عبد الله بن محمد الأرسوفي. وتقع هذه المدرسة بالقرب من باب العمرة. وكانت الدراسة في هذه المدرسة على مذهب الإمام الشافعي، وكان يدرس بها علماء من مصر مثل الشيخ أبي الفتوح الحصري، والشيخ أبي الفتوح ناصر ابن عبد الله العطار وكان معيدا بهذه المدرسة.

ثم كثرت المدارس بمكة فكان فيها مدرسة أبي علي ابن أبي زكري، وتاريخ وقفها عام ٦٣٥هـ/١٢٣٧ م. ومدرسة ابن الحداد المهدوي، وقد وقفت على المالكية بقرب باب الشبيكة، وتعرف بمدرسة الأدراسة وقد وقفت عام ٦٣٨هـ/١٢٤٠ م. ومدرسة الملك المجاهد صاحب اليمن بالجانب الجنوبي من المسجد الحرام، وقفها على الشافعية عام ٧٣٩هـ/١٣٣٨ م. ومدرسة الملك المنصور غياث الدين بن المظفر أعظم شاه صاحب بنجالة من بلاد الهند وقفها على المذاهب الأربعة عام ٨١٤هـ/١٤١١ م، وجعل مدرسيها القضاة الأربعة بمكة، وهم القاضي جمال الدين محمد بن عبد الله بن ظهيرة عن المذهب الشافعي، والقاضي شهاب الدين أحمد بن الضياء عن المذهب الحنفي، والقاضي تقي الدين محمد بن أحمد الحسيني الفاسي عن المذهب المالكي، والقاضي سراج الدين عبد اللطيف ابن أبي الفتح محمد بن أحمد عن المذهب الحنبلي، وكان عدد الطلاب في هذه المدرسة ستين طالبا من المذهب الشافعي، وعشرون من المذهب الحنفي، وعشرة من المذهب المالكي، وعشرة من المذهب الحنبلي.

العلماء: وقد اشتهر من العلماء الذين درسوا في حلقات العلم بالحرم المكي منهم عبد الملك بن عبد الله بن يوسف الجويني الملقب بإمام الحرمين المتوفى عام ٤٧٨هـ/١٠٨٥ م. ولد بنيسابور لأب من الفقهاء والعلماء الكبار الذين كان لهم دراية تامة بالفقه والأصول والنحو والتفسير. وقد كان الإمام الجويني من فقهاء المذهب الشافعي المشهورين. وقد جلس للتدريس والفتوى في المسجد الحرام فترة من الزمن الشيخ المحدث أبو محمد عبد العزيز محمد بن جماعة الكناني الشافعي الذي ولد بدمشق عام ٦٩٤هـ/١٢٩٤ م وأخذ العلوم عن والده وغيره من أعلام عصره حتى بلغ عدد شيوخه سماعا وإجازة ١٣٠ شيخا، وفي عام ٧٣٩هـ/١٣٣٨ م ولي قضاء الديار المصرية. ومنهم أبو عبد الله محمد بن أحمد بن عبد الله عبد المعطي بن مكي بن طراد الأنصاري المعروف بابن الصيفي. ومنهم كمال الدين محمد بن موسي بن عيسي الدميري باحث أديب من فقهاء الشافعية، من أهل دميرة بمصر، ولد بالقاهرة عام

٢٦

٧٤٢هـ/١٣٤٢ م وبها نشأ وتعلم وبرع في التفسير والفقه والحديث والعربية والأدب، ودرس وأفتى وجاور بمكة وتوفي عام ٨٠٨هـ/١٤٠٦ م.

أدت حلقات العلم في المسجد الحرام دورا واضحا في ازدهار الحياة الفكرية، فقد كان العلماء يفدون إليه من شتي البلدان وتعقد فيه الحلقات العلمية في مختلف العلوم الدينية، وكان هؤلاء العلماء يزاولون التدريس والإفتاء لأهل مكة والقادمين إليها. وكان العلماء يدرسون في هذه الحلقات علم القراءات وتفسير القرآن الكريم والحديث الشريف والفقه والعلوم العربية. ولم تكن حلقات العلم في المسجد الحرام تقتصر على الدرس بل كانت المناظرات تتم فيها بين العلماء من المجاورين والوافدين عليهم من شتي أقطار العالم الإسلامي، وبذا كانت تعقد في الحرمين المكي والمدني في أوقات موسم الحج حلقات مختلفة في جميع العلوم النقلية والعقلية ومختلف المعارف.

المسجد الحرام:-

الاسم الشائع للقبلة التي يتجه إليها المسلمون في صلاتهم، ويحجون إليه كل عام. وهو يتوسط مدينة مكة المكرمة ،كما يعتبر مركز العالم الإسلامي دينيا وجغرافيا. وقد اشتهر المسجد إلى جانب هذا الاسم بأسماء أخرى منها البيت، والبيت العتيق، والبيت المعمور، والبيت الحرام، والحرم، والحرم المكي، والكعبة. ويطلق هذا الاسم على الكعبة وما يحيط بها من مسجد، وهذا المسجد قد أنشأه عمر بن الخطاب حول الكعبة وأصبح يطلق على المسجد وما بداخله.

نبذة تاريخية :-

يرجع تاريخ بناء البيت الحرام إلى دعوة سيدنا إبراهيم وولده إسماعيل عليهما السلام استجابة لأمر الله تعالى، وكان بناء إبراهيم للبيت بناء متواضعا حيث كان إسماعيل يأتي بالأحجار وإبراهيم عليه السلام يبني، حتى ارتفع البناء فجاء إسماعيل بحجر فوضعه لإبراهيم فوقف عليه وهو يبني وسمي هذا الحجر فيما بعد بمقام إبراهيم، وقد جعل إبراهيم ارتفاع البيت تسعة أذرع، وطوله من الحجر الأسود إلى

الركن الشامي اثنين وثلاثين ذراعا، وعرضه من قبل الميزاب من الركن الشامي إلى الركن الغربي اثنين وعشرين ذراعا، وطوله من الركن الغربي إلى الركن اليماني إحدى وثلاثين ذراعا، وعرضه من الركن اليماني إلى الحجر الأسود عشرين ذراعا، وجعل الباب لاحقا بالأرض غير مرتفع عنها، حتى جعل لها تبع الحميري بابا، وكان للبيت ركنان وهما اليمانيان. أما ما يلي الحجر فلم يجعل له أركانا بل جعله على شكل نصف دائري بما يشبه الحجر في حالته الحاضرة.

وظل البيت على حالته هذه حتى جاء أول مجدد له هو قصي- بن كلاب من قريش بعد إبراهيم عليه السلام، فأعاد بناءه مرة ثانية، وكان سقفه من خشب الدوم وجريد النخل وزاد في مساحته بما يتناسب مع النمو السكاني للعرب آنذاك ليكون قادرا على استيعاب المزيد من الحجاج. وبقي البيت على ما أقامه قصي إلى زمن النبي صلى الله عليه وسلم وقبيل البعثة النبوية حتى تهدم بسبب سيل جارف اجتاحه، فبادرت قريش إلى إعادته على ما كان عليه من قبل مع تعديلات طفيفة في بنائه اقتضتها الضرورة .

وبعد تأسيس الدولة الإسلامية في المدينة ،فتح النبي صلى الله عليه وسلم مكة عام ٨ هجرية، ثم توجه إلى البيت الحرام وطاف حول الكعبة بعد أن كسر الأصنام التي تحيط بها، وظلت الكعبة على تلك الحال في عهد النبي وكذا في عهد الخليفة أبي بكر رضي الله عنه. وفي عهد أمير المؤمنين عمر بن الخطاب رضي الله عنه زاد عدد المسلمين فضاق المطاف بهم أثناء الحج فقام عمر بتوسعة المسجد، واشترى ما حوله من دور وهدمها ووسع المسجد وجعل له أسوارا وأبوابا وأناره بالمصابيح. وفى عهد الخليفة عثمان بن عفان جعل للمسجد أروقة مسقوفة عام ٢٦هـ/٦٤٧ م. وفي عام ٦٦هـ/٦٨٦ م. قام بتجديد بناء الكعبة عبد الله بن الزبير الذي وسع مساحة المسجد الحرام وجدده.

وفي العصر الأموي تم رفع جدران المسجد وسقفه في عهد عبد الملك بـن مروان، وفي عهد الوليد بن عبد الملك كسي المسجد بالرخام من الداخل، وسقف بالساج المزخرف كما جعلت للمسجد شرفات، وفي العصر العباسي أضيفت مساحة واسعة للمسجد في عهد الخليفة المقتدر بالله، وأقيم رواق دائري حوله وزين بالزخارف والنقوش الإسلامية، وفي عصر ـ الفاطميين والأيوبيين والمماليك لم يشهد المسجد أية توسعة واقتصر العمل فيه على الترميم والإصلاح، أما في العصر ـ العثماني فقد نال المسجد الحرام عناية كبيرة، وكانت أول عمارة أجريت له في العصر العثماني عام ٩٧٩هـ/١٥٧٢ م. في عهد السلطان سليم الثاني، وظلت عمارة الدولة العثمانية تتوالى على المسجد بعد ذلك.

وفي العصر الحديث حدث فيها تجديد وتوسيع أكثر مـن مـرة حتى أصبحت مساحته الآن شاملة السطح والساحات الخارجية (٢٦١) ألف متر مربع، تسع (٧٣٠) ألف مصل تقريبا، وقد تصل إلى مليون مصل في مواسم الحج والعمرة.

<u>مداخل الحرم :-</u>

ويضم المسجد أربعة مداخل رئيسية، وواحد وأربعين مـدخلا فرعيـا، وسـتة مـداخل للطابق تحت الأرض، ويعلو المسجد عدد من القبـاب ،وتسع مـآذن عملاقـة موزعة علـى المـداخل الرئيسية الأربعة لكل مدخل مئذنتان، والمئذنة التاسعة توجد فوق باب الصفا، وتنتشر ـ حـول المسجد السلالم المتحركة حول المسجد، والذي يحتوي ثلاثة طوابـق وكل طابـق يشـمل علـى (٤٩٢) عمودا مكسـوة بالرخام، ومحلاة بالزخارف والنقوش الإسلامية، وتتوسط الكعبة المسجد وهي على شكل مربع تقريبا، وبابها يرتفع مترين عن الأرض، ويصعد إليه بسلم مثل سلم المنبر، وفي الركن الـذي علـى يسـار بـاب الكعبة يوجد الحجر الأسود على ارتفاع مـتر ونصف مـن أرض المطـاف، ويخرج مـن أعلى منتصف الحائط الشمالي الغربي للكعبة ميزاب من الذهب يسمى ميزاب الرحمة، وتكسى ـ الكعبـة بأستار مـن الحرير المنقوش عليه بعض آيات القرآن.

<u>أروقة المسجد الحرام</u> :-

ويحيط بالمطاف أروقة المسجد العظيمة، تزينها تيجان رائعة، والمسجد مزود بالفرش والسجاجيد الفاخرة، وأجهزة التكيف، والقناديل والتحف، ويبلغ ارتفاع الوجهات الخارجية للمسجد ٢١ مترا وجميعها محلاة بالزخارف الإسلامية.

<u>كسوة الكعبة</u> :-

كانت الكعبة تكسى قبل الإسلام بحصر من خوص النخيل،كما كسيت بالجلد وبالمنسوجات اليمنية، وقد اتبعت قريش منذ عهد قصي نظاما معينا في كسوة الكعبة فكانت تفرضها على القبائل حسب ثرائها، ولما جاء الإسلام كساها النبي الثياب اليمنية، ثم كساها عمر وعثمان القباطي الذي كان يأتي من مصر، فلما ولي معاوية الخلافة كسى الكعبة كسوتين: إحداهما القباطي والأخرى من الديباج.

وكان الخليفة المهدي العباسي أول من كساها الحرير الأسود، ولما ضعفت الدولة العباسية كان ولاة مصر واليمن يكسون الكعبة، ثم انفرد ولاة مصر بذلك حتى عام ١٣٨١هـ/١٩٦٢ م. حيث قام الملك عبد العزيز بكسوتها بالحرير الأسود، وأصبح في مكة مصنع مخصص لصنع كسوة الكعبة.

<u>الحجر الأسود</u> :-

معلم من معالم البيت الحرام وهو ياقوتة من يواقيت الجنة، وهو حجر صقيل، بيضي الشكل، غير منتظم، ولونه أسود، يميل إلى الاحمرار، وفيه نقط حمراء وتعاريج صفراء، ويقع هذا الحجر في الركن الذي على يسار باب الكعبة على ارتفاع (١،٥) متر من أرض المطاف.

وأول من وضع الحجر الأسود هو سيدنا إبراهيم عليه السلام، ومن بعده الرسول صلى الله عليه وسلم وذلك قبل البعثة عندما تنازعت القبائل وكادت الحرب تشتعل بينهم في وضعه في مكانه بعدما أكملوا بناء الكعبة، إلا أنهم اقترحوا أن يحكموا

بينهم أول قادم عليهم، فكان الرسول أول من أقبل عليهم فحكموه بينهم فرفع الحجر بيده الشريفتين ثم وضعه على ثوب وطلب من زعماء القبائل أن يمسك كل واحد منهم بطرف من الثوب، فحملوه مرة واحدة ورفعه النبي وثبته في مكانه وأنهى الخلاف بينهم.

وهذا الحجر دفنه عمرو بن الحارث الجرهمي في زمزم قبل أن يخرج من مكة، ورأته امرأة من خزاعة فدلت عليه ثم أعادوه مكانه ولم يدم ذلك طويلا، وكان ذلك قبل عمارة قصي ـ بن كلاب للبيت الحرام، وعندما استولى القرامطة على مكة قلعوا هذا الحجر وحملوه معهم إلى قبلتهم هجر، وأصبح مكانه خاليا إلى أن أعيد بعد اثنين وعشرين سنة، وقد تكررت هذه المؤامرة على الحجر الأسود حتى كان آخرها في محرم سنة ١٣٥١هـ/١٩٣٢ م. قام بها رجل من بلاد الأفغان فاقتلع قطعة من الحجر وقطعة من ستار الكعبة وقطعة من مدرج الكعبة ثم ردت مرة ثانية إلى أمكانها.

مقام إبراهيم -:

هو الحجر الذي كان يقف عليه إبراهيم عندما ارتفع بناء الكعبة عن قامته، فوضعه له إسماعيل ليقف عليه وهو يبني، وبقي هذا الحجر ملصقا بحائط الكعبة إلى أيام عمر بن الخطاب حيث أخره عن البيت لئلا يشغل المصلين وجموع الطائفين حول البيت ،وما تزال أثر قدم إبراهيم الخليل باقية عليه إلى الآن.

الحجر -:

هو الحائط الواقع شمال الكعبة المعظمة ويسمى الحطيم، وهو على شكل نصف دائرة، وعندما بنت قريش الكعبة أنقصت ستة أذرع من جانبيها الشمالي وأدخلته في الحجر، ثم أعاد عبد الله بن الزبير ما أنقصته قريش من البيت مرة ثانية،فلما كان عصر الحجاج اقتطع من الكعبة ستة أذرع وشبرا وأدخلها في الحجر، وهو لا يزال على حكمه إلى العصر الحاضر.

وقد مر الحجر بمراحل معمارية كثيرة، فكان أول من وضع عليه حجارة الرخام أبو جعفر المنصور الخليفة العباسي، ثم جدد رخام الحجر الخليفة المهدي العباسي وذلك عام ١٦١ هـ/٧٧٨ م. ثم تلى ذلك عدة تجديدات وإصلاحات على مر العصور.

الصفا والمروة :-

جبلان في مكة يعتبر السعي بينهما ركن من أركان الحج، وبين الصفا والمروة أربعمائة وثلاث وتسعون خطوة، وكان بين الصفا والمروة مسيل فيه سوق عظيمة يباع فيها ال حبوب واللحم والتمر والسمن وغيرها، وليس بمكة سوق منتظمة سوى هذه، مما جعل الساعون لا يكادون يخلصون لازدحام الناس على حوانيت الباعة، وبمرور الوقت وما يحدث من تجديدات وإصلاحات أصبح هذا المسعى يتكون من طابقين بطول (٢٩٤،٥) مترا، وعرض (٢٠) مترا، وفي وسط المسعى وفي الطابق السفلي يوجد حاجز يقسم المسعى إلى طريقين أحدهما مخصص للسعي من الصفا إلى المروة، والثاني من المروة إلى الصفا، وفي الوسط ممر ضيق ذو اتجاهين، مخصص لسعي العاجزين وغير القادرين على الهرولة، وللمسعى ستة عشر بابا في الواجهة الشرقية، وللطابق العلوي مدخلان أحدهما

عند الصفا والآخر عند المروة، ولهذا الطابق سلمان من داخل المسجد أحدهما عند باب الصفا، والآخر عند باب السلام.

بئر زمزم :-

بئر تقع بالقرب من الكعبة المشرفة، ولها فتحة الآن تحت سطح المطاف على عمق (١٥٦) سم. وفي أرض المطاف خلف المقام إلى اليسار لمن يقف بمواجهة البيت الحرام يوجد حجر دائري الشكل كتب عليه بئر زمزم. وهذا الحجر يكون عموديا مع فتحة البئر الموجودة أسفل سطح المطاف، وقد جعل في آخر المطاف درج يؤدي إلى فتحة البئر.

وبئر زمزم ينقسم إلى قسمين: الأول جزء مبني عمقه (١٢،٨٠) مترا عن فتحة البئر. والثاني جزء محفور في صخر الجبل وطوله (١٧،٢٠) مترا، وهناك ثلاثة عيون تغذى بئر زمزم: عين في جهة الكعبة ومقابلة للركن ويتدفق منها القدر الأكبر من المياه، وعين تقابل جبل أبي قبيس والصفا، وعين جهة المروة، وهذه العيون مكانها في جدار البئر على عمق (١٣) متر من فتحة البئر.

وتاريخ هذه البئر بدأ بنزول سيدنا إبراهيم عليه السلام بزوجته وولده إسماعيل مكة حيث كانت صحراء ليس بها شيء يؤنس به، ولا يوجد بها ماء ولا زرع، حتى نفد الماء الذي تركه إبراهيم لزوجته وولده، فأخذت أم إسماعيل تبحث لولدها عن الماء مهرولة بين الصفا والمروة، وبعدما يئست من وجود الماء إذ بالماء يخرج من بين أصابع ولدها، وكان خروجه بداية حياة جديدة لهذا المكان الذي استقر فيه إسماعيل عليه السلام بجوار قبيلة جرهم التي تزوج منها.

وبعد زمن استخفت قبيلة جرهم بحرمة بيت الله الحرام بعدما كانت تقوم عليه، وأكلوا أموال الكعبة الذي يهدى لها، وأحدثوا في الحرم أحداثا عظيمة، فعاقبهم الله بعقوبات منها نضوب ماء زمزم وانقطاعه فلم يزل موضعه يندثر ويمحى حتى جهل مكانه، وظل هكذا حتى أعاد عبد المطلب حفره مرة ثانية بعد عام الفيل، وهو العام الذي شهد فجرا جديدا بميلاد النبي محمد عليه السلام.

المسجد النبوي:-

ثاني المساجد التي تشد إليها الرحال في الإسلام بعد المسجد الحرام . ويقع المسجد النبوي الشريف شرق المدينة المنورة . وكان له دور بارز في تاريخ الإسلام ومكانة عظيمة في نفس كل مسلم؛فهو المسجد الذي أسسه النبي صلى الله عليه وسلم على التقوى من أول يوم؛ليكون منارة تنير طريق البشرية جميعها ومدرسة تربى فيها وتخرج منها أعظم الرجال في تاريخ الإنسانية كلها ومركزا عظيما لانطلاق الدعوة وانتشار الإسلام. وقد مجده الله تعالى في كتابه العزيز في سورة التوبة: (لمسجد أسس

على التقوى من أول يوم أحق أن تقوم فيه. فيه رجـال يحبـون أن يتطهـروا و اللـه يحـب المطهرين). والصلاة في المسجد النبوي لها ثواب كبير. قال صلى اللـه عليه وسلم: "صلاة في مسجدي هذا خير من ألف صلاة فيما سواه إلا المسجد الحرام" [البخاري]. وقال صلى اللـه عليه وسلم: "مـا بين بيتي ومنبري روضة من رياض الجنة". [البخاري] .

<u>نبذة تاريخية :-</u>

خرج رسـول اللـه صلى اللـه عليه وسلم من مكة المكرمة مهاجرا ووصل إلى المدينة المنورة بعد رحلة طويلة وشاقة وخرج أهل المدينة لاستقباله فنزل النبي صلى اللـه عليه وسلم أول الأمـر ووضع أساس مسجد قباء ثم خرج من هناك والناس يتزاحمون عليه. كل واحد منهم يريد أن يأخـذ بزمام ناقته ويستضيفه عنده فكان صلى اللـه عليه وسلم يقول لهـم في رفق: "خلـوا سبيلها فإنهـا مأمورة". وسارت الناقة في طرقات المدينة وأهل كل حـي يتمنـون أن ينالـوا شرف نـزول النبي صـلى اللـه عليه وسلم عندهم.

وأخيرا توقفت الناقة في مكان لتجفيف التمر يملكه غلامـان يتيمـان مـن الأنصـار فنـزل صـلى اللـه عليه وسلم وهو يقول: "هاهنا المنزل إن شاء اللـه". وكان ذلك المكان قريبا مـن بيـت "أبي أيوب" فحمل متاع النبي صلى اللـه عليه وسلم إلى بيته ثم عرض الرسول صلى اللـه عليه وسلم أن يشتري ذلك الموضع فقيل له: بل نقدمه لك دون ثمن يا رسول اللـه فرفض صلى اللـه عليه وسلم أن يأخذه دون أن يدفع ثمنه فاشتراه بعشرة دنانير وأقام عليه مسجده.

بدأ النبي صلى اللـه عليه وسلم في بناء مسجده الشريـف في المدينـة؛ ليكـون مركـزا لإقامـة الشعائر الدينية وإدارة شئون الناس وحاجاتهم. وعمل صلى اللـه عليه وسلم بنفسه في بناء المسجد؛ فكان يحفر الأرض ويحمل الحجارة ويشارك صحابته.

ولما تم بناء المسجد في عهد النبي صلى اللـه عليه وسلم كانت مساحته حوالي (١٦٠٠) متر مربع، وكانت أرضه من الرمال، وسقفه من الجريد، وأعمدته من جذوع النخل، وحوائطه من الحجارة والطوب اللبن، وكانت قبلته ناحية بيت المقدس حيث

ظل المسلمون يتجهون في صلاتهم إلى بيت المقدس قرابة (١٦) شهرا إلى أن تحولت القبلة إلى الكعبة بأمر من الله تعالى قبل غزوة بدر بشهرين تقريبا.

وقد جعل النبي صلى الله عليه وسلم لمسجده ثلاثة أبواب وأعد في مؤخرته مكانا مظللا (صفة) لنزول الغرباء وعابري السبيل والفقراء ومن لا مأوى لهم ولا أهل ممن عرفوا بعد ذلك بأهل الصفة.

وفي عهد أبي بكر الصديق قام رضي الله عنه ببعض الإصلاحات والترميمات للمسجد النبوي الشريف فوضع أعمدة خشبية جديدة مكان الأعمدة التي أصابها التآكل ولم يزد في المسجد شيئا؛ وذلك بسبب انشغاله بحروب الردة بالإضافة إلى قصر مدة خلافته.

وفي خلافة عمر بن الخطاب رضي الله عنه اتسع المسجد حتى بلغت مساحته قريبا من (٦٤٠٠) متر مربع. وقد أوصى الفاروق الصانع بقوله: "أكن (احفظ) الناس من المطر. وإياك أن تحمر أو تصفر (تدهن بالون الأحمر أو الأصفر) فتفتن الناس". وقد أزالت التوسعة العمرية المباني والبيوت المحيطة بالمسجد من جهات الغرب والشمال والجنوب. أما جهة الشرق فقد ظلت كما هي من غير زيادة؛ حيث كانت توجد حجرات أزواج النبي صلى الله عليه وسلم.

ثم زادت مساحة المسجد في عهد عثمان بن عفان رضي الله عنه فبلغت (٨٠٠٠) متر مربع، وبنيت جدرانه بالحجارة المنقوشة، وزود سقفه بالساج وأضيفت إليه أبواب جديدة.

أما في العهد الأموي فقد حظي المسجد باهتمام الخليفة الوليد بن عبد الملك، حيث تم توسيع المسجد النبوي وإعادة بنائه؛ فبنيت أعمدته من الحجارة المحشوة بالحديد و الرصاص ،واستخدمت الحجارة المنقوشة والجص والفسيفساء والطلاء في أعمال البناء، واستعمل الساج في تغطية السقف وأدخلت حجرات نساء النبي صلى الله عليه ضمن المسجد لأول مرة. ولم يدخر الوليد بن عبد الملك جهدا في سبيل

تحسين المسجد وإظهاره بالمظهر اللائق بالرسول صلى الله عليه وسلم وبالمسلمين أجمعين حتى إنه كان يكافئ العامل الماهر الذي يعمل في المسجد بثلاثين درهما زيادة على أجره المقرر.

أما في العهد العباسي فقد اهتم خلفاء العصر العباسي برعاية المسجد النبوي الشريف وعمارته؛ فتم تجديده وزيادة مساحته وكتابة الفاتحة وبعض آيات القرآن على جدرانه، ثم توالت الترميمات والإصلاحات. وفي ليلة الجمعة أول شهر رمضان ٦٥٤هـ/ ١٢٥٦ م. شب حريق كبير في المسجد بسبب غفلة خادمه فبادر الخليفة العباسي المعتصم بالله بإعادة تعميره وترميمه وتحسينه.

وفي عهد السلطان العثماني عبد المجيد اهتم بالمسجد فكانت أجمل عمارات المسجد وأكثرها إتقانا. فعندما كتب إليه شيخ الحرم داود باشا يخبره بالتصدع الذي ظهر في بعض أجزائه، اهتم السلطان بالأمر وأرسل مهندسين وعمالا لعمارة المسجد وإعادة بنائه، واستغرق العمل (١٣) عاما خرج المسجد بعدها آية في الجمال والإبداع وكان يتكون من (١٢) بائكة (صف من الأعمدة). وكل بائكة تضم (٢٧) عمودا تعلوها قباب مزخرفة مرسوم على بعضها مناظر طبيعية تمثل المدن التركية؛ كإستانبول وأنقرة وقد بنيت الأعمدة المحيطة بالقبلة من حجر الصوان المغطى بطبقة من المرمر، وقد زينت تيجانها بماء الذهب وكسيت قواعدها بالنحاس الأصفر. وتصل بين تيجان الأعمدة ألواح خشبية مغطاة بصفائح من النحاس الأصفر، وتتدلى منها سلاسل ذهبية وفضية تحمل الثريات (النجف) والمشكاوات (ما يحمل عليه أو يوضع فيه المصباح أو القنديل).

وفي العصر الحالي في عهد الدولة السعودية شهد المسجد النبوي طفرة واسعة في توسيعه وتجميله وتحسينه بداية من عهد الملك عبد العزيز آل سعود مؤسس المملكة العربية السعودية، ومرورا بعهود الملك سعود، والملك فيصل، والملك خالد، وانتهاء بعهد الملك فهد بن عبد العزيز آل سعود؛ حيث تمت في هذا العهد أربع توسعات كبيرة.

ولقد شملت التوسعة الأولى ترميم ما تصدع من المسجد وتجميله وإصلاح الحجرة النبوية المطهرة وقبتها الخضراء ومصلى النبي صلى الله عليه وسلم والمنبر والأعمدة الأثرية والمئذنة الرئيسية، مع الإبقاء على العمارة المجيدية (نسبة إلى السلطان عبد المجيد) التي حدثت في عهد السلطان عبد المجيد العثماني. ولقد أحدث الملك عبد العزيز زيادة في عدد أبوابه فأضاف إليه خمسة أبواب جديدة هي: باب الملك، وباب عمر بن الخطاب، وباب عثمان بن عفان، وباب عبد العزيز، والباب المجيدي. فأصبحت بمجموعها عشرة أبواب بالإضافة إلى الخمسة الأولى: باب السلام، وباب الرحمة، وباب جبريل، وباب النساء، وباب الصديق. ثم كانت التوسعة الثانية في ظل حكم الملك فيصل بن عبد العزيز؛وشملت إضافة مساحة جديدة إلى المسجد وتظليلها وتجهيزها لإقامة مصلى كبير. ثم التوسعة الثالثة فتمت في عهد الملك خالد بن عبد العزيز؛حيث أضيفت مساحة جديدة على شكل ميدان فسيح مظلل إلى أرض المسجد. ثم كانت التوسعة الرابعة وهي توسعة الملك فهد بن عبد العزيز أكبر وأضخم توسعة للمسجد النبوي الشريف حتى الآن؛حيث تضاعفت مساحة المسجد عشرات المرات، وتسخير كافة الإمكانات من أجل توفير الراحة لأعداد المصلين والزائرين الكثيرة والمتتابعة. فتم تجهيز السطح وبناء سبعة مداخل رئيسية جديدة، إضافة إلى مدخلين من الناحية الجنوبية. ولهذه المداخل بوابات يصل عددها إلى (٥٩) بوابة ويضاف إلى ذلك (٨) بوابات لمداخل ومخارج السلالم الكهربية المتحركة التي تخدم سطح المسجد المخصص للصلاة، جنبا إلى جنب مع (١٨) سلما داخليا، فضلا عن سلالم الخدمة. وقد استخدمت التقنية الحديثة في أعمال الكهرباء، وتكييف الهواء، وتوزيع المياه والصرف الصحي، وإعداد الساحات الخارجية، وتغطية الأرض بالرخام وقد بلغت الطاقة الاستيعابية للمسجد وما يحيط به من ساحات (٦٥٠ ألف) مصل في الأيام العادية تزداد في أيام الحج والعمرة لتصل إلى حوالي مليون مصل.

ويتميز المسجد حاليا بأعمال الحليات والزخارف كالكرانيش التي تجمـل الحـوائط والأسـقف والمآذن وأعمال الحديد المشغول والمشربيات والشبابيك وتيجـان الأعمـدة وأعمـال التكسـية بالرخـام والحجر الصناعي للمداخل والواجهات الخارجية والأعمـدة الداخليـة. ولتلطيـف الهـواء داخـل الحـرم النبوي الشريف ثم استحداث نظام جديد؛ وذلك بتبريد الهواء من خلال مواسير المياه الباردة.

وتحيط بالمسجد ساحات وطرق ومواقف للسيارات ومرافق تجاريـة وحكوميـة وتسـهيلات عديدة لخدمة زوار المسجد النبوي الشريف مثل: أماكن الوضوء، ودورات المياه، والسـاحات المغطـاة بالرخام المصنع وفق أشكال هندسية إسلامية وبألوان مختلفة.

<u>الحجرة النبوية :-</u>

توجد الحجرة النبوية في الجزء الجنوبي الشرقي مـن المسجد وهـي محاطـة بمقصـورة (حجـرة خاصة مفصولة عن الغرف المجاورة فوق الطبقة الأرضية) من النحاس الأصفر. ويبلـغ طـول المقصـورة (١٦) مترا وعرضها (١٥) مترا ويوجد بداخلها بناء ذو خمسة أضلاع يبلغ ارتفاعه نحو (٦) أمتار بنـاه نور الدين زنكي ونزل بأساسه إلى منابع المياه ثم سكب عليه الرصاص حتى لا يستطيع أحـد حفره أو خرقه وداخل البناء قبر الرسول صلى اللـه عليه وسلم، وقبرا أبي بكر الصـديق، وعمر بـن الخطـاب - رضي اللـه عنهما- وفي شمال المقصورة النبوية وجد مقصورة أخرى نحاسية ويصل بين المقصورتين بابان. ويحيط بالحجرة النبوية أربعة أعمدة أقيمت عليها القبة الخضراء التي تميز المسجد أما الروضة الشريفة فهي بين المنبر وقبر الرسول صلى اللـه عليه وسلم، ويبلـغ طولها (٢٢) متـرا، وعرضها (١٥) مترا.

<u>المنبر :-</u>

كان رسول اللـه صلى اللـه عليه وسلم يجلس بين أصحابه فيجيء الغريب فلا يـدري أيهـم هو فطلب الصحابة إليه أن يجعلوا له مجلسا يعرفه الغريب إذا أتاه فبنوه لـه دكة مـن طين كان يجلس عليه. فالمنبر في أوله كان دكة من طين يجلس عليها الرسول

صلى اللـه عليه وسلم ليعرفه الغريب ويخطب عليها يوم الجمعة. ومـن المحتمـل أن المنبر المتخذ من الطين كان إلى جانب الجذع وقد كان بناء المنبر من خشـب الغابة القريبة مـن المدينة في السنة الثامنة أو التاسعة من الهجرة فقد كان رسول اللـه صلى اللـه عليه وسلم إذا خطب قام فأطال القيام فكان يشق عليه قيامه فأتى بجذع نخلة فحفر له وأقيم إلى جنبه قائما للنبي صلى اللـه عليه وسلم فكان إذا خطب فطال القيام عليه استند فاتكأ عليـه فبصـر بـه رجـل كان حديث عهد بالمدينة فقال لمن يليه من الناس: لو أعلم أن محمدا يحمدني في شيء يرفق بـه لصنعت له مجلسا يقوم عليه فإن شاء جلس ما شاء وإن شاء قام فبلغ ذلك النبي صلى الله عليه وسلم فقال: ائتوني بـه فأمره أن يصنع له هذه المراقي الثلاث فوجد النبي في ذلك راحة فلما فارق النبي صلى اللـه عليه وسلم الجذع وعمد إلى هذه التي صنعت له حزن الجذع فحن كـما -تحن الناقة- حـين فارقـه النبي صلى اللـه عليه وسلم فنزل النبي صلى اللـه عليه وسلم من على المنبر وربت على الجذع فسكن.

وكان رسول اللـه صلى اللـه عليه وسلم يقف على الدرجة الثالثة من المنبر فلـما خطب أبـو بكر نزل درجة ثم عمر درجة وكان عثمان يقوم على الدرجة السفلى ويضع رجليه عـلى الأرض سـت سنين من خلافته ث م لما ازداد رواد المسجد صعد عثمان إلى موضـع وقـوف النبي صلى اللـه عليه وسلم حتى يراه الناس وهو يخطب. وزاد مروان بن الحكم في المنبر ست درج من أسفله وبذلك رفع المنبر النبوي لأعلى وفسر ذلك بقوله: "إنما زدت فيه لما كثر الناس". واستمر المنبر على هذا الحال حتى احترق المسجد عام ٦٥٤هـ/١٢٥٦ م. ومن بعده زال ملك دولة بني العباس ثم جدد المظفر صاحب اليمن منبرا له رمانتان من الصندل فوضعه موضع المنبر النبوي عام ٦٥٦هـ/١٢٥٨ م.

ثم أرسل بعد ذلك الظاهر ركن الدين بيبرس منبرا فوضعه مكان منبر مظفر اليمن ثـم أرسل الظاهر برقوق منبرا آخر عام ٧٩٧هـ/١٣٩٥ م. فوضع مكان منبر

بيبرس ثم أرسل المؤيد شيخ منبرا عام ٨٢٠هـ/١٤١٧ م. وقد احترق هذا المنبر في عام ٨٨٦هـ/١٤٨١ م. فبنى أهل المدينة في موضعه منبرا من آجر طلي بالنورة واستمر يخطب عليه إلى رجب ٨٨٨هـ/١٤٨٢ م. فهدم ثم بني في موضعه المنبر الرخام للأشرف قايتباي ثم أرسل السلطان مراد خان منبرا مصنوعا من الرخام عام ٩٩٨هـ/١٥٩٠ م. وأبدعوا في تصنيعه غاية الإبداع وهو من عجائب الدنيا.

المآذن :-

لم يكن للمسجد عندما بني مئذنة، فكان بلال رضي الله عنه يؤذن من أعلى سطح يجاور المسجد. وكان الوليد بن عبد الملك أول من أحدث المحراب والشرفات كما أدخل المآذن وكان عددها أربع مآذن؛ عند كل زاوية من زوايا المسجد مئذنة. وقد أشرف على هذه الأعمال عمر بن عبد العزيز أيام ولايته على المدينة.

وفي عهد السلطان المملوكي الأشرف قايتباي -سلطان المماليك بمصر- أصاب حريق آخر المسجد بسبب سقوط صاعقة، هدمت المئذنة الرئيسية، وأشعلت النيران بالسقف وبقبة الحجرة النبوية، وأبواب المسجد، وخزائن

الكتب. فأرسل السلطان الأمير سنقر إلى المدينة المنورة لعمارة المسجد النبوي الشريف وإعادة بنائه. فقام سنقر بإعادة بناء المئذنة والجدران وترميم الحجرة الشريفة وصنع منبرا وبنى مدرسة إلى جوار المسجد عرفت بالمدرسة المحمودية.

وفي عهد الملك فهد بن عبد العزيز مع التوسعة السعودية الرابعة للمسجد تم بناء ست مآذن جديدة بارتفاع (٩٩) مترا، وتصبح (١٠٥) أمتار إذا أضيف إليها ارتفاع الهلال، أي بزيادة (٣٣) مترا عن ارتفاع المآذن الأربع القديمة: العزيزية، والسنجارية، والرئسية، وباب السلام.

الصُّفَّـة :-

وهي ظلة كانت في مؤخرة المسجد من الناحية الجنوبية عندما كانت الصلاة إلى بيت المقدس وكان لها باب ثم انتقل مكانها شمالا بعد تحويل القبلة واتخذت من

الركن الشمالي الشرقي مكانها، وهي غربي الموضع الحالي الذي يعرف بدكة الأغوات جنوب القبر الشريف، والصفة كانت مأوى الغرباء من المهاجرين الذين لا مأوى لهم في المدينة وكانوا يبيتون في المسجد إلى أن يجدوا عملا في مجتمع المدينة فمن وجد عملا ترك الصفة واتخذ له مسكنا يقيم فيه وهكذا كان عدد أصحاب الصفة يقل أحيانا، ويكثر أحيانا أخرى حتى بلغ في وقت من الأوقات ستمائة صحابي وكان النبي صلى الله عليه وسلم يُجالسهم ويُشركهم في طعامه وشرابه. وكان الصحابي يستضيف الواحد والاثنين أو أكثر من أهل الصفة ليطعمهم في بيته وكانوا يأتون بالرطب يعلقونها في سقف الظلة وقد كان من أشهر أهل الصفة أبو هريرة رضي الله عنه الذي يقول: "لقد رأيت معي في الصفة ما يزيد على ثلاثمائة ثم رأيت بعد ذلك كل واحد منهم واليا أو أميرا وقد بشرهم بذلك النبي صلى الله عليه وسلم يوما حين مر عليهم". وظل أصحاب أهل الصفة يتناقصون كلما فتح الله على المسلمين حتى خرجوا جميعا إلى بيوتهم في حياة النبي صلى الله عليه وسلم وانتهت بذلك إقامة فقراء المهاجرين في المسجد.

<u>المكتبة :-</u>

يضم المسجد النبوي العديد من خزائن الكتب التي أصبحت قائمة في عهد المماليك، كما أنشأت عدة مكتبات جديدة بعضها ملحق بالأربطة والمدارس، وبعضها مستقل، إلا أن معظمها كان يدور في فلك المسجد النبوي. وقد تطور إنشاء المكتبات خلال العهد العثماني الطويل، حتى بلغ ذروته في القرن الثالث عشر الهجري/التاسع الميلادي، وفيه أسست أشهر مكتبات المدينة. وقد بلغ عدد المكتبات في أواخر العهد العثماني (٨٨) مكتبة ما بين عامة وخاصة. أما أوسع المكتبات شهرة لما تحويه من ذخائر ومخطوطات فهي مكتبة عارف حكمت التي أسسها عارف حكمت وهو عالم تركي، تولى قضاء القدس ثم قضاء مصر ثم قضاء المدينة المنورة.

<u>التدريس:-</u>

شهدت المدينة المنورة على مر العصور قدوم أعداد كبيرة من العلماء من الشام ومصر- والمغرب وآسيا الوسطى والهند. وقد سكن هؤلاء المدينة مدة من الوقت تتراوح بين السنة وعدة سنوات للمجاورة، أي للتعبد في المسجد النبوي. وكان هؤلاء العلماء يعقدون حلقات التدريس في المسج د النبوي يحضرها طلاب العلم، وقد يتحول هؤلاء العلماء إلى مستمعين في حلقات علماء آخرين، استزادة في العلم. وكان التدريس فيه مفتوحا لمن يشاء ودون منهج محدد، فأي عالم يستطيع أن يجلس إلى عمود ويدرس العلم الذي يتقنه، ولم يكن العلماء يتقاضون أجرا أول الأمر. وفي أواخر القرن الثالث عشر الهجري قامت الحكومة العثمانية في عهد السلطان سليمان القانوني بتخصيص مرتبات لبعض الشيوخ الذين يدرسون في الحرم، ثم وضعت لهم مخصصات ثابتة في ميزانية الخزانة النبوية، وقد بلغ عددهم ثمانية عشر مدرسا تتراوح مرتباتهم بين (١٥٠) قرشا و (٥٠٠) قرش سنويا على نحو ما يصرف لمدرسي المسجد الحرام. وكان عدد المدرسين المعينين من الدولة قليلا بالقياس إلى عدد مدرسي المسجد الحرام الذين يبلغ عددهم أربعة وأربعين مدرسا، وأنهم كانوا يدرسون المذاهب الثلاثة فقط الحنفي والشافعي والمالكي، غير أن التدريس في المسجد النبوي لم يقتصر قط على الذين يتقاضون رواتب من الدولة، بل كان فيه عدد أكبر من المدرسين المتبرعين الذين يعتمدون على ثرواتهم الخاصة أو لهم عمل أو متجر أو بستان يؤمن لهم حاجاتهم، وكان بعضهم يتلقى هبات من الأغنياء ومن الزائرين والأموال المرسلة إلى المسجد، وبخاصة أغنياء الهند. وبجوار حلقات التدريس هذه كان يوجد أيضا الكتاتيب وهي مراكز تعليمية عريقة ترجع إلى عهد الخليفة عمر بن الخطاب رضي الله عنه. وقد قامت هذه الكتاتيب بمهمة تعليم أولاد المسلمين منذ نعومة أظافرهم القرآن والحديث، فإذا تخرج منها الصبي تحول إلى حلقات الشيوخ المختلفة. وكانت الكتاتيب تنتشر- في المدينة،بعضها في بيوت معلميها، وقليل في الأربطة. ولكن عندما أعيد بناء المسجد

النبوي في عهد السلطان عبد المجيد خصصت للكتاتيب ست غرف في الجهة الشمالية وبني فوقها طابق آخر لمكتبة المسجد، وعين لكل كتاب معلم وعريف، يأخذان رواتبهما من الخزانة النبوية. وكان الشيخ يتقاضى مائتي قرش والعريف مائة قرش.

إضافة إلى تلك الكتاتيب وجدت كتاتيب أخرى داخل الحرم النبوي وصل عددها اثني عشر كتابا أي ضعف عدد الكتاتيب الموجودة في الغرف. وخارج المسجد النبوي قامت كتاتيب أخرى موزعة في أحياء مختلفة ولم يكن معلموها يتقاضون رواتب من الخزينة النبوية، بل يتقاضون أجرهم من أولياء الطلاب. ولقد بلغت آخر العهد العثماني عشرين قرشا للشيخ وعشرة قروش للعريف كل شهر، فضلا عن مبالغ أخرى غير محددة يدفعها عند تسجيله في الكتاب وعند حفظ الصبي الجزء الأول من القرآن. وفي شهر رمضان والعيدين يدفع مبلغا جيدا وهدايا قيمة من ضمنها جبة وعمامة للشيخ عندما يختم الطالب القرآن. ويقيم ولي أمر الطالب مأدبة يدعو إليها الشيخ والعريف والأصدقاء كما يوزع الحلوى على طلاب الكتاب جميعا. ومازالت الدروس قائمة بالمسجد النبوي يقوم بها كبار المشايخ حيث يقرءون كتبا محددة في الفقه، والتفسير.

القدس:-

تقع مدينة القدس على خط طول ٣٥° ودائرة عرض ٣١°. ويرتفع وسط المدينة ٧٥٠م عن سطح البحر المتوسط ونحو ١١٥٠م عن سطح البحر الميت. ويمثل هذا الموقع الحد الفاصل بين الأراضي الجافة المجدبة باتجاه الغور (برية القدس) شرقا، والأراضي الرطبة المزروعة طوال التاريخ غربا.

نبذة تاريخية :-

تعد القدس (مدينة السلام) من أقدم مدن الأرض في العصر التاريخي. فهي أقدم من بابل ونينوى ولا يسبقها في القدم، على ما يبدو إلا "أون" أو هليوبوليس بشمال القاهرة والتي أسماها العرب "عين شمس".

وترجع نشأة المدينة إلى سنة ٣٠٠٠ ق.م وقد سكنها اليبوسيون، إحدى القبائل الكنعانية من العرب الأوائل الذين نزحوا من الجزيرة العربية مع من نزح من القبائل الكنعانية حوالي سنة ٢٥٠٠ ق.م. واحتلوا التلال المشرفة على المدينة القديمة. وقد بنى اليبوسيون قلعة حصينة على الربوة الجنوبية الشرقية من يبوس، سميت حصن يبوس، الذي يعد أقدم بناء في مدينة القدس، أقيمت حوله الأسوار وبرج عال في أحد أطرافه، للسيطرة على المنطقة المحيطة بيبوس للدفاع عنها، وحمايتها من غارات العبرانيين والمصريين بزعامة ملكهم سالم اليبوسي. وعرف حصن يبوس فيما بعد بحصن صهيون، ويعرف الجبل الذي أقيم عليه الحصن بالأكمة، أو هضبة أوفل، وأحيانا بجبل صهيون. وقد أنشأ السلوقيون في موضع حصن يبوس قلعة منيعة عرفت باسم " قلعة "عكرا" أو "أكرا.

وقد استمرت سيطرة اليهود على القدس من عهد داود حوالي سنة ١٠٠٠ ق.م. إلى أن فتحها نبوخذ نصر (بختنصر) في سنة ٥٨٦ ق.م ودمرها ونقل السكان اليهود إلى بابل (السبي البابلي). وظلت البلاد تحت الحكم الفارسي إلى أن فتحها الإسكندر المقدوني سنة ٣٣٢ ق. م. وتنقلت السيطرة على أورشليم في عهد خلفائه بين البطالمة والسلوقيين. ثم استولى الرومان على سورية وفلسطين ودخل القائد الروماني بومبي القدس في سنة ٦٣ ق.م.

وفي سنة ١٣٢م قامت ثورة في القدس ضد الدولة الرومانية، أسرع الإمبراطور هادريانوس إلى إخمادها سنة ١٣٥م، وخرب القدس وأسس مكانها مستعمرة رومانية يحرم على اليهود دخولها، أطلق عليها اسم " إيليا كابيتولوينا". ولما اعتنق الإمبراطور قسطنطين النصرانية أعاد إلى المدينة اسم أورشليم وقامت والدته هيلانة ببناء الكنائس فيها. ثم جاء الفتح الإسلامي لبيت المقدس حيث احتلت مدينة بيت المقدس في الدعوة الإسلامية من البداية مكانا هاما، فقد أشير إليها عدة مرات في القرآن الكريم وفي الحديث النبوي، وكانت قبلة الإسلام الأولى وإليها كان إسراء النبي محمد عليه الصلاة والسلام ومنها كان عروجه.

وبعد هزيمة الروم في معركة اليرموك أصبح الطريق مفتوحا إلى بيت المقدس. وطلب أبو عبيدة ابن الجراح من الخليفة أن يأتي إلى المدينة لأن سكانها يأبون التسليم إلا إذا حضر شخصيا لتسلم المدينة. وقد ذهب عمر إلى بيت المقدس سنة ١٥هـ/٦٣٦ م. وأعطى الأمان لأهلها وتعهد لهم بأن تصان أرواحهم وأموالهم وكنائسهم وبألا يسمح لليهود بالعيش بينهم. ومنح عمر سكان المدينة الحرية الدينية مقابل دفع الجزية، ورفض أن يصلي في كنيسة القيامة حتى لا يقلده الناس في هذا. وذهب إلى موقع المسجد الأقصى فأزال بيده ما كان على الصخرة من أقذار، وبنى مسجدا في الزاوية الجنوبية من ساحة الحرم.

ولقد خضعت القدس لجميع الدول الإسلامية التي حكمت على مر التاريخ الإسلامي. فقد خضعت للدولة الأموية، ثم العباسية، ثم دخلت في ولاية الطولونيين في الفترة ٢٦٥-٢٩٢هـ/٨٧٨ - ٩٠٥م، وتلاهم في حكمها الإخشيديون سنة ٣٢٧-٣٥٩هـ/٩٣٩ -٩٦٩م. وكان للقدس منزلة خاصة عند الإخشيديين بدليل أن ملوكهم جميعا دفنوا فيها بناء على وصاياهم.

مسجد قبة الصخرة :-

وفي عام ٣٥٩هـ/٩٦٩ م استولى الفاطميون على القدس، وظلت تحت سيطرتهم حتى وضع السلاجقة حدا لحكم الفاطميين عام ٤٦٣هـ/١٠٧٠ م. وعادت الخطبة في القدس للخليفة العباسي. وفي عام ٤٨٩هـ/١٠٩٦ م. استولى المستعلي الفاطمي على القدس وحكمها لثلاث سنوات بعد أن سقطت ثم دخلها الصليبيون ونهبوا ما كان في الصخرة والأقصى من كنوز ووضعوا صليبا على قبة الصخرة، وحولوا الأقصى إلى مقر لفرسان الداوية، وجعلوا القدس عاصمة لمملكتهم اللاتينية، ونصبوا بطريرك لاتينيا للمدينة بدلا من البطريرك الأرثوذكسي. وأقام الفرنجة عددا من المباني الدينية الجديدة، وعمروا كنيسة القيامة وكنيسة القديس يوحنا وغيرهما، وأقاموا نزلا يتسع لألف شخص من الحجاج النصارى القادمين من الخارج.

وظل حكم الصليبيين في القدس أكثر من ٨٨ سنة انهارت بعدها دولتهم بعد هزيمتهم في معركة حطين ٥٨٣هـ/١١٨٧ م. وبعدها دخل صلاح الدين الأيوبي القدس صلحا، وسمح للفرنجة بمغادرتها بعد دفع جزية بسيطة عن كل شخص. وامتازت معاملة صلاح الدين بالإنسانية فأعفى كثيرين من دفع الجزية وسمح للنصارى الشرقيين بالبقاء في المدينة. وقد أزال صلاح الدين الصليب عن قبة الصخرة، ووضع فيها المصاحف، وعين له الأئمة، ووضع في المسجد الأقصى المنبر الذي كان قد أمر نور الدين محمود بن زنكي بصنعه.

وفي سنة ٦٥١هـ/١٢٥٣ م دخلت القدس في حوزة المماليك وبقيت كذلك حتى ٩٢٢هـ/١٥١٦ م عندما وضع السلطان سليم العثماني حدا لحكم المماليك في بلاد الشام إثر انتصاره عليهم في معركة مرج دابق. وفي السنة التالية دخل القدس. ولما توفي السلطان سليم خلفه ابنه سليمان القانوني ٩٢٧هـ/١٥٢٠ م. وقد ظلت القدس تحت حماية الدولة العثمانية حتى نهاية الحرب العالمية الأولى عام ١٣٣٥هـ/١٩١٧ م، عندما قضي على الحكم العثماني. وقد أخذت الأحداث تتوالى بسرعة في النصف الثاني من عام ١٣٣٥هـ/١٩١٧ م. ففي التاسع من شهر كانون الأول دخلت القوات البريطانية مدينة القدس لتمهد الطريق بعد يومين لدخول الجنرال اللنبي قائد القوات البريطانية القدس.

وفي حزيران من عام ١٩٦٧م/١٣٨٧ هـ استولى الصهاينة على القطاع العربي من القدس يوم الأربعاء الموافق ٧ حزيران. وفي اليوم التالي أي الخميس تم احتلال كامل الضفة الغربية من الأردن، وما تزال القدس حتى الآن تخضع للسيطرة اليهودية.

المعالم الحضارية :-

تتميز مدينة القدس بخصائص الموقع الجغرافي المتميز، مما جعل منها مدينة مركزية في فلسطين وحلقة اتصال في بلاد الشام، فهي تمثل المركز التي تتجمع عندها أو بالقرب منها خطوط الاتصال بين الشرق والغرب والشمال والجنوب.

ولا يقل موضع المدينة أهمية عن موقعها الديني والاستراتيجي، فهي تجمع بين الطهارة والقدسية للمكان وسهولة الدفاع عنه والتمسك به. وقد تعاقبت كثير من الأمم على هذا المكان منذ فجر التاريخ وحتى اليوم. وشهد هذا الموضع معارك كثيرة أدت إلى تعاقب بناء وهدم المدينة. وكانت النواة الأولى لمدينة القدس على تلال الضهور (الطور أو تل أوفل) المطلة على بلدة سلوان إلى الجنوب الشرقي من المسجد الأقصى. وقد اختير هذا الموضع الدفاعي لتوفير أسباب الحماية والأمن لها. وأسهمت مياه عين أم الدرج في الجانب الشرقي من الضهور في توفير المياه للسكان. ويحيط وادي جهنم (قدرون) بالمدينة القديمة من الناحية الشرقية، في حين يحيط وادي الربابة (هنوم) بها من الجهة الجنوبية، ووادي الزبل من الجهة الغربية. وقد كونت هذه الأودية الثلاثة خطوطا دفاعية طبيعية جعلت اقتحام القدس القديمة أمرا صعبا إلا من الجهتين الشمالية والشمالية الغربية. ولم يكن فتح القدس قديما أو حديثا ناجحا إلا من جهة الشمال.

الأسوار: وفي ظل الدولة الأيوبية أقام صلاح الدين أسوار المدينة وأبراجها التي كانت قد تهدمت، ولا يزال جزء كبير منها موجودا إلى الآن، كذلك حفر الخندق الذي يحيط بسور المدينة من باب العمود إلى القلعة في باب الخليل.

وفي عام ٩٤٨هـ/١٥٤٢ م بنى السلطان العثماني سليمان القانوني سور القدس، وهو سور عظيم يحيط بالقدس ويبلغ محيطه أربعة كيلو مترات وله أبواب عديدة تبلغ أحد عشر بابا منها سبعة مفتوحة وأربعة مغلقة. فأما المفتوحة منها فهي: باب العمود وقد تمت إضافة عمود في الباب في أيام الإمبراطور هادريانوس وبقي هذا العمود حتى الفتح الإسلامي فأطلق عليه العرب هذا الاسم، وكان يدعى في السابق باب دمشق لأنه مخرج القوافل إليها. وباب الساهرة وهو باب بسيط بني ضمن برج مربع. وباب الأسباط ويسميه الغربيون باب القديس أسطفان، ويقع في الحائط الشرقي، وهو أشبه بباب الساهرة في شكله. وباب المغاربة وهو أصغر الأبواب ويقع

في الحائط الجنوبي لسور القدس، وهو عبارة عن قوس قائمة ضمن برج مربع. وباب النبي داود ويعرفه الأجانب باسم باب صهيون وهو باب كبير منفرج يؤدي إلى ساحة السور. وقد أنشئ في عهد السلطان سليمان عندما أعاد بناء سور المدينة. وباب الخليل الذي يسميه الغربيون باب يافا ويقع في الحائط الغربي. والباب الجديد ويقع في الجانب الشمالي للسور على مسافة كيلومتر تقريبا غربي باب العمود. وهو حديث العهد يعود إلى أيام زيارة الإمبراطور الألماني غليوم الثاني لمدينة القدس عام ١٣١٥هـ/١٨٩٨ م.

أما الأبواب الأربعة المغلقة فهي باب الرحمة ويسميه الغربيون الباب الذهبي لجماله ورونقه. ويقع على بعد ٢٠٠م جنوبي باب الأسباط في الحائط الشرقي للسور، ويعود تاريخ بنائه إلى العصر الأ موي. وهو باب مزدوج يعلوه قوسان ويؤدي إلى ساحة مسقوفة بعقود ترتكز على أقواس قائمة فوق أعمدة كورنثية ضخمة. وقد أغلق هذا الباب في أيام العثمانيين بسبب خرافة سرت بين الناس في ذلك الوقت كانت تقول إن الفرنجة سيعودون ويحتلون مدينة القدس عن طريق هذا الباب. وهو من أجمل أبواب المدينة ويؤدي مباشرة إلى داخل الحرم. والأبواب الثلاثة المغلقة الأخرى تقع في الحائط الجنوبي من السور قرب الزاوية الجنوبية الشرقية، وتؤدي جميعها إلى داخل الحرم مباشرة. وأولها ابتداء من زاوية السور الباب الواحد وتعلوه قوس وثانيها الباب المثلث وهو مؤلف من ثلاثة أبواب تعلو كلا منها قوس والثالث المدرج وهو من بابين يعلو كلا منها سور. ومعظم هذه الأبواب الثلاثة أنشئت في العهد الأموي.

مدينة القدس الجديدة:-

ومع تزايد عدد سكان المدينة باستمرار لم يعد موضع المدينة القديم يستوعب السكان والمباني السكنية داخل السور، فانتشر العمران خارج السور في جميع الجهات، وظهرت الأحياء الحديثة التي تعرف بالقدس الجديدة إضافة إلى الضواحي التي التحقت بالمدينة وكانت في القديم قرى تابعة لها.

المساجد: أول ما يجذب انتباه المسلم حينما يتكلم عن القدس ذلك المسجد الذي بـارك اللــه حوله المسجد الأقصى المبارك. وكذلك مسجد قبة الصخرة الذي بني في عهد أميـة بنـى عبـد الملـك بـن مروان عام ٧٢هـ/٦٩١ م. والجامع العمري الذي بناه الملك الأفضـل نـور الـدين بـن الحسـن علـي بـن صلاح الدين في عام ٥٨٩هـ/١١٩٣ م أثناء سلطنته على دمشق . وهو معروف اليوم بجامع عمر.

وقد أولى خلفاء بني أمية المدينة المقدسة اهتمامـا كبـيرا، وبويـع مـنهم فيهـا معاويـة بـن أبي سفيان سـنة ٤٠هــ/٦٦٠ م ،وسـليمان بـن عبـد الملـك سـنة ٩٦هــ/٧١٤ م، وقـاموا ببنـاء قصـور لهـم اكتشفت آثارها حديثا في جنوب المسجد الأقصى وجنوبه الغربي.

وواصل الخلفاء العباسيون الاهتمام بالقـدس فزارهـا مـنهم المنصـور والمهـدي والمـأمون عنـد عودته من زيارة مصر. وقد جرت في عهد الخلفاء الثلاثة تغيرات وتجديدات في المسـجد الأقصى- وقبـة الصخرة بعد الخراب الذي نتج عن الزلازل المتكررة.

المكانة العلمية :-

حوت مدينة القدس على مر العصور العديد من المدارس ودور العلم. ففي عهد الحاكم بـأمر اللـه الفاطمي الذي اعتنق المذهب الإسماعيلي، أنشأ دار العلـم بهـدف جعلهـا مركـزا أكاديميـا لنشر- المذهب وأنفق عليها مبالغ طائلة، وأوقف عليها جزءا كبـيرا مـن أطيانـه الخاصـة. وكانـت تقـام فيهـا المناظرات بين المذاهب المختلفة، ثم تحولت بعدها الدار إلى مكتبة مذهبية خالصـة تـدعو للمـذهب الإسماعيلي. وظل الحال كذلك حتى عام ٥٨٣هـ عندما فتح القائد صلاح الدين الأيوبي القاهرة، وقضى على الدولة الفاطمية. ولقد طرحت جميع كتب المكتبات الفاطمية بما فيها كتب دار العلم للبيع.

ويعد دخول صلاح الدين الأيوبي مدينة القـدس سـنة ٥٨٣ هــ/١١٨٧ م بدايـة مميـزة للحيـاة التي عمت الديار الشامية وبخاصة فلسطين. فقد أعاد بناء ما خربه المغول

والتتار والصليبيون من دور علم، وما أحرقوه من خزائن كتب، وما هدموه من مدارس وجوامع ومنشآت حضارية تمثل الوجه الناصع للحضارة العربية الإسلامية.

ولقد استهل صلاح الدين عهده في القدس بإنشاء المدارس والعمل على تزويد المسجد الأقصى- بالكتب الدينية والعلمية. حيث عمد إلى تحويل الدار التي بناها فرسان المنظمة الصليبية العسكرية المسماة "الإسبتارية" إلى مدرسة كبرى هي المدرسة الصلاحية يدرس فيها الفقه الشافعي. وأسس الخانقاه الصلاحية الواقعة في الشمال الغربي من كنيسة القيامة في حارة النصارى، وجعلها رباطا للصوفية. وأسس الزاوية الخشبية بظاهر سور المسجد الأقصى الجنوبي خلف المنبر. كما زاد في وقف المدرسة التي عملها بالقدس وهذه المدرسة كانت تعرف قبل الإسلام بصد حنة، ثم صارت في الإسلام دار علم، وأمر بأن تجعل الكنيسة المجاورة لدار الاسبيتار بقرب حمامه مارستان للمرضى ووقف عليها مواضع وأدوية وعقاقير غزيرة.

وقد سار الأيوبيون على سنة صلاح الدين في تأسيس المعاهد العلمية وتزويدها بالمدرسين والكتب المخطوطة. فقد جدد الملك المعظم عيسى بن أحمد بن أيوب ٦١٠هـ/١٢١٤ م بناء المدرسة الناصرية، أو الغزالية وجعلها زاوية لقراءة القرآن والاشتغال بالنحو ووقف عليها كتبا. وكانت على برج من باب الرحمة الملاصق لباب التوبة، وكلاهما واقعان في منتصف سور الحرم الشرقي. وهذان البابان مغلقان منذ زمن قديم. وكان في القدس أيضا دار الحديث بجوار التربة والمدرسة الطازية من جهة الغرب.

ومن المدارس أيضا المدرسة العثمانية وتعرف اليوم بدار الفتياني وهي واقعة على يسار الخارج من الحرم من باب المتوضأ المعروف بباب المطهرة. والتي وقفتها هي أصفهان شاه خاتون. وقد عينت لها أوقافا كثيرة ببلاد الروم وغيرها. وعلى مدخل المدرسة كتابة تفيد أن بناء المدرسة كان سنة ٨٤٠ هـ/١٤٣٧ م. وقد توفيت الخاتون بالقدس ودفنت بمقبرة باب الرحمة.

ومنها أيضا المدرسة الأشرفية وهي على ميسرة الداخل إلى الحرم عند باب السلسلة. وتقف على سطحها مئذنة باب السلسلة. ومدخل المدرسة غاية في الحسن

وأمامه رواق معقود مبني بالحجارة المحكمة والمزينة بالنقوش الجميلة الدقيقة الصنع، وعلى جانبي المدخل كتابة بخط النسخ تفيد أن الملك الأشرف سيف الدين أبا النصر ـ قايتباي بنى المدرسة سنة ٨٨٥هـ/١٤٨٠ م.

وكان هناك العديد من المدارس والزوايا والتكايا والرباطات والخوانق، التي يرجع تاريخ إنشائها إلى القرن السابع والثامن والتاسع للهجرة/الثالث والرابع عشر للميلاد، وهذا كله يدل دلالة واضحة ملموسة على أن مدينة القدس كانت في تلك الأزمنة وما سبقها مركزا كبيرا للثقافة الإسلامية، فضلا عن مكانتها الروحية الممتازة.

المكتبات: كما تميزت القدس بوجود العديد من المكتبات العامة والخاصة. فأما العامة فأشهرها مكتبة المسجد الأقصى. ويبدو من مراجعة فهرسها أنها تحوي كتبا دينية مخطوطة قدر عددها بألف مخطوط، كالمصاحف والربعات وكتب أكثرها في العصرين المملوكي والعثماني. وفي المكتبة نحو عشرة آلاف كتاب. كما أن هناك المكتبة الخالدية في القدس وهي من أهم دور الكتب الخاصة في فلسطين وأغناها وتحتوي المكتبة على عشرة آلاف كتاب ثلث هذه الكتب مخطوط والثلث من نوادر المطبوعات القديمة في العلوم العربية والإسلامية. أما المكتبات الخاصة الأخرى فكثيرة منها: مكتبة آل أبي اللطف، ومكتبة آل البديري، ومكتبة آل الترجمان، ومكتبة آل الخليل. وقد وقفها الشيخ محمد بن محمد الخليل مفتي الشافعية، وهو أول من حقق فكرة إيجاد مكتبة عامة في القدس.

العلماء: ولقد كانت المدينة المقدسة مركز إشعاع للعلم الإسلامي يسطع على بلدان المسلمين. ففيها ولد وعاش المئات من علماء الإسلام. واستقبلت القدس المئات بل الآلاف من علماء المسلمين الذين قدموا من بلدان عديدة من المشرق والمغرب، وعملوا وتعلموا في المسجد الأقصى ومدارس بيت المقدس. وبالقدر نفسه الذي كانت

فيه القدس مقصد علماء المسلمين من كل مكان ،كانت تمثل المدينة بحد ذاتها خلية علمية تفيض بالعلماء المقدسيين من أهل البلاد.

ولقد اشتهر من القدس علماء بارزون في العلوم المختلفة. فمن الرياضيين أبـو العبـاس شـهاب الدين أحمد الشهير بابن الهائم وكان أيضا عالما بالشريعة. ومن المؤرخين أبـو عبـد اللـه محمـد بـن أحمد البناء المقدسي . ومن الأطباء يعقوب بن صقلاب النصراني، وأبـو عبـد اللـه محمـد بـن سعيد التميمي وكان عالما بتركيب المعاجين والأدوية المفردة، ورشيد الدين الصوري وكان عالما أيضا بالنبات.

<u>القيروان:-</u>

مدينة تونسية تقع على بعد (١٥٦) كم من العاصمة تونس ،وعلى بعد (٥٧) كم مـن مدينـة سوسة، وترتفع عن سطح البحر بنحو (٦٠) متر. والقيروان كلمـة فارسية دخلـت إلى العربيـة وتعني مكان السلاح ومحط الجيش أو استراحة القافلة وموضع اجتماع الناس في الحرب.

<u>نبذة تاريخية :-</u>

يعود تاريخ القيروان إلى عام ٥٠هـ/٦٧٠ م، عندما قام بإنشائها عقبة بن نافع. وكان هدفه من هذا البناء أن يستقر بها المسلمون، إذ كان يخشى إن رجع

المسلمون عن أهل إفريقية أن يعـودوا إلى ديـنهم. وقد اختـير موقعهـا علـى أسـاس حاجـات استراتيجية واضحة. فقد ذكر عقبة بن نافع أصحابه بعد الفتوح في المغرب: "إن أهل هذه البلاد قوم لا خلاق لهم إذا عضهم السيف أسلموا، وإذا رجع المسلمون عنهم عادوا إلى عاداتهم ودينهم ولسـت أرى نزول المسلمين بين أظهرهم رأيا وقد رأيت أن أبني ها هنا مدينة يسكنها المسلمون فاستصوبوا رأيه". فجاءوا موضع القيروان وهي في طرف البر وهـي منطقـة ذات أشـجار عظيمـة كثـيرة لا تشقها الحيات من تشابك أشجارها. وقد اختار لها موضعا بعيدا عن البصر في وسط البلاد ولـئلا تمـر عليهـا مراكب الروم فتهلكها.

وقد لعبت مدينة القيروان دورا رئيسيا في القرون الإسلامية الأولى، فكانت العاصمة السياسية للمغرب الإسلامي ومركز الثقل فيه منذ ابتداء الفتح إلى آخر دولة الأمويين بدمشق . وعندما تأسست الخلافة العباسية ببغداد رأت فيها عاصمة العباسيين خير مساند لها لما أصبح يهدد الدولة الناشئة من خطر الانقسام والتفكك. ومع ظهور عدة دول مناوئة للعاصمة العباسية في المغرب الإسلامي فقد نشأت دولة الأمويين بالأندلس، ونشأت الدولة الرستمية من الخوارج في الجزائر، ونشأت الدولة الإدريسية العلوية في المغرب الأقصى.

وكانت كل دولة من تلك الدول تحمل عداوة لبني العباس خاصة الدولة الإدريسية الشيعية التي تعتبرها بغداد أكبر خطر يهددها. لهذا كله رأى هارون الرشيد أن يتخذ سدا منيعا يحول دون تسرب الخطر الشيعي. ولم ير إلا عاصمة إفريقية قادرة على ذلك، فأعطى لإبراهيم بن الأغلب الاستقلال في النفوذ وتسلسل الإمارة في نسله.

وقامت دولة الأغالبة (١٨٤-٢٩٦هـ/٨٠٠ -٩٠٩م) كوحدة مستقلة ومدافعة عن الخلافة. وقد كانت دولة الأغالبة هذا الدرع المنيع أيام استقرارها، ونجحت في ضم صقلية إلى ملكها عام ٢٦٤هـ/٨٧٨ م، وقام أمراؤها الأوائل بأعمال بنائية ضخمة في القيروان ذاتها ومنها توسيع الجامع في القيروان، وتوسيع الجامع في تونس، كما عمل الأغالبة على الاهتمام بالزراعة والري في المنطقة، وأقاموا الفسقية المشهورة.

وقد استغل الأمراء الأغالبة تلك المكانة واتخذوها سلاحا يهددون به عاصمة بغداد كلما هم خليفة من خلفائها بالتقليل من شأن الأمراء الأغالبة أو انتقاص سيادتهم. وهذا ما فعله زيادة الله بن الأغلب مع الخليفة المأمون العباسي. فقد أراد هذا الأخير إلحاق القيروان بولاية مصر، وطلب من زيادة الله أن يدعو لعبد الله بن طاهر بن الحسين والي المأمون على مصر- فأدخل زيادة الله رسول المأمون إليه، وقال له: إن الخليفة يأمرني بالدعاء لعبد خزاعة. هذا لا يكون أبدا ثم مد يده إلى كيس بجنبه

فيه ألف دينار ودفعه للرسول. وكان في الكيس دنانير مضروبة باسـم الأدارسـة في المغرب ؛ ففهـم المأمون مقصد الأمير الأغلبي فكف عن محاولته ولم يعد إليها.

وبسبب هذه المكانة فقد عمل عـلى التقـرب منهـا أكبر ملـك في أوروبا إذ بعـث الإمبراطور شارلمان بسفرائه إلى إبراهيم بن الأغلب فقابلهم في دار الإمارة بالعباسية في أبهة عجيبة بـالرغم مـن الصلات الودية التي كانت بين هذا الإمبراطور والخليفة العباسي هارون الرشيد.

وفي عهد ولاية إبراهيم بن أحمد بن محمد بـن الأغلب (٢٦١ - ٢٨٩هـ/٨٧٥- ٩٠٢م) بـدأت الفتن تدب بين أمراء الأغالبة. وكان إبراهيم بن أحمد سفاحا لم تسلم منه عامة الناس ولا أقرب الناس إليه وكان غدره بسبعمائة من أهل بلزمة سنة ٢٨٠هـ/٨٩٤ م سببا مـن أسباب سـقوط دولة بنـي الأغلب. وفي نفس السنة شقت عصا الطاعة في وجه هذا الأمير مدن تونس، وباجة، وقمودة، وغيرها. وعمت الفوضى أرجاء البلاد بينما الخطر العبيدي الشيعي يزداد يوما بعد يوم. ولما أيقن إبراهيم بـن أحمد بخطر بني عبيد حاول سنة ٢٨٩هـ/ ٩٠٢ م تغيير سياسته، فرفع المظالم، واستمال الفقهاء، وبذل الأموال للشعب ولكن بدون جدوى.

وفي عهد حفيده زيادة الله ازداد خوف بغداد واشتد جزعها مـن الزحـف العبيدي فبعـث الخليفة العباسي المكتفي بالله يحث أهل إفريقية على نصرة زيادة اللـه فلـم يكن لـذلك صـدى في النفوس وبذل زيادة اللـه ال أموال بلا حساب ولكن دون جدوى. فلم يمض على هذا الحـادث سـوى ثلاث سنوات حتى جاءت معركة الأربس الحاسمة سنة ٢٩٦هـ/٩٠٩ م وفر على إثرها زيادة اللـه إلى المشرق ومعه وجوه رجاله وفتيانه وعبيده. وباستيلاء العبيديين على القيروان جمعوا كل المغرب تحت سيطرتهم فشجعهم ذلك على متابعة السير نحو المشرق. وأمكن لهم فيما بعد أن يستولوا عـلى مصر ـ والشام والحجاز. ولولا الظروف السياسية والوضع الداخلي للفاطميين لاستولوا على بغداد نفسها.

وعندما انتقل بنو عبيد إلى مصر ووصل المعز لدين الله الفاطمي القاهرة عام ٣٦٢هـ/٩٧٣م اهتموا بالقيروان واتخذوها مركزا لنائبهم في إفريقية، وعهدوا إليه

بالسهر على حفظ وحدة المغرب والسيطرة عليه. واستخلف المعز الفاطمي بلكين بن زيري الصنهاجي على إفريقية، وكتب إلى العمال وولاة الأشغال بالسمع والطاعة له فأصبح أميرا على إفريقية والمغرب كله، وقام بلكين وخلفاؤه بقمع الثورات التي حصلت خاصة في المغرب في قبائل زناتة.

واستمر المغرب في وحدته الصنهاجية وتبعيته إلى مصر الفاطمية إلى أن انقسم البيت الصنهاجي على نفسه فاستقل حماد الصنهاجي عن القيروان متخذا من القلعة التي بناها قاعدة لإمارته. وكان هذا الانقسام السياسي خير ممهد لظهور دولة المرابطين في المغرب الأقصى. كما كان لهذا الانقسام نتائجه الأليمة فيما بعد عندما أعلن المعز ابن باديس الصنهاجي استقلاله عن الفاطميين، فبعثوا إليه بقبائل الأعراب من الهلاليين فمزق شمل الدولة، وقضى على معالم الحضارة، وخربت القيروان، ولم تعد العاصمة السياسية القوية أو مركزا تشع منه المعارف والعلوم والآداب.

المعالم الحضارية :-

يعتبر إنشاء مدينة القيروان بداية تاريخ الحضارة العربية الإسلامية في المغرب العربي. فلقد كانت المدينة تلعب دورين هامين في آن واحد هما الجهاد والدعوة. فبينما كانت الجيوش تخرج منها للغزو والفتح، كان الفقهاء يخرجون منها لينتشروا بين البلاد يعلمون العربية وينشرون الإسلام، بل إن الدور الذي لعبته المدينة في إدخال البربر في الإسلام لا يقل عن الدور الذي لعبه القواد الفاتحون. فلقد دخل البربر الإسلام منذ الفترة الأولى للفتوحات وخاصة عندما رأى البربر عقبة بن نافع وهو ينشئ القيروان بنفسه فتأثروا بشخصيته الدينية وبما كان يظهره من التفاني في سبيل الإسلام فدخلت جماعات كبيرة منهم الإسلام على يديه وانضمت إلى القوات المحاربة وقد كان لهذه المدينة منزلة دينية عظيمة في نفوس المسلمين وكانوا يعتبرونها مدينة مقدسة ولا يدخلها غير المسلمين.

وكانت القيروان صغيرة المساحة عند إنشائها، وقد جعل عقبة بن نافع دار الإمارة في وسطها، وإلى جوارها المسجد الذي حرص على أن يشمل مدرسة لتعليم اللغة والدين. كما عمل عقبة على أن تضم القيروان مناطق تنتمي إلى القبائل العربية والبربرية. فجعل منطقة للقحطانيين، وأخرى لبني ربيعة، وثالثة لبني مضر، ورابعة للبربر.

<u>أسوار مدينة القيروان :-</u>

الأسوار: بنيت القيروان بالحجارة التي كان جانب كبير منها في المنطقة نفسها من الأطلال وقد اعتبرت مدينة واسعة كما يظهر ذلك من سعتها (٧،٥) كم مربع، ويسكنها العرب الفاتحون مع عائلاتهم ولا يقدر عدد هؤلاء بأقل من خمسين ألفا، ولم يقم حولها سور شأنها في ذلك شأن البصرة والكوفة والفسطاط. فقد اعتبرت مثلها مدنا مفتوحة وكانت قوتها في رجالها المجاهدين لا في أسوارها.

وكانت مراكز تجمع قبلي لهم للجهاد لا مدنا للتجارة وإن لحقت بهم التجارة ولا للسكنى وإن اتخذوها كذلك. ثم أجبرتهم الظروف على إقامة السور في عهد أبي جعفر المنصور عام ١٤٤هـ/٧٦٢ م قبل قيام المنطقة التي تغلي بالخوارج من صفرية وأباضية. وجاء محمد بن الأشعث الخزاعي بجيش من المشرق فسحق القوات الخارجية ورتب الأمور. ووجد من الضرورة أن يطوق القيروان بسور يحميها مادام أعداؤها داخليين ففعل وبنى السور بعرض عشرة أذرع.

وما لبث الأمراء الأغالبة أن كرهوا التكاثر السكاني في القيروان فخرجوا منها إلى مدينة ملكية محصنة بنوها باسم العباسية عام ١٨٤هـ/٨٠٠ م، وبعد ثمانين عاما من ذلك عادوا فبنوا رقادة عام ٢٦٣هـ/٨٧٧ م. أما القيروان فتعرضت منذ سنة ١٩٤هـ/٨١٠ م لحركات الجند، فشعث إبراهيم الأول الأغلبي أسوارها وحرمها من الأبواب عقوبة لها لأنها وقفت بجانب الجند الثائرين. وحين فتحت القيروان أبوابها عام ٢٠٩هـ/٨٢٤ م للمنصور الطنبوذي عاقبها زيادة الله الأغلبي الأول بأن هدم الأسوار وسواها بالأرض .

القصور: وفي عهد الأغالبة عاشت القيروان فترة من الرخاء والتقدم في جميع النواحي فقد كان الأغالبة رجال بناء فبنوا القصور الشامخة ووسعوا الجامع الكبير، إضافة إلى ذلك فقد أقاموا " رقادة " التي كانت منتجع الراحة والنزهة لأهل الحكم وحاشيتهم، وإلى ذلك كله قربوا العلماء والأدباء والشعراء وأحاطوهم برعايتهم. فهم الذين وضعوا القواعد الأولى لدور القيروان الحضاري الذي ازدهر في عهد الزيريين.

أما في عهد الصنهاجين فقد عرفت القيروان، والمنصورة جارتها الأبنية الفخمة والقصور الضخمة، ولا غرابة في ذلك لأن المنطقة التي كان الصنهاجيون يحكمونها هي منطقة جمعت أضداد الفواكه والسهل والجبل والبحر والنعم. وهكذا فقد كانت الزراعة متقدمة والري معتنى به والصناعات رائجة، وخصوصا الجلود والقماش والزرابي ،وتجاراتها نشيطة. فالقيروان تقع على ملتقى طرق تربطها بالمهدية (عاصمة الفاطميين) وتونس والبحر وراءهما، وبمصر شرقا وبالصحراء وما خلفها جنوبا، وبالمغرب الأوسط وما إليه. ومع أن الزيريين كانوا ينفقون على البناء والعيش الفخم وعلى العلماء والشعراء والأدباء الذين كانوا يرحبون بهم في بلاطهم، فإنهم لم يضطروا إلى ظلم الناس في الضرائب والغرامات، بسبب الثراء الذي كانت تتمتع به مملكتهم.

جامع القيروان:-

المساجد: يعد مسجد القيروان الذي بناه عقبة بن نافع عند إنشاء المدنية من أهم معالمها عبر التاريخ. ولقد بدأ المسجد صغير المساحة، بسيط البناء، ولكن لم يمض على بنائه عشرون عاما حتى هدمه حسان بن نعمان الغساني وأقام مكانه مسجدا جديدا أكبر من الأول. وفي عهد الخليفة هشام بن عبد الملك

أمر بزيادة مساحته، وأضاف إليه حديقة كبيرة في شماله، وجعل صهريجا للمياه، وشيد مآذنه. وفي عام ١٥٥هـ/٧٢٤ م أعيد بناؤه على يد يزيد بن حاتم، وظل على حاله هذه إلى أن تولى زيادة الله بن إبراهيم بن الأغلب إمارة إفريقية عام

٢٠١هـ/٨١٧مفزاد فيه. ولقد سارت التوسعات في العصور المختلفة حتى أصبح يشغل اليوم مساحة مستطيلة تتراوح أضلاعها ما بين (٧٠و١٢٢) مترا.

محراب جامع عقبة بن نافع بالقيروان :-

ويعتبر جامع القيروان من أقدم مساجد المغرب الإسلامي والمصدر الأول الذي اقتبست منه العمارة المغربية والأندلسية عناصرها الزخرفية والمعمارية. كما كان هذا المسجد ميدانا للحلقات الدينية والعلمية واللغوية التي ضمت نخبة من أكبر علماء ذلك العصر.

الحمامات: تميزت القيروان بوجود خزانات معدة للتجميع الاصطناعي للماء ما زالت رؤيتها ممكنة خارج مدينة القيروان. ويتصل بالخزانات قنوات رئيسية يتم من خلالها تحويل المياه داخل المدينة عبر مجار وقنوات مفتوحة تقوم بتغذية الحمامات، بالإضافة إلى النوافير وميضات المساجد ،والأبنية الخاصة والعامة والحدائق. ومن الخزانات القائمة حتى الآن حوضان ضخمان متصلان فيما بينهما كانا يستخدمان لاستقبال مياه وادي مرج الليل في فترة الفيضان، وقد تم بناؤهما عام ٢٤٨هـ/٨٦٢ -٨٦٣م. وعلى الرغم من أنهما كانا يبدوان دائريين، إلا أنهما كانا متعددي الزوايا. وكان قطر الحوض الأكبر يربو قليلا على (١٣٠) مترا، أما الأصغر فقد كاد قطره يساوي (٣٧,٤) متر. وكان هذا الحوض الأخير يستقبل مياه الوادي ويعمل كخزان، وتحت قاعدته على مسافة عدة أمتار كانت توجد قناة تصله بالحوض الأكبر الذي يصل عمقه إلى حوالي ثمانية أمتار. وبعد خروجها من الحوض الأكبر، تصفى المياه مرة أخرى داخل حوضين مستطيلين ومغطيين.

ومن المعالم الأثرية أيضا المكتبة العتيقة في جامع عقبة والتي لا تزال تفتح أبوابها حتى اليوم.

<u>أحد أسواق القيروان المفتوحة :-</u>

الأسواق: عندما اتسعت القيروان وقامت فيها الأسواق والأحياء أصبحت سـوقا تجاريـا كبـيرا تصدر منه القوافل إلى بلاد الصحراء ومركزا تجاريا كبيرا هاما للقوافل المارة في الشرق حيـث مصر- وإلى الغرب حيـث المغـرب الأوسـط والأقصى- والأنـدلس وبـالعكس. ولقد كانـت أسـواق القـيروان كثيرة ومنفردة في تنوع منتجاتها وخاصة السجاد والمنسوجات. وكانت تجارة الجلود هـي التجـارة الرئيسـية بها بجوار الأقمشة الصوفية.

ثم تطورت المدينة بعد ذلك واتسعت مساحتها وازداد سكانها، حتى أصبحت من أهم المـدن الإسلامية في الشمال المغربي كله في العصر الأموي ومركزا من أعظم مراكز الحضارة الإسلامية.

<u>المكانة العلمية :-</u>

كانت القيروان أولى المراكز العلمية في المغرب يليها قرطبـة في الأندلس ثـم فـاس في المغرب الأقصى ولقد قصدها أبناء المغرب وغيرها من البلاد المجاورة. وكان مسجد عقبة الجامع ومعـه بقيـة مساجد القيروان قد شهدوا حلقات للتدريس وأنشئت مدارس جامعـة أطلقـوا عليهـا (دور الحكمـة). واستقدموا لها العلماء والفقهاء ورجال الدعوة والدين من الشرق فكانت هذه المدارس وما اقـترن بـه إنشاؤها من انصراف القائمين عليها للدرس والبحث عاملا في رفع شأن لغة القرآن الكريم لغـة العـرب وثقافتهم.

ولقد كان للقيروان دور كبير في نشر وتعليم الدين وعلومه بحكم ما علق علـى هـذه المدينـة من آمال في هداية الناس وجلبهم إلى إفريقية وهي نقطة هامة لاحظها الفاتحون منذ أن استقر رأيهم على إنشاء مدينة القيروان، فعندما عزم عقبة بن نافع ومن معه على وضع محراب المسجد الجامع فكروا كثيرا في متجه القبلة، وراقبوا طلوع الشمس وغروبهـا عـدة أيـام. وقال لـه أصحابه: إن أهل المغرب يضعون قبلتهم على قبلة هذا المسجد فأجهد نفسك في تقويمه. واجتهد عقبة بـن نـافع. وكـان موفقا في

اجتهاده. وأصبح محراب القيروان أسوة وقدوة لبقية مساجد المغرب الإسلامي بمعناه الواسع حتى إن محمد بن حارث الخشني بعد أن قدم من القيروان إلى سبتة وشاهد انحراف مسجدها عن قبلة الصلاة عدله وصوبه.

وقد جمع عقبة بن نافع بعد غزوته الثانية وانتهائه من بناء مدينة القيروان وجوه أصحابه وأهل العسكر فدار بهم حول مدينة القيروان، وأقبل يدعو لها ويقول في دعائه: اللهم املأها علما وفقها، وأعمرها بالمطيعين والعابدين، واجعلها عزا لدينك وذلا لمن كفر بك، وأعز بها الإسلام.

وفي عهد الخليفة الأموي عمر بن عبد العزيز (٩٩-١٠١هـ/ ٧١٧- ٧٢٠م) أراد تثقيف أهل المغرب وتعليمهم أمر دينهم فجعل من مدينة القيروان مركزا للبعثة العلمية المكونة من عشرة أشخاص من التابعين فأرسلهم إلى إفريقية حيث انقطعوا إلى تعليم السكان أمور الدين، ومات غالب أفراد البعثة في مدينة القيروان نفسها.

وهكذا أصبحت مدينة القيروان مركزا للعلم في المغرب الإسلامي حتى كانت مفخرة المغرب ومركز السلطان وأحد الأركان. ومنها خرجت علوم المذهب المالكي، وإلى أئمتها كل عالم ينتسب وكان قاضي القيروان يمثل أعلى منصب ديني في عموم البلاد المغربية، وإليه المرجع في تسمية قضاة مختلف الجهات.

المدارس: وكانت مدرسة القيروان الفقهية محط أنظار الدارسين من صقلية والمغرب والأندلس فلا يكاد قطر من تلك الأقطار يخلو من مئات الوافدين منه على القيروان لتلقي العلوم والتفقه في الدين. ثم يعودون إلى أوطانهم معلمين مرشدين. أما الشأن الآخر الذي أسهمت فيه القيروان في عهد الأغالبة فهو نشر المذهب المالكي في أرجاء الدولة الأغلبية، ومنها انتشر في صقلية والأندلس. وقد تم ذلك على يد الإمام سحنون (١٦٠-٢٤٠هـ/ ٧٧٧- ٨٥٥م)، وأقرانه وتلاميذه. فهؤلاء كانوا يلتزمون المذهب المالكي، إذ أنهم كانوا يذهبون لأداء فريضة الحج، ثم يلزمون الإمام مالك بن

أنس في المدينة المنورة، فتأثروا بفقهه. وقد ولي سحنون قضاء القيروان (٢٣٤-٢٤٠هـ/٨٤٨ -
٨٥٤ م)، فكان صاحب النفوذ الأكبر لا في شئون القضاء فحسب، بل في جميع شئون الدولة. ولما عاد
سحنون من المدينة المنورة كان قد وضع أسس الكتاب الذي دونه ويسمى (المالكية) التي أصبحت
قاعدة التدريس في المغرب الأدنى، ومن هناك انتقلت إلى الأندلس.

وكانت الكتب الفقهية التي ألفها علماء القيروان ابتداء من كتاب المدونة لصاحبه الفقيه
الكبير سحنون والذي أصبح مرجعا دينيا لرجال القيروان، إلى رسالة ابن أبي زيد ونوادره وزياداته إلى
تهذيب أبي سعيد البراذعي، كانت هذه الكتب وأمثالها عمدة الدارسين والشراح والمعلقين لا يعرفون
غيرها إلى المائة السابعة من التاريخ الهجري عندما ابتدأت كتب المشارقة تأتي إلى المغرب مثل مختصر
ابن الحاجب ومختصر خليل فيما بعد.

المكتبات: أنشئت في القيروان المكتبات العامة والمكتبات الملحقة بالجوامع والمدارس والزوايا
وكانت مفتوحة للدارسين وتضم نفائس أمهات الكتب. ومن أشهر مكتبات القيروان بيت الحكمة
الذي أنشأه الأمير إبراهيم الثاني الأغلبي ٢٦١-٢٨٩هـ/٨٧٥- ٩٠٢م. في رقادة بالقيروان محاكاة لبيت
الحكمة التي أسسها هارون الرشيد في بغداد حيث كانت هذه البيت نواة لمدرسة الطب القيروانية
التي أثرت في الحركة العلمية في المغرب لزمن طويل.

وقد استقدم الأمير إبراهيم بن أحمد الأغلبي أعدادا كبيرة من علماء الفلك والطب والنبات
والهندسة والرياضيات من المشرق والمغرب وزوده بالآلات الفلكية. وكان الأمير إبراهيم بن أحمد
يبعث كل عام (وأحيانا كل ستة أشهر) بعثة إلى بغداد هدفها تجديد ولائه للخلافة العباسية واقتناء
نفائس الكتب المشرقية في الحكمة والفلك مما لا نظير له في المغرب واستقدام مشاهير العلماء في
العراق ومصر. وعلى هذا النحو أمكنه في أمد قصير أن يقيم في رقادة نموذجا مصغرا من بيت الحكمة
في بغداد، ولم

يلبث هذا البيت أن وقع في أيدي العبيديين -الفاطميين- بعد سنوات معدودة من وفاته، وورث العبيديون خزائن الكتب التي كان يزهو بها وذلك بعد أن نجح الداعية أبو عبد الله الشيعي في إسقاط الحكم الأغلبي وتأسيس الدولة العبيدية في المغرب سنة ٢٩٦هـ/٩٠٩ م.

ولقد كان بيت الحكمة معهدا علميا للدرس والبحث العلمي والترجمة من اللاتينية، ومركزا لنسخ المصنفات، وكان يتولى الإشراف عليه حفظة مهمتهم السهر على حراسة ما يحتويه من كتب، وتزويد الباحثين والمترددين عليه من طلاب العلم بما يلزمهم من هذه الكتب حسب تخصصاتهم، ويرأس هؤلاء الحفظة ناظر كان يعرف بصاحب بيت الحكمة.

وأول من تولى هذا المنصب عالم الرياضيات أبو اليسر- إبراهيم بن محمد الشيباني الكاتب المعروف بأبي اليسر الرياضي، وهو بغدادي النشأة، حيث أتيح له أن يلتقي بالعديد من المحدثين والفقهاء والأدباء واللغويين. وكان قد تنقل في أقطار المشرق قبل انتقاله إلى الأندلس وأخيرا استقر بالقيروان.

وكان الأمير إبراهيم بن أحمد يعقد المجالس العلمية للمناظرة في بيت الحكمة، وكان يحضر- هذه المجالس العلماء البارزون من فقهاء المالكية والحنفية. وقد كان لبيت الحكمة هذا شأن في الترجمة من اللغة اللاتينية. وتولى الترجمة من اللاتينية إلى العربية عدد من الرهبان المستعربين استقدمهم الأمير من صقلية، ومن بيت الحكمة تسربت علوم الحكمة إلى صقلية، ومنها إلى إيطالية عن طريق الترجمات التي قام بها القس قسطنطين الإفريقي الذي هاجر إلى صقلية.

العلماء: وكان من أوائل من قام بالتعليم في مدينة القيروان أولئك العشرة من التابعين الذين أرسلهم عمر بن عبد العزيز ليعلموا الناس وكان من أشهر أولئك العشرة إسماعيل بن عبيد الله بن أبي المهاجر الذي كان -بالإضافة إلى أنه عامل للخليفة- من أكثر أفراد تلك البعثة اندفاعا في نشر الدين وإدخال البربر إلى الإسلام.

وكان منهم عبد الله بن يزيد الحبلي الذي شهد فتح الأندلس مع موسى بن نصير، ثم عاد إلى القيروان ومات فيه ا، ومنهم أيضا إسماعيل بن عبيد المشهور بلقب "تاجر الله" وهو الذي بنى المسجد المعروف باسم مسجد الزيتونة، كما بنى سوقا للتجارة عرفت باسم سوق إسماعيل. وقد استشهد غريقا في إحدى الغزوات البحرية لصقلية سنة ١٠٧هـ/٧٢٦ م، ومنهم عبد الرحمن بن رافع التنوخي أول من تولى القضاء بمدينة القيروان.

وأما رواد الفقه في القيروان فهم كثير منهم الإمام سحنون بن سعيد الفقيه صاحب أبي القاسم - تلميذ الإمام مالك - ومؤلف كتاب المدونة والذي كان له دور كبير في تدوين المذهب المالكي، وقد حضر دروس هذا الفقيه العديد من طلاب الأندلس الذين قاموا بنشر مذهبه فيما بعد، وقد عرفت من رجال الفقه كذلك أسد بن الفرات قاضي إفريقية في عهد الأغالبة وقائد الحملة إلى صقلية وفاتح الجزيرة ومحمد ابن الإمام سحنون بن سعيد وابن أبي زيد القيرواني، ومن الشخصيات البارزة في تاريخ القيروان كذلك يحيى بن سلامة البصري صاحب التفسير المعروف والذي يعد أول أثر هام للتفاسير الإسلامية.

كما اشتهر فيها من الشعراء: أبو عبد الله القزاز القيرواني، والحسين بن رشيق القيرواني، وابن هانئ شاعر البلاط الفاطمي في المهدية الذي مدح المعز الفاطمي وسجل الكثير من أعماله ونواحي حياته في شعره، وكان من بين مؤرخيها الرقيق ومن نسابيها أبو العرب التميمي ومن علمائها عبد الكريم النهشلي عالم اللغة وكان من أهل الأدب أبو إسحاق (الحصري) القيرواني صاحب زهر الآداب.

أما عن مدرسة الطب فقد اشتهرت منها أسرة ابن الجزار التي توارثت الطب أبا عن جد. ومن الأطباء المشهورين أيضا زياد بن خلفون الطبيب و إسحاق بن عمران الذي كان بارعا في الطب وعلوم الأوائل والفلسفة وقد ترجمت أعمال هؤلاء العلماء إلى اللاتينية على يد قسطنطين الإفريقي في القرن ٥هـ/١١ م.

المدينة المنورة:-

المدينة المنورة ثاني الحرمين ومنزل الرسول صلى الله عليه وسلم وبها مسجده ومقر هجرته وتقع في الحجاز بالمملكة العربية السعودية عند خط عرض ٢٨َ ٢٤ْ شمالا وعند خط طول ٣٦َ ٣٩ْ شرقا. وهي تبعد عن البحر الأحمر حوالي ١٦٠ كيلو مترا وعن مكة المكرمة (عاصمة إقليم الحجاز) حوالي ٣٥٠ كيلو متر إلى الشمال. والمدينة المنورة أو يثرب كما هو اسمها القديم نسبة إلى (يثرب بن قائد بن عبيل) من عرب العمالقة الذين ملكوا البحرين والحجاز ومصر. وتعرف المدينة بأسماء كثيرة منها أثرب، وطيبة، وطابة، والعذراء، والقاصمة، ودار الهجرة.

نبذة تاريخية :-

كانت يثرب القديمة في أول الأمر في منطقة محدودة تقع في الشمال الغربي من قلب المدينة المنورة الحالية حيث تقع هذه المنطقة في سهل منبسط من الأرض يبدأ من شمال جبل سلع ويمتد إلى أطراف جبل أحد ويسير في الاتجاه الغربي من جبل أحد محاذيا لوادي قناة إلى أن يصل إلى القسم الأخير من مجرى وادي بطحان.

والمدينة المنورة أو يثرب سكنها العرب منذ القدم، كما سكنها اليهود الذين هاجروا إليها بعد هزيمتهم من بختنصر ملك بابل عام٥٨٦ ق.م، لكن كانت هذه الهجرة محدودة إلى أن نكل بهم الرومان في عهد تيتوس عام ٧٠م، وكان أول من نزل المدينة من اليهود ثلاث قبائل هم بنو قريظة - بنو النضير- بنو قينقاع (أو بنو يهدل) ،وكان اليهود قد نزلوا المدينة قبل الأوس والخزرج، وهما قبيلتان قحطانيتان جاءتا من مملكة سبأ في اليمن قبل حادثة سيل العرم وخراب سد مأرب.

وعندما هاجر النبي صلى الله عليه وسلم إلى المدينة اجتمع المهاجرون من مكة مع إخوانهم الأنصار من أهل المدينة، وآخى النبي صلى الله عليه وسلم بين المهاجرين والأنصار، وأبرم معاهدة مع اليهود وكانت تنص هذه المعاهدة على أن للمسلمين

دينهم ولليهود دينهم، وأن أهل المدينة يد واحدة على من سواهم يتناصرون في الدفاع عن المدينة، كما أنهم يد واحدة على من أراد الفتنة داخل المدينة.

وبعد أن دخل النبي إلى المدينة ووضع فيها اللبنة الأولى للمجتمع الإسلامي أصبح للمدينة دور بارز في تاريخ المسلمين، فأصبحت المدينة بقيادة النبي صلى الله عليه وسلم ذات كيان سياسي وعسكري فكانت أول نواة للدولة الإسلامية، وبدأ ذلك بعد غزوة بدر التي انتصر فيها المسلمون مع قلة عددهم وعتادهم - بفضل الله عزوجل - على المشركين مع كثرة عددهم وعدتهم، وكان ذلك في السنة الثانية للهجرة. وفي السنة الثالثة للهجرة أراد المشركون أن يثأروا من المسلمين وما أوقعوه بهم في غزوة بدر فأعادوا الكرة مرة ثانية، وكان ذلك قرب المدينة عند جبل أحد، حيث سميت هذه الغزوة باسم هذا المكان (غزوة أحد).

وفي السنة الخامسة من الهجرة تآمر على المدينة عدوان شرسان، عدو من الداخل وهم يهود بني قريظة، وعدو من الخارج وهم قريش وحلفاؤها ،وكان قوام جيش المشركين حوالي عشرة ألاف مقاتل، وعندما بلغ النبي الخبر جمع الصحابة واستشارهم فيما يلزم عمله لمواجهة الموقف، فاجتمع الرأي على التحصن بالمدينة، وعدم مواجهة هذه الحشود الضخمة خارجها، وأشار سلمان الفارسي بحفر خندق في المنطقة الوحيدة التي يمكن أن يدخل منها الجيش إلى المدينة، فتصبح المدينة مغلقة كالحصن القوي، وتم إنجاز هذا الخندق في ستة أيام ووضع الرسول صلى الله عليه وسلم خطة الدفاع عن المدينة، فنقل النساء والأطفال إلى الحصون المنيعة، ورتب صفوف المقاتلين في مواجهة الخندق، وشكل دوريات متحركة على امتداد الخندق لتتابع الحراسة وتنقل المؤونة وتتفقد أطراف المدينة، وقد بلغ عدد المسلمين في ذلك الوقت ثلاثة آلاف مقاتل، ونجحت الخطة المحكمة في حماية المدينة من الأحزاب فلم يستطيعوا النيل من المسلمين، وقد استمر حصار المشركين هذا أربعة وعشرين يوما وبعدها شعر الأحزاب أنهم لن يحققوا شيئا، وفي الليلة الأخيرة هبت ريح شديدة

باردة عصفت بخيامهم، وأطفأت نيرانهم، فاشتد يأسهم من تحقيق أي نصر، وقرروا الرحيل، وانسحبوا عائدين إلى بلادهم.

ومن ذلك التاريخ تحولت المدينة من بلدة صغيرة في زاوية من زوايا التاريخ إلى مركز لصنع الأحداث والقرارات بل ولصنع التاريخ فكانت عاصمة الدولة الإسلامية التي يقصدها الوفود وتعهد معها المعاهدات وتخرج منها السرايا والجيوش لتغير خريطة المنطقة, وظلت المدينة هكذا من بعد النبي صلى الله عليه وسلم مقرا للخلافة الإسلامية في عهد الخلفاء الثلاثة الراشدين أبي بكر الصديق وعمر بن الخطاب و عثمان بن عفان حتى منتصف رجب عام ٣٦هـ/٦٥٧ م.

وعندما تولى علي - رضي الله عنه- الخلافة غادر المدينة إلى الكوفة، فأصبحت بذلك الكوفة العاصمة الجديدة، وعندما أصبح معاوية ـ رضي الله عنه ـ خليفة للمسلمين انتقلت عاصمة الخلافة إلى دمشق ،وبذلك قلت الأهمية السياسية للمدينة المنورة، مع الاحتفاظ بمكانتها الدينية, وبعد أن تولى معاوية الخلافة ولى على المدينة أحد الخبيرين بها من الأمويين الأكفاء الذين شهدوا أحداثها الكبيرة وهو مروان بن الحكم، الذي بدأ إمارته على المدينة بنشاط واضح فبنى بيتا بجانب المسجد النبوي من طرف باب السلام وجعله مقرا للإمارة، وفي عام ٤٩هـ/٦٧٠ م جاء الأمر بعزل مروان بن الحكم عن إمارة المدينة وتولية سعيد بن العاص، وعندما أراد معاوية ـ رضي الله عنه ـ أن يأخذ البيعة ليزيد بن معاوية عزل سعيد بن العاص وولى مروان بن الحكم مرة ثانية لما يعرفه من حزمه وقدرته على أخذ البيعة ليزيد أكثر من سعيد وكان ذلك عام ٥٤هـ/٦٧٤ م ثم عزله مرة أخرى وولى ابن أخيه الوليد بن عتبة ابن أبي سفيان، وكان الوليد ألين من مروان لكنه لم يكن يملك أن يتصرف بغير توجيهات الخليفة، وبعد تولي يزيد الإمارة ولى على المدينة عمرو بن سعيد بن العاص الملقب بالأشدق الذي كان مقيما في دمشق مع يزيد، ولم يكن عمرو غريبا عن المدينة فقد عاش فيها حقبة طويلة عندما كان أبوه أميرا عليها. وفي عام ٦١هـ/٦٨١ م عزل يزيد عمرو بن سعيد وولى الوليد بن عتبة

مرة أخرى، ثم عزل الوليد وولى عثمان بن محمد ابن أبي سفيان، وظلت المدينة تنتشر فيها الفتن إلى أن تولى إمارة المدينة عمر بن عبد العزيز الذي نشر العدل والهدوء والأمان، فقصدها كثير ممن يعيشون جوا مضطربا أو شيئا من الضغط، وبعد إمارة عمر بن عبدالعزيز للمدينة تولى إمارتها عشرة إمراء أمويين كان آخرهم الأمير يوسف بن عروة الذي لم يجد سوى ترك الإمارة بعد هزيمة الأمويين في موقعة الزاب الكبير وسقوط دمشق.

وفي عام ١٣٢هـ/٧٥٠ م دخل داود بن علي المدينة ليطوي في نهاية هذا العام العصر الأموي ،وليبدأ فصلا جديدا هو العصر العباسي الذي بدأ عام ١٣٢هـ/٧٥٠ م وفي خلال هذه الفترة دخلت المدينة في إمارة عدد من الدول على سبيل المثال الدولة الطولونية وكان ذلك عام ٢٦٩هـ/٨٨٣ م عندما أرسل ابن طولون جيشا لينزع الحج از من يد العباسيين ولم ينجح في ذلك، وعندما جاء خمارويه بعد أبيه أصلح العلاقة مع العباسيين وزوج ابنته قطر الندى للخليفة المعتضد بالله، فعقد له المعتضد بالله الولاية على المنطقة الممتدة من شاطئ الفرات إلى برقة في ليبيا، وبذلك أصبحت المدينة تابعة لإمارة الدولة الطولونية بمصر، وظلت تحت إمارة الدولة الطولونية حتى عام ٣٣٠هـ/٩٤٢ م وبعدها دخلت المدينة المنورة في سلطة الدولة الإخشيدية، وظلت هذه السلطة إلى نهاية الدولة الإخشيدية عام ٣٥٧هـ/٩٦٨ م، وبعدها دخلت المدينة في إمارة الدولة الفاطمية، حيث أكرم الفاطميون أهل الحجاز عامة وأهل المدينة خاصة وأغدقوا عليهم الأعطيات ،وبعد وفاة المعز لدين الله الفاطمي أوقف أمير المدينة الخطبة للفاطميين وأعادها للعباسيين وكان ذلك عام ٣٦٥هـ/٩٧٦ م، ثم عادت في عام ٣٨٠هـ/٩٩١ م تحت إمارة الفاطميين مرة أخرى، وهكذا إلى أن دخلت في إمارة الدولة العثمانية بعدما دخلت الحجاز تحت سلطة العثمانيين، وأصبحت المدينة تابعة لإمارة مكة بحكم مرسوم السلطان الذي قضى بذلك.

<u>المعالم الحضارية :-</u>

لقد استفاد أهل يثرب من طبيعة الأرض ومن أشجارها في صنع بيوتهم الأولى وكانت أكواخا بسيطة مصنوعة من جذوع الأشجار وأغصانها ثم تحولت إلى بيوت طينية تسقف بسوق الأشجار الطويلة وأغصانها وبمرور الوقت حدث تقدم في الشكل المعماري للبيوت خصوصا عندما نزل اليهود يثرب حيث شيدوا بيوتهم تشييدا عظيما. وكان المجتمع في يثرب مجتمعا زراعيا يحقق اكتفاء ذاتيا حيث كانوا يقومون بتربية الحيوانات وتكثيرها وزراعة أشجار النخيل قريبا من مجرى العيون في المنطقة والاستفادة من الأشجار الكثيفة المنتشرة.

<u>جبل أحد :-</u>

ويوجد بالمدينة عدد من المعالم الطبيعية الهامة ومن أهم مآثرها جبل أحد وهو أكبر جبال المدينة ويحتضنها من الشمال وعند سفحه جرت معركة أحد.

<u>جبل الرماة بالمدينة المنورة :-</u>

وكذلك جبل الرماة وهو جبل صغير يقع قرب جبل أحد وهو جوار مقبرة شهداء أحد أوقف عليه النبي صلى الله عليه وسلم الرماة في معركة أحد فلما انتصر المسلمون أول المعركة نزل معظم الرماة لجمع الغنائم فدار فرسان المشركين بقيادة خالد بن الوليد حوله وقتلوا الرماة الباقين عليه.

ومن المعالم أيضا وادي الع قيق وهو من أشهر أودية المدينة المنورة تتجمع مياهه من منطقة النقيع التي تبعد عن المدينة أكثر من مائة كيلو جنوبا ويسير إلى مشارف المدينة حتى يصل إلى جبل عير، ثم يسير في الجهة الغربية من المدينة باتجاه الشمال في منطقة الجرف. ويسيل وادي العقيق في الشتاء مثل نهر كبير.وقد قامت على ضفافه في العصر الأموي قصور كثيرة ومن أشهر القصور فيه قصر سعد بن أبي وقاص وما زالت بعض آثاره قائمة حتى الآن، وبئر عروة بن الزبير الواقع على يسار الذاهب في طريق مكة القديم بعد تقاطعه مع الطريق الدائري الثاني مباشرة.

وبالمدينة يوجد البقيع وهي المقبرة الرئيسية لأهل المدينة المنورة منذ عهد الرسول صلى الله عليه وسلم ومن أقرب الأماكن التاريخية إلى المسجد النبوي. تبلغ مساحته الحالية مائة وثمانين ألف متر مربع. ويضم البقيع مقابر آلاف من كبار الصحابة كعثمان بن عفان وأبناء النبي صلى الله عليه وسلم وزوجاته وحليمة السعدية مرضعة النبي، وعبد الرحمن بن عوف، ومن التابعين جعفر الصادق ومالك بن أنس وغيرهم كثير.

المساجد: تتميز المدينة المنورة بعدد من المساجد الهامة يتقدمها تاريخيا مسجد قباء وهو أول مسجد بني في الإسلام فقد خطه الرسول صلى الله عليه وسلم بيده الشريفة عندما وصل المدينة مهاجرا من مكة وشارك في وضع أحجاره الأولى ثم أكمله الصحابة وكان رسول الله صلى الله عليه وسلم يقصده بين الحين والآخر ليصلي فيه ويختار أيام السبت غالبا ويحض على زيارته.

<u>مسجد القبلتين:-</u>

ومن المساجد الهامة أيضا مسجد القبلتين ويقع في الشمال الغربي من المسجد النبوي على تل صغير من تلال حرة الوبرة، ويبعد عن المسجد النبوي ٥ كم تقريبا، وهو من أقدم المساجد في المدينة حيث كان هذا المسجد لبني سلمة، وفي هذا المسجد نزلت آية تحويل القبلة إلى بيت الله الحرام، فأرسل رسول الله صلى الله عليه وسلم أحد الصحابة ليبلغ المسلمين في أطراف المدينة، وجاء الصحابي والناس يصلون فأخبرهم الخبر فتحولوا وهم في صلاتهم إلى بيت الله الحرام. وفي المسجد محرابان الأول يتجه إلى بيت المقدس والثاني إلى الكعبة في مكة المكرمة.

أما أكبر المساجد وأروعها فهو المسجد النبوي الذي أقام ه النبي صلى الله عليه وسلم بعد الهجرة ليكون مركزا لإقامة الشعائر الدينية وإدارة شئون الناس وحاجاتهم. ويقع المسجد النبوي شرق المدينة ويغلب عليه الشكل المستطيل وكانت مساحته ١٦٠٠ متر مربع. وأرضه من الرمال وسقفه من الجريد وأعمدته من جذوع النخل وحوائطه من الحجارة والطوب اللبن وكانت له ثلاثة أبواب، وألحق به النبي صلى الله

عليه وسلم مكانا لنزول الغرباء وعابري السبيل والفقراء سمي بالصفة ،ثم تطور المسجد بعد ذلك وجدد أكثر من مرة حتى كان آخرها ما قامت به المملكة العربية السعودية عام ١٤٠٥هـ/١٩٨٥م فبعد أن كان للمسجد (٥) أبواب أصبحت (١٠) أبواب، وتم تجهيز السطح وبناء (٧) مداخل رئيسة جديدة ،ولهذه المداخل بوابات يصل عددها إلى (٥٩) بوابة، ويضاف إلى ذلك (٨) بوابات لمداخل ومخارج السلالم الكهربية المتحركة التي تخدم السطح المخصص للصلاة ،وتم تركيب القباب المتحركة ويبلغ عددها (٢٧) قبة. وتبلغ الطاقة الاستيعابية للمسجد الآن وما يحيط به من ساحات (٦٥٠) ألف مصل في الأيام العادية تصل إلى مليون مصل في أيام الحج. ويتميز المسجد بأعمال الحليات والزخارف والكرانيش التي تزين الحوائط والأسقف والمآذن، وأعمال الحديد المشغول والمشربيات والشبابيك وتيجان الأعمدة وأعمال التغطية بالرخام والحجر الصناعي للمداخل والواجهات الخارجية والأعمدة الداخلية.

مسجد الجمعة بالمدينة المنورة :-

ومن المساجد أيضا مسجد الجمعة ويقع على يمين الآتي من مسجد قباء ويبعد عن مسجد قباء حوالي تسعمائة متر تقريبا. وفي هذا المسجد صلى رسول الله صلى الله عليه وسلم أول جمعة بعد الهجرة حيث مكث في قباء بضع عشرة ليلة فلما كان يوم الجمعة ركب صلى الله عليه وسلم متجها إلى موضع المسجد النبوي الآن فأدركته صلاة الجمعة في بني سالم بن عوف فصلى أول جمعة في الإسلام فسمي مسجد الجمعة.

مسجد المصلى بالمدينة المنورة :-

كما يوجد أيضا مسجد المصلى وكان موقع المصلى أرضا فضاء خارج المنطقة العمرانية المحيطة بالمسجد النبوي، وكان رسول الله صلى الله عليه وسلم يصلي فيه صلاة العيدين والاستسقاء، ومن هنا سمي بالمصلى أو مصلى العيد. ويطلق عليه اسم مسجد الغمامة لأن غمامة كانت تحجب الشمس عن رسول الله صلى الله عليه وسلم، ويقع حاليا في الجهة الغربية الجنوبية من المسجد النبوي بجانب سوره الخارجي.

<u>المساجد السبعة بالمدينة المنورة:-</u>

ومن المآثر التاريخية أيضا المساجد السبعة وهم مجموعة من مساجد صغيرة، تقع في الجهـة الغربية من جبل يسمى جبل سلع عند جزء من الخندق الذي حفره المسلمون في عهد النبوة للدفاع عن المدينة المنورة عندما زحفت إليها قريش والقبائل المتحالفة معها عـام خمـس للهجرة. وكانت مواقع هذه المساجد مرابط لهم في تلك الغزوة وقد سمي كل مسجد باسم من رابط فيه عـدا مسجد الفتح الذي بني في موقع قبة ضربت للنبي صلى اللـه عليه وسلم. وهـذه المساجد مـن الشـمال إلى الجنوب: مسجد الفتح الذي بناه عمر بن عبد العزيز في الموقع الذي كان فيه رسول اللـه صلى اللـه عليه وسلم، أو الـذي دعـا اللـه فيـه أن يهـزم الأحزاب، مسجد سلمان الفارسي، مسجد أبي بكر الصديق، مسجد عمر بن الخطاب، مسجد على ابن أبي طالب.

<u>مسجد الميقات :-</u>

كما يوجد أيضا مسجد الميقات وهو موقع ميقات أهل المدينة وما خلفها، ويقع المسجد عـلى الجانب الغربي من وادي العقيق ويبعد عن المسجد النبوي قرابة أربعة عشر كيلو مترا. وقد عرف هذا المسجد أيضا بمسجد الشجرة لأن النبي صلى اللـه عليه وسلم عند خروجه إلى مكة للعمرة أو الحج كان ينزل تحت ظل الشجرة في هذه الناحية يصلي ثـم يهـل محرمـا يريد العمـرة أو الحج . وكذلك يطلق عليه مسجد ذي الحليفة وهو اسم المنطقة التي يقع فيها المسجد.

الحمامات: ومن معالم المدينة الحضارية حمام طيبة وهو يقع داخل السـور في حـارة ذروان، ويرجع تاريخ إنشائه إلى عهد السلطان سليمان في عام ٩٧٣هـ/١٥٦٦ م بواسطة محمـود باشا، وقد جدد الحمام في العصر العباسي في عهد السلطان محمود الثاني عام ١٢٥٤هـ/١٨٣٨ م، وهو مقام مـن الحجر البازلتي ،وله مدخل معقود بعقد مدبب موضوع في قوصرة غير عميقة، ووضع أمـام المـدخل درجتان، وعلى جانبي الباب بكل جهة شباك بجلسة مرتفعة، كل منها معقود بعقد دائري، ويؤدي باب

المدخل مباشرة إلى الم شلح وهي صالة مربعة بقبة، وقد تم تحويل المسقط الرابع إلى دائرة عن طريق حنيات في الأركان، كما زخرف الجزء السفلي من القبة بحنايا ،وضع في بعضها نوافذ صغيرة معقودة بعقد مدبب.

وفي وسط المشلح يوجد حوض للمياه ذو مسقط مثمن يرتفع عن منسوب الأرضية بحوالي متر واحد ،ويدور حول حوائط المشلح درجتين "من الجهة الشمالية والشرقية والغربية" وعلى كل من الجانبين ـ الغربي والشرقي ـ توجد مسطبة كبيرة ومكتب المشرف على الحمام ،وقد عمل حديثا سلم بالمشلح يؤدي إلى سدة حديثة.

ويؤدي الباب بالحائط الجنوبي للمشلح الموجود على محور الصالة إلى ممر يوجد به عن اليمين دورات للمياه ثم ينكسر الممر ليؤدي إلى بيت الحرارة وهو عبارة عن صالة مربعة مغطاة بقبة كبيرة وضعت بها فتحات بالزجاج غير الشفاف.

الأسواق: مع أن موقع يثرب كان فريدا وكانت القوافل التجارية بين اليمن والشام تمر بهم إلا أنهم لم يكونوا مشهورين بالتجارة مثل أهل مكة وكان أهم ما تحمله القوافل إلى يثرب الأقمشة والزيت والذهب و الفضة والرقيق والأسلحة والدروع والأحجار الكريمة وكانت العملة التي يتعاملون بها الذهب والفضة. كما كانت هناك عدة أسواق في يثرب القديمة أنشئت صغيرة ثم ما لبثت أن تحولت إلى أسواق كبيرة يقصدها الناس وأشهرها سوق بالجرف عرفت فيما بعد باسم سوق زبالة وسوق ثاني في قلب يثرب الجديدة على طرف وادي بطحان سميت بسوق جياشة ثم صار اسمها سوق بني قينقاع.

وقد رغب الرسول في أن يجعل للمسلمين سوقا خاصا بهم وكره أن يجعل سوق المسلمين في موقع سوق بني قينقاع بعد جلائهم ،فكان آخر الأماكن التي اختارها النبي لتكون سوقا للمسلمين المنطقة التي تسمى الآن بالمناخة، وكانت بعض الأراضي المجاورة لبني ساعدة فيها مقابرهم ،فسألهم النبي أن يتنازلوا عنها للسوق ففعلوا، فازدادت مساحة السوق ،وصارت تكفي أهل المدينة والوافدين عليها من جيرانها ،والقوافل القادمة من الجهات البعيدة.

<u>المكانة العلمية</u> :-

تعتبر المدينة واحدة من أهم ثلاث مدن إسلامية حظيت باهتمام المسلمين بجانب مكة المكرمة و بيت المقدس . وهذه الأهمية ترجع إلى تاريخها الحافل في ظل الإسلام ونتيجة لهذا كان للمدينة دور علمي عظيم فبداية من زمن ال نبي صلى الله عليه وسلم حيث بنى فيها مسجده الذي كان بمثابة المؤسسة التعليمية للمسلمين ونمى وترعرع هذا الدور في عصر- عمر بن الخطاب عندما أمر باتخاذ الكتاتيب لتعليم الصبيان مبادئ القراءة والكتابة و جعل للمعلم المتفرغ لذلك أجرا ونشطت الحركة العلمية نشاطا ملحوظا فبدأت حركة تدوين أحاديث النبي صلى الله عليه وسلم وآثار الصحابة، وقصد المدينة فقهاء ومحدثون من الكوفة والبصرة والشام يطلبون العلم في مدينة رسول الله صلى الله عليه وسلم على يد علمائها، وفي مسجد النبي الذي كان محور الحركة العلمية في جميع العلوم من قراءات وتفسير وفقه وأصول ونحو وحديث وغير ذلك من العلوم ،ورغم الأحداث الكثيرة التي شهدتها المدينة المنورة في رحلة القرون والعقود المتوالية فإن أعمدة المسجد النبوي لم تفقد العلم والعلماء قط، حيث كان الشيوخ يتصدرون الحلقات ويتجمع حولهم طلابهم ليقرأوا عليهم كتابا أو يسمعوا منهم تأليفا جديدا ويكتبوا عنهم، وكانت الدراسة فيه متنوعة وشاملة تبدأ من الكتاتيب وتنتهي بالإجازات ،وكان بعض الكتاتيب في المسجد النبوي وبعضها في بيوت معلميها في أحياء مختلفة من المدينة، وقليل منها في الأربطة، وفي العهد العثماني

خصصت للكتاتيب ست غرف في الجهة الشمالية من المسجد ،وعين لكل كتاب معلم وعريف ،وظل المسجد النبوي محور الحركة العلمية في المدينة المنورة، ودرس فيه أفواج متوالية من العلماء في كافة العلوم الإسلامية والعربية ،وكان بعض العلماء بارعا في أكثر من علم ويدير أكثر من حلقة فيلقي درسا في التفسير في وقت من الأوقات ثم يلقي درسا في الفقه في وقت آخر ،وكانت الدروس تبدأ بعد صلاة الفجر، حيث حلقات القرآن الكريم ترتيلا وتجويدا وقراءات، وليس هناك منهج معين فلكل شيخ نظامه ومنهجه فهو الذي يختار العلم الذي يدرسه ،والكتاب الذي يقرؤه

أو يمليه، وقد تستمر الدروس إلى وقت الضحى ثم تستأنف بعد صلاة العصر، وبعد صلاة المغرب. وقلما تعقد حلقات بعد صلاة العشاء.

الرباطات: انتشرت بالمدينة المنورة عدد من الرباطات كان من أشهرها الرباط الذي بناه عثمان بن علي الزنجبيلي نائب السلطان صلاح الدين الأيوبي بعدن، وقد وقفه عام ٥٧٦هـ /١١٨٣ م ويقع هذا الرباط عند باب النساء، وقد وقفه على الأحناف المقيمين بالمدينة كما فعل برباطه الذي أقامه بمكة، وقد ضم هذا الرباط مكتبة كبيرة تضم كتبا عديدة في الفقه الحنفي وجعل قسما من هذا الرباط زاوية تقام فيها حلقات الدرس.

المدارس: مما تفخر به المدينة مدرسة السلطان قايتباي التي أمر بها قرب المسجد النبوي وكانت هذه المدرسة أكبر ما بني من مدارس في المدينة حتى نهاية العهد المملوكي. ومدرسة قايتباي وضع حجر الأساس لبناء هذه المدرسة في التاسع عشر من شهر ربيع الأول عام ١٢٣٦هـ/١٨٢١ م ثم تم توسيع هذه المدرسة بإضافة رباط كان موجودا بجوارها يسمى رباط البساطية أو البساطي وكان ذلك في عهد السلطان العثماني محمود الثاني.

وكذلك المدرسة الرستمية وهي مبنى مكون من طابق واحد في حارة الرستمية "البقيع سابقا" في مقابل رباط ياقوت الارداني، ويوجد أمام المدخل الحالي

والذي كان جزءا من المبنى ساحة صغيرة تؤدي إلى فناء مستطيل ،يدور حوله غرف أمامها رواق ينفتح على الفناء عن طريق عقود مدببة تنتهي من أعلى بخط مستقيم ترتكز هذه العقود على أعمدة ذات قطاع دائري لها تاج ذو قطاع متدرج، وبها شرفات تتوج حوائطها.

وكذلك مدرسة حسين أغا وأقام هذه المدرسة حسين أغا الناظر السابق للتكية المصرية بالمدينة عام ١٢٧٣هـ/١٨٥٧ م. وكانت توجد في حي الأغوات وهي مطلة على ساحة صغيرة في نهاية زقاق غير نافذ، وأقيم للمدرسة طابق أعلى باب المدخل لتعليم علوم الدين، وهذا المدخل يوجد في الحائط الشمالي وهو عبارة عن عقد دائري

من الحجر الملون باللون الأحمر والأسود، ويدور حول العقد جفت يتقاطع مفتاح العقد مكونا دائرة، ويوجد أعلى باب المدخل لوحة عليها نص من خمسة أسطر باللغة التركية العثمانية مؤرخ عام ١٢٧٣هـ/١٨٥٧ م.

كما كان بالمدينة أيضا مدرسة الوزير علم الدين التي أنشئت عام ١٣٠١هـ/١٨٨٤ م، وكانت تقع في أول الزقاق الواقع خلف مبنى المحكمة الشرعية بالمدينة، وكانت تتكون المدرسة من ثلاثة طوابق الأرضي وتنفح على الداخل على الحوش.

والمدرسة المحمودية وفي الغالب أن هذا الاسم نسبة إلى السلطان العثماني محمود الثاني وقد كان ذلك في عام ١٢٣٦هـ/١٨٢١ م وقد خصصت لإقامة الفقراء والمساكين من أبناء المسلمين عامة الذين يعيشون بالمدينة وكان موقعها قريبا من دار السلام.

المكتبات: كان هناك عناية خاصة من جانب العثمانيين بتجهيز د ارا للكتب جلبت إليها مجموعة من الكتب والمصاحف من إستانبول أحضرها إبراهيم باشا بن محمد علي معه عند عودته من العاصمة العثمانية وعددها خمسمائة وواحد وتسعون مجلدا حيث تتم وضع الكتب في الدار مع الكتب التي سلمها حسين بك محافظ المدينة السابق للشيخ أحمد طاهر لحفظها في الدار، أما المصاحف فقد أمر بتوزيعها على الأهالي مجانا.

وقد بلغ عدد المكتبات في المدينة المنورة في أواخر العهد العثماني (٨٨) مكتبة، ما بين مكتبة عامة وخاصة، ومن أشهرها مكتبة عارف حكمت والمحمودية، وكذلك المكتبات التي أنشئت في المدارس تخدم طلاب العلم داخل المدرسة وخارجها، ومن أهم المكتبات الحديثة المكتبة التي أنشأها الملك عبد العزيز آل سعود مؤسس المملكة العربية السعودية لتضم المكتبات التراثية في المدينة وتحفظ كنوزها بطريقة فنية حديثة وكان هذا في عام ١٣٩٣هـ/١٩٧٣ م وافتتحت عام ١٤٠٣هـ/١٩٨٣ م، وهناك مكتبة المصحف الشريف التي تضم أعدادا كبيرة من المصاحف الخطية القديمة النادرة

للقرآن الكريم ويوجد بها أقدم مصحف ويعود تاريخه إلى عام ٥٤٩هـ/١١٥٤ م بخط سـعيد بن إسماعيل أي قبل سقوط الدولة العباسية بـ (١٦٧) عاما.

العلماء: عرف من علماء المدينة محمد بن عبد الرحمن بن محمد بـن أحمـد بـن خلـف بـن عيسى الأنصاري الخزرجي قاضي المدينة النبوية وخطيبها وإمامها، درس وأفتـى وأذن بـالحرم النبـوي، وولى قضاء المدينة وخطابتها وإمامتها ولم يزل حتى توفي عام ٨١١هـ/١٤٠٨ م

ولقد اشتهرت المدينة بعدد من العلماء الذين أخذوا عـلى عـاتقهم نشر ـ العلـم مـن أبـرزهم الإمام مالك بن أنس بـن مالـك الأصبحي الحميري أبـو عبـد اللـه إمـام دار الهجـرة وصـاحب أحد المذاهب الفقهية الأربعة عند أهل السنة. كما اشتهر أيضا من المدينة فقهاؤها السبعة وهم سعيد بن المسيب، وعروة بن الزبير، والقاسم بن محمد، وأبو بكر بن عبد الرحمن، وخارجة بن زيد بـن ثابـت، وعبيد اللـه بن عبد اللـه بن عتبة بن مسعود، وسليمان بـن يسـار. وفي مجـال الدراسـات القرآنيـة شهدت المدينة نافع الليثي الذي اعتمدت قراءته كواحدة من القراءات السبع.

الموصل:-

مدينة تقع شمال العراق على بعد ٣٩٦ كيلومتر شمال العاصمة بغداد. وهـي مدينـة تاريخيـة قديمة قامت على أنقاض مدينة نينوى الأشورية. وهي أكبر مدن الشمال العراقـي، وثالـث أكبـر مـدن العراق. ويقطن الموصل سكان من أصول عربية، أما خارجها فيسكن الأكراد.

نبذة تاريخية :-

يعود تاريخ الموصل إلى عام ١٠٨٠ قبل الميلاد عندما اتخذ الآشوريون مدينـة نينـوى عاصـمة لهم وحصنوها فأقاموا حولها القلاع، ومنها القلعة التي كانت في الجهة الغربية من دجلة تقابل مدينة نينوى، وتقع هذه القلعة فوق "تل قليعات" الذي يشرف

على السهول الغربية المقابلة لمدينة نينوى، كما يشرف على السهول التي بين نينوى والموصل.

كانت هذه القلعة -الحصن- النواة لمدينة الموصل، فإن مناعة الموقع، وخصب السهول المجاورة لها، وقربها من دجلة، ووجود حامية في الحصن، ووقوعها على طريق رئيسية تصل بين طرفي الهلال الخصيب كل هذا شوق الناس على أن يسكنوا حول هذا الحصن المذكور، وأخذت البيوت تزداد على مر السنين.

وفي سنة ٦١٢ قبل الميلاد سقطت مدينة نينوى فدمرها الأعداء وقتلوا أهلها، ولم ينج من سكانها إلا القليل، ولا شك أن التخريب والقتل أصاب الحصن الغربي ومن حوله.

وبعد أن هدأت الأحوال واستتب الأمن في البلاد، تراجع بعض السكان الذين سلموا من سيوف الأعداء إلى نينوى، وأسسوا لهم حصنا على"تل توبة" في نينوى، كما أن قسما منهم رجعوا إلى الحصن الغربي فرمموه وسكنوا فيه. فصار قرب دجلة حصنان أحدهما" الحصن الشرقي" وهو الذي فوق "تل التوبة" يقابله في الجهة الغربية من دجلة " الحصن الغربي" الذي فوق "تل قليعات".

وفي القرن الرابع قبل الميلاد ازدادت العمارة حول الحصن الغربي وصار قرية لها شأن يذكر وقد كان يطلق عليها مسبلا Mespila وقد أصبح لها شأن بعد سقوط نينوى لموقعها المهم الذي يصل بين عدة أقطار، وهذا الموقع نفسه سبب للمدينة ويلات ومصائب عديدة، فقد كانت ساحة للحروب التي استعرت نيرانها بين المتنازعين على الحكم، فكانت الجيوش تكتسحه فتدمر ما به.

وفي عهد كسرى الأول أنوشروان ٥٧٩/٥٢١ م كانت الحرب سجالا بين الروم والفرس فأغار الروم وخربوا الموصل، وفي عهد كسرى أبرويز بن هرمز ٥٩٠/٥٧٩ م اهتم بتعزيز موقع الموصل. فبنى فيها عدة دور وحصنه ا، وأتى ببعض الفرس وأسكنهم فيها فتوسعت المدينة وكانت من معاقل الفرس القوية التي تصد زحف الروم عنها.

وقد لاقت الموصل اهتماما كبيرا من أردشير وسميت باسمه "نيو أردشير " أي أردشير الجديدة وأما الكتبة الآراميون فكانوا يسمونها "حصن عبورايا" أي الحصن الغربي، أما العرب فقد كانوا يسمونها "خولان" كما كانوا يطلقون عليها الحصنين.

وقد تم الفتح الإسلامي للموصل في عام ١٦هـ/٦٣٧ م والقبائل التي اشتركت في الفتح هي (تغلب وأياد والنمر) بقيادة ربعي بن الأفكل العنزي. وقد كانت هذه القبائل منتشرة بين تكريت والموصل، وقد سكن قسم من هذه القبائل الموصل بعد الفتح، والقسم الكبير منها استمر في الزحف على البلاد المجاورة وخاصة أذربيجان وأرمينيا.

وفي عام ١٧هـ/٦٣٨ م عين الفاروق عمر بن الخطاب رضي الله عنه عتبة بن فرقد السلمي واليا على الموصل وهو الذي بنى المسجد الجامع، وإلى جانبه دار الإمارة، وكان بها أحد الأجناد الستة التي جندها الفاروق وجعلها تابعة للكوفة.

وفي خلافة عثمان بن عفان كثرت هجرة القبائل العربية إليها خاصة بعد أن توطدت الأمور واستقرت الفتوحات، وأخذ العرب يقطنون البلاد المفتوحة

ويتخذونها مقاما لهم. وأول من نزلها من القبائل هي الأزد وطى وكندة وعبد قيس. ونزل منها أربعة آلاف، وأمر عليهم الخليفة عثمان بن عفان "عرفجة بن هرثمة البارقي" وسعى البارقي في توسيع الموصل وتعميرها فاختط منازل العرب فيها، ووسع الجامع الذي كان قد بناه عتبة بن فرقد السلمي.

وفي عهد الخليفة علي ابن أبي طالب رضي الله عنه زادت الهجرة إلى الموصل، فهاجرت القبائل العربية من الكوفة و البصرة، وهكذا توسعت الموصل واتخذها العرب دار إقامة لهم.

وانقضى عهد الراشدين، والموصل في توسع دائم حتى صارت من أمهات أمصار الجزيرة وبلغ خراجها في خلافة معاوية ابن أبي سفيان رضي الله عنه أربعة ملايين درهم. واهتم الأمويون بالموصل كثيرا نظرا لأهميتها الحربية والتجارية فكانوا يولون عليها أقدر الولاة وأحزمهم، وكثيرا ما كانوا يولون عليها من ثبت عندهم حبه

للإصلاح والعمران. وقد سكن الموصل من الخلفاء الأمويين هشام بن عبد الملك، وذلك قبل أن يولى الخلافة، فبنى له قصرا في ربطها الأسفل، وزرع النخيل والأثمار حوله، وبقي القصر إلى سقوط الدولة العباسية، فأقطعه أبو جعفر المنصور السحاج بن وائل الأزدي الذي ساعدهم على الأمويين.

وقد توالى على الموصل عدد من الولاة زادوا في خطتها، فقد أحاط سعيد بن عبد الملك الموصل بسور ورصف طرقها بالحجارة، وبنى بها مسجدا عرف بـ"مسجد عبيدة" نسبة إلى مؤذنه، كما بنى فيها سوق سعيد. ثم ولى عبد الملك أخاه محمد بن مروان الموصل، فجدد سور الموصل، وربما أكمل السور الذي بناه ابن أخيه سعيد، أو أنه وسعه في الأماكن التي توسعت إليها المدينة.

وفي عام ١٠٦-١١٣هـ/٧٢٤ -٧٣١م تولى الموصل الحر بن يوسف الأموي الذي وجد نهر دجلة بعيدا عن المدينة، وأن السكان يلاقون عناء ومشقة في نقل الماء، فشق نهرا من قرب دير مار ميخائيل، وسيره محاذيا للتلال التي تطل على حاوي

الكنيسة، وأجراه تحت المدينة في مجرى دجلة الحالي، بدأ بهذا العمل عام ١٠٨هـ/ ٧٢٦ م واستمر به العمل إلى عام ١١٥هـ/٧٣٣ م فأتم فتحه الوليد ابن تليد العبسي- وأراح الناس وعرف بـ"نهر الحر"، ورصفوا شارعا محاذيا لمجراه، وغرسوا على جانبيه الأشجار، فكان أهل المدينة يتنزهون به في الأمسيات، وبنى الحر قصره المعروف بالمنقوشة. وكان من القصور المشهورة، بناه عام ١٠٦هـ/٧٢٤ م، وهو قصر منقوش بالساج والرخام الأبيض المصقول والفصوص الملونة والفسافس. وكان من أجمل القصور في زمانه، وبقي القصر إلى القرن السابع الهجري.

ثم تولاها مروان بن محمد مرتين (إحداهما ١٠٢- ١٠٤هـ/ ٧٢٠ - ٧٢٢م والثانية ١٢٦-١٢٧هـ/٧٤٣ - ٧٤٤م. وكان أول من عظم الموصل وألحقها بالأمصار العظام، وجعل لها ديوانا يرأسه، ونصب عليها جسرا، ونصب طرقاتها وبنى عليها سورا، وهدم المسجد الجامع ووسعه وبنى له منارة، وأحاطه بأسواق، فكانت

أسواق الموصل الرئيسية حوله. وعلى هذا فقد صارت الموصل قاعدة بلاد الجزيرة بعد أن كانت مدينة تابعة للكوفة.

وفي العصر العباسي الأول نكبت الموصل على أثر ثورة أهلها على محمد بن صول سنة ١٣٣هـ/٧٥٠ م وفتك بها العباسيون فتكا ذريعا، حتى أن أسواقها بقيت معطلة عدة سنين، وكان هذا على يد يحيى بن محمد أخي السفاح.

وفي عام ١٣٣هـ/٧٥٠ م ولى المنصور عليها عمه إسماعيل بن علي بن عبد الله بن العباس، ولما دخل البلد وجدها بحالة يرثى لها، فجمع الناس وخطبهم ووعدهم بحسن السيرة فيهم بأن يرد عليهم المظالم، ويعطيهم ديات من قتلهم يحيى، وكتب إلى المنصور يعلمه بسوء حال البلد وخراب ٥. فكتب إليه المنصور أن أرفق بالناس وتألفهم. فأخذت المدينة تستعيد مركزها الاقتصادي حتى بلغت جبايتها في خلافة هارون الرشيد (٢٤,٠٠٠,٠٠٠) درهم و(٢٠,٠٠٠) رطل عسل. مع العلم بأن المهدي كان قد خزل منها كورة دراباذ وكورة الصامغان. ومع أن المعتصم خزل منها

أيضا كورة تكريت وكورة الطيرهان فإنه بلغ ما كان يجبى منها ومن أعمالها في خلافته (٦,٣٠٠,٠٠٠) دينار كان هذا في الربع الأول من القرن الثالث الهجري.

وفي أواخر القرن الثالث للهجرة/التاسع الميلادي ملكها بنو حمدان فاهتموا بالزراعة كثيرا، فغرسوا فيها الأشجار، وكثرت الكروم وغرست الفواكه، وغرست النخيل والخضر، وكانوا يعنون بزراعة القطن والأرز والحبوب. وبلغ خراج الحنطة والشعير فيها خمسة ملايين درهم.

وخلف العقيليون الحمدانيين في حكم الموصل سنة ٣٦٨- ٤٨٦هـ/٩٧٩ - ١٠٩٣م وخلال مدة حكمهم تنازعوا فيها على الحكم وسبب هذا تأخر المدينة عما كانت عليه. ثم انتزع السلاجقة منهم البلاد، وزادت الاضطرابات والحروب بين أمرائهم على الحكم ولاقت المدينة ويلات كثيرة ومصائب، فتأخرت فيها التجارة وقلت المزروعات وهجر قسم كبير من سكان الموصل مدينتهم، وهكذا تقلصت عما كانت عليه، حتى استولى الخراب على أكثر أحيائها.

وفي رمضان من عام ٥٢١هـ/١١٢٧ م تسلم عماد الدين زنكي الموصل وبدأ بذلك العهد الأتابكي لحكم الموصل- ولما تسلم عماد الدين الموصل أقام بها يقرر أمرها ويصلح قواعدها وكانت الموصل هي المركز بالنسبة إليه فانطلق منها ليوسع دولته خاصة بعد أن وجد البلاد مقسمة بين الأمراء وكل واحد منهم قد استأثر بولايته لا يهمهم من أمر البلاد سوى جمع ما يقدر على جمعه من أي طريق كان، كما استفحل خطر الصليبيين واحتلوا أكثر البلاد السورية ووصلوا إلى أسوار حلب فحشد عماد الدين جيوشه وبدأ بأمراء الأطراف ثم سار إلى حلب فاستبشر به أهلها خاصة لما كانوا يقاسونه من النزاع بين الأمراء فضلا عما يصيبهم من مضايقة الصليبيين لهم حتى كانوا يقاسمونهم في بعض محاصيلهم، ثم توجه إلى حماة فاستولى عليها عام ٥٢٤هـ/١١٣٠ م، ثم التفت إلى ما جاوره من حصون النصارى فهاجمهم ودخل معهم في معارك كبيرة كان فيها مؤيدا من الله بالنصر- العظيم عليهم فهابه النصارى، وأصبح أعظم قائد في الهلال الخصيب، وصار ملكه يمتد من شهرزور شرقا، إلى قرب سواحل سورية غ ربا ومن آمد وديار بكر وجبال الأكراد الهكارية والحميدية شمالا إلى الحديثة جنوبا.

وفي عهد العثمانيين كانت الموصل إحدى الولايات التابعة للخلافة العثمانية وقد تمكنت في حكمها المحلي والإقليمي الأسرة الجليلية ١١٣٦- ١٢٤٩هـ/١٧٢٤ - ١٨٣٤م التي تنتمي إلى مؤسسها عبد الجليل.

وبرز من هذه العائلة اسم الوزير الحاج حسين باشا الجليلي ١١٠٨-١١٧١هـ/١٦٩٧- ١٧٥٨م. بشكل مؤثر من خلال الخدمات العسكرية التي قدمها للدولة العثمانية ضد الفرس وخصوصا نادر شاه. وقاد هذا الوزير انتصار الموصل على نادر شاه ومنع بذلك امتداد إيران الأفشارية في السيطرة على المشرق العربي. وقد اكتسب هذا الوالي الجليلي لقب "بطل الحصار". فثبت من خلال عمله الاستراتيجي موقع أسرته المحلية سياسيا وإداريا في حكم ولاية الموصل لفترة تقترب من قرن كامل في التاريخ الحديث للمشرق العربي.

وكان من أبرز أبناء الأسرة الجليلية الوزير محمد أمين باشا الذي منح لقب "الغازي" نظرا لاشتراكه في الحرب العثمانية - الروسية عام ١١٨٤هـ/١٧٧٠ م كسردار للجيوش العثمانية، وقد أسر من قبل الروس، وفك أسره بعد حوالي خمس سنوات، فقابل السلطان عبد الحميد الأول ١١٨٠-١٢٠٣هـ/١٧٧٤ - ١٧٨٩م الذي وكل إليه مهمة تعديل نظام بلاد الشرق والعراق وولاه العراق ولكنه توفي سنة ١١٨١هـ/١٧٧٥ م، قبيل الشروع بمهمته الكبرى.

وبعد انتهاء الحرب العالمية الأولى وقعت الموصل تحت الاحتلال الفرنسي وظلت كذلك تحت الحكم الفرنسي حتى نالت العراق الاستقلال، وهي الآن مدينة من أهم المدن العراقية التي تحظى بمكانة عالية.

المعالم الحضارية :-

الأسور: يحيط بالموصل سور كبير كان أول من خطه هو سعيد بن عبد الملك الذي تولى الموصل في خلافه أبيه عام ٦٥- ٨٩هـ/٦٨٥ - ٧٠٨م. ثم أن مروان بن محمد وسع السور الذي بناه سعيد في الأماكن التي اتسعت فيها المدينة ورمم ما انهدم منه وذلك في أوائل القرن الثاني للهجرة. وقد بقي سور سعيد حتى هدمه هارون الرشيد عام ١٨٠هـ/٧٩٧ م على إثر ثورة أهل الموصل عليه. وبقيت المدينة بلا سور حتى عام ٤٧٤هـ/١٠٨١ م فبنى شرف الدولة العقيلي سورا للموصل قليل الارتفاع ولم يعمل له فصيلا، ولا أحاطه بخندق، وفرغ من عمارته بعد ستة أشهر. ثم أن جكرمش - أحد ولاة السلاجقة في الموصل- رمم سور المدينة، وبنى له فصيلا. وحفر الخندق وحصن ا لمدينة عام ٤٦٨هـ/١٠٧٦ م وفعل مثل هذا جاولي عام ٥٠٢ هـ/١١٠٩ م.

ولما تولى الموصل عماد الدين زنكي واتخذها عاصمة لملكه رأى من الضروري أن يحكم تحصين المدينة. فوسع السور من الجهة الشمالية من المدينة وأدخل الميدان بما فيه قصور الإمارة داخل السور الجديد الذي بناه ،كما أنه رفع السور من سائر جهاته

وأحكمه، وعمر الخندق الذي يحيط به عام ٥٢٧هـ/١١٣٣ م. وصار للميدان سوران أحدهما السور السلجوقي والثاني السور الأتابكي الذي بناه عماد الدين زنكي.

وقد كان لسور الموصل تسعة أبواب في العهد الأتابكي وهي، الباب العمادي وفتحه عماد الدين زنكي عام ٥٢٧هـ/١١٣٣ م وسمي باسمه. وكان يؤدي إلى الربض الأعلى من المدينة ولم يزل موقعه يعرف بهذا الاسم. ومن أهم أبواب المدينة باب سنجار وكان يقع في اللحف الغربي من تل الكناسة ولم يزل مكانه إلى اليوم يسمى باب سنجار ويؤدي إلى الجهة الغربية من المدينة .وهو من أقدم أبواب المدينة. وكان هذا الباب من أوسع أبواب المدينة يحيط به من الداخل مرافق كثيرة للجيش وخيوله وعتاده. ومن الأبواب الغربية أيضا باب كندة، وباب الجصاصة، وكذلك ما يعرف بالباب الغربي وهو الباب الذي فتحه عز الدين مسعود بن قطب الدين مودود ولم يكن قبله هناك باب وانتفع به أهل ذلك الصقع.

أما الأبواب الجنوبية فيه باب العراق وهو الذي كان يؤدي إلى الجهة الجنوبية -جهة العراق- ولم يزل محله معروفا بهذا الاسم. وباب القصابين وهو من أبواب الموصل القديمة. وبقي يعرف بهذا الاسم إلى القرن السادس للهجرة وهو كما يدل عليه اسمه كان يؤدي إلى سوق القصابين.

ومن الأبواب الشرقية باب الجسر وهو من أبواب الموصل القديمة أيضا. وبقي معروفا بهذا الاسم إلى أيامنا هذه وهو يقع في مدخل الجسر الخشبي القديم الذي رفع عام ١٣٥٢هـ/١٩٣٤ م على أثر بناء الجسر الحديدي المسمى جسر الملك غازي. وهو من أشهر أبواب المدينة لأنه الباب الوحيد الذي كان يصل المدينة بالجهة الشرقية منها.وباب المشرعة كان يقع قريبا من دور المملكة يؤدي إلى النهر، وقد بنى عليه الملك سيف الدين غازي عام ٥٤١ هـ/١١٤٧ م رباطا. والرباط يسمى اليوم مقام عيسى-دده.

القلاع: تقع قلعة الموصل على الأرض المرتفعة التي تشرف على نهر دجلة وعين كبريت. وهي في شمال مدينة الموصل وكانت تجاور دور المملكة. ولا يعرف من

الذي أنشأ هذه القلعة أول مرة. وأقدم ذكر لها عثر عليه أن البساسيري (٤٥٠هـ/١٠٥٨ م) حاصرها أربعة أشهر وبعد أن استولى عليها هدمها وعفي أثرها. وأن الأتابكيين اهتموا بهذه القلعة فوسعوها وأكملوا عمارتها وصارت تتسع لآلاف من أفراد الجيش. وفيها مخازن للمؤن والعتاد ولوازم الحرب.

ومن الذين اهتموا بعمارة القلعة فرمم سورها وأحكم أبراجها وجدد ما انهدم من مرافقها هو فخر الدين عبد المسيح وزير سيف الدين غازي بن قطب الدين مودود. وكان يحيط بالقلعة سور غير سور مدينة الموصل. ومن أبوابه: باب القلعة وكان يؤدي منها إلى الميدان. وباب السر وكان يؤدي منها إلى النهر من جهة عين كبريت وهو أمنع أبوابها.

وكانت القلعة مركزا هاما في الدولة يكون فيها العتاد والذخيرة. ويتولى حراستها جيش كبير يشرف عليهم دزدار مخلص معروف بالشجاعة والحزم والتدبير. وقد يفوض لدزدار قلعة الموصل النظر في أمور القلاع والإشراف على من فيها.

وقد بقيت القلعة عامرة حتى سنة ٦٦٠هـ/١٢٦٢ م وفي هذه السنة حاصر الموصل سنداغو ونصب عليها المنجنيقات وتحصن في القلعة (ياسان) وشدد المغول الحصار على القلعة، ورموها بالأحجار والنار. ففتحوا المدينة وهدموا قلعتها، وهكذا هدمت هذه القلعة الحصينة وأصبحت خرابا.

البيمارستانات: كان في المدينة بيمارستانان: أحدهما داخل المدينة، والثاني في الربض الأسفل منها ،بناه مجاهد الدين قيماز تجاه جامعه الذي بناه على دجلة، والذي لم يزل باقيا إلى اليوم ويعرف بالجامع الأحمر وهذا البيمارستان جميل جدا، وفيه كل ما يحتاجه المريض من أسباب المعالجة والنزهة والترويح عن النفس والتخفيف عن المريض.

كما كان في المدينة بيمارستان خاص بمعالجة المجانين. وكانت المعالجة في البيمارستان بلا ثمن يدخله المريض فتجري عليه الفحوص اللازمة، ثم يوصف له الدواء، ويعطى إليه من صيدلية البيمارستان، وإذا احتاج المريض أن يكون تحت

إشراف طبيب، فإنه كان ينام في البيمارستان ويجري عليه الطعام والشراب والدواء، وكل ما يحتاجه مما يخفف مرضه، ويكون هذا بلا عوض.

المساجد: وجد في الموصل على مر العصور العديد من المساجد والجوامع العظيمة الجميلة، ومن هذه المساجد مسجد خزرج ويقع في محلة خزرج وهو من أقدم مساجد الموصل أسس في القرن الأول للهج رة/السابع الميلادي وسكنت قبيلة خزرج حوله بعد تمصير الموصل فنسب إليها. ولم تزل محلة خزرج تسمى بهذا الاسم ويسكنها بعض البيوت من قبيلة خزرج.

وهناك الجامع الأموي وهو أول جامع بني في الموصل بناه عتبة بن فرقد السلمي عام ١٧ هـ/١١٩ م وبنى إلى جنبه دار الإمارة ثم وسعه عرفجة بن هرثمة البارقي. ولما تولى مروان بن محمد الموصل هدم الجامع ووسعه وبنى فيه مقصورة ومنارة وبنى إلى جنبه مطابخ يطبخ بها للفقراء في شهر رمضان، وصار يعرف (بالجامع الأموي).

وفي عام ١٦٧هـ/٧٨٤ م أمر الخليفة المهدي عامله موسى بن مصعب بن عمير أن يضيف إلى الجامع الأسواق التي كانت تحيط به فهدمها مصعب مع المطابخ وأضافها إلى الجامع ووسعه. وكانت حالة الجامع غير مرضية في القرن الخامس للهجرة/الحادي عشر الميلادي وذلك على عهد الولاة السلاجقة فتداعى بنيانه وترك الناس الصلاة فيه إلا يوم الجمعة. وفي عهد الأتابكيين اهتموا به كما اهتموا بكافة مرافق المدينة وتجديدها فجددوا عمارته عام ٥٤٣هـ/١١٤٩ م وذلك على يد سيف الدين غازي الأول بن عماد الدين زنكي وكانوا يسمونه الجامع العتيق تمييزا له عن الجامع الجديد - الجامع النوري- واهتم الأتابكيون بتزيينه وزخرفته. والجامع في الوقت الحاضر صغير تقام به الجمعة وقد اتخذ قسم كبير من فنائه مقابر عامة وتسمى مقبرة الصحراء وكانت تسمى مقبرة الجامع العتيق.

ومن الجوامع أيضا الجامع النوري الذي بناه نور الدين محمود زنكي عندما دخل الموصل عام ٥٦٦هـ/١١٧١ م وكان في المدينة جامع واحد يجمع به. وقد ضاق بالمصلين خاصة وأن المدينة قد ضاقت بسكانها. وذكروا له أن في وسط الموصل خربة

واسعة تصلح أن تكون جامعا كبيرا لوقوعها في وسط أسواق المدينة. فركب نور الدين إلى محل الخربة وصعد منارة مسجد أبي حاضر، وأشرف على الخربة، وأمر أن يضاف إليها ما يجاورها من الدور والحوانيت، وأن تؤخذ من أصحابها برضاهم، بعد أن يدفع إليهم أثمانها.

وقد قام ببناء الجامع شيخ نور الدين وهو معين الدولة عمر بن محمد الملا وبقي يشتغل في عمارة الجامع ثلاث سنوات. وعندما زار نور الدين الموصل مرة ثانية عام ٥٦٨هـ/١١٧٣ م صلى بجامعه بعد أن فرشه بالبسط والحصر وعين له مؤذنين وخدما وقومة ورتب له كل ما يلزمه. كما أن نور الدين أوقف له أوقافا كثيرة لصيانته وأدامته والصرف على من يتولى أموره. وبن ى به نور الدين مدرسة.

ومن الجوامع أيضا الجامع المجاهدي الذي بناه أبو منصور قيماز بن عبد الله الزيني الملقب مجاهد الدين من أهل سجستان أحد كبار الدولة الأتابكية. وكان في الموصل على عهده جامعان يجمع بهما: الجامع الأموي والجامع النوري. وكان الربض الأسفل كالمدينة بعمرانه وأسواقه ويلاقي سكانه صعوبة في الذهاب إلى أحد الجامعين لأداء صلاة الجمعة. فقرر أن يبني جامعا في هذا الربض لـيريح الناس. وفي عام ٥٧٢هـ/١١٧٧ م باشر بعمارة الجامع واستخدم في بنائه أمهر البنائين والفنانين وصرف عليه مبلغا كبيرا واستمر العمل به خمس سنين فكان من الجوامع المعدودة في بلاد الجزيرة. وأقيمت فيه صلاة الجمعة عام ٥٧٥هـ/١١٨٠ م قبل أن تكمل عمارته. ولما كملت عمارته عام ٥٧٦هـ/١١٨١ م اعتنى مجاهد الدين في تزيينه بكتابات مختلفة وزخارف متنوعة بعضها بـالجبس وبعضها بـالآجر وبالمرمر المطعم بالصدف. والجامع في الوقت الحاضر أصغر مما كان عليه في العهد الأتابكي ويسمى جامع الخضر أو الجامع الأحمر.

الحمامات: كان في المدينة العديد من الحمامات التي كان يرتادها أهل الموصل. فقد كان بها ٢٠٠ حمام للرجال تجاورها ٢٠٠ حمام للنساء، و ١٠ حمامات خاصة بالبنات فقط. كـما تميزت أيضا الموصل بحمامات الاستشفاء. فقد كان في الموصل حمام

العليل، وكان من المحلات التي يرتادها أهل الموصل في فصلي الربيع والصيف، وخاصة أصحاب الأمراض الجلدية، فكانوا يستشفون بمائها المعدني الحار. ويكون حمام العليل في الصيف مزدحمة بالسكان، فيبنون لهم عرائش على شاطئ دجلة يسكنونها. ولم يزل حمام العليل على ما ذكرنا حتى وقت قريب.

الأسواق: كانت أسواق الموصل الرئيسة في العهد الأموي حول الجامع الأموي وهو مركز المدينة في ذلك الوقت يجاوره دار الإمارة. ثم إن إسماعيل بن علي بن عبد الله العباسي نقل الأسواق إلى خارج المدينة عام ١٣٧هـ/٧٥٥ م وبنى في وسطها مسجد أبي حاضر ويعرف بمسجد الشالجي في الوقت الحاضر.

كما أن الخليفة المهدي كان قد وسع الجامع الأموي عام ١٦٧هـ/٧٨٤ م وأضاف إليه ما كان يحيط به من الأسواق. وهكذا انتقلت معظم الأسواق الكبيرة إلى قرب الجامع النوري وأخذت تتوسع هذه بتوسع المدينة حتى صارت الأسواق التجارية المهمة تحيط بالجامع النوري وهو في وسط مدينة الموصل على عهد الدولة الأتابكية.

على أن بعض الأسواق بقيت في محلها القديم في شرقي الموصل خاصة الأسواق التي يحتاجها الفلاحون كسوق القتابين وسوق الشعارين وسوق الأربعاء. ونشأت أسواق أخرى قريبة من باب الجسر وهي الأسواق التي كان يمتار منها الفلاحون الذين يقصدون الموصل من الجهة الشرقية.

ويعد سوق الشعارين وسوق القتابين من أقدم أسواق الموصل ويعود تاريخهما إلى القرن الأول للهجرة/السابع الميلادي ولم يزلا معروفين إلى اليوم بهذا الاسم. وسوق الأربعاء وتسمى أيضا المربعة- جهار سوك. فسوق الأربعاء كانت تقع على الأرض التي يطلق عليها "سوق الميدان" في الوقت الحاضر. والتي تمتد إلى قرب باب الجسر بما فيها القسم المجاور لها وتقع على النهر. وسوق الأربعاء من الأسواق القديمة في الموصل ورد ذكرها في أوائل القرن الثاني للهجرة. وبقيت سوق الأربعاء إلى القرن السابع للهجرة تعرف بهذا الاسم.

وهنالك أسواق أخرى كانت في أحيائها الداخلية وفي أرباضها. ففي الربض الأسفل السوق الذي بناه مجاهد الدين قيماز وهو من الأسواق الكبيرة المعلومة في الموصل ومحط التجار الذين يأتون من الجهة الجنوبية.

ومن أسواقها الكبيرة داخل المدينة "جهار سوك" وهو يقع في وسط المدينة أيضا في المحلة التي لم تزل تسمى باسمه. ولقد ظل هذا السوق إلى عهد قريب. ثم هدمت أكثر دكاكينه، وأضيفت أرضها إلى شارع الفاروق.

وقد كانت أسواق الموصل ملتقى تجارة الشرق والغرب حيث كانت تصلها القوافل التجارية من العراق محملة ببضائع الهند، وتصلها قوافل إيران ومعها بضائع الصين وفارس، وتحط بها قوافل أذربيجان وترسو فيها مئات الفلك المحملة بحاصلات جزيرة ابن عمر وما يجاورها من بلاد الأناضول. ومن الموصل تخرج القوافل العديدة إلى بلاد سورية محملة ببضائع الشرق وحاصلاته، وتسير إلى سواحل البحر الأبيض المتوسط.

كما كانت الصنائع في الموصل متقدمة وصارت المصنوعات الموصلية تصدر إلى الهند شرقا وإلى أوروبا غربا، ومن هذه الصنائع النسيج الموصلي المعروف (بالموسلين) وصناعة التكفيت في المعادن، وترصيع الخشب والرخام، وصناعة الخزف و الزجاج والزخارف الجبسية وغير ذلك. ونبغ في الموصل كثير من الفنانين الذين كان يرجع إليهم، وكانت بعض تحفهم التي يبتكرونها مثالا لفناني الشرق يعكفون على درسها وتقليدها.

ولقد انتشرت ا لقيسريات في الموصل ومنها قيسرية خاصة لبيع الروائح العطرية وتسمى قيسرية المسك وفيها (١٢) دكانا. ومن القيسريات الكبيرة الشهيرة قيسرية الجامع النووي، وكان فيها (٦٩٩) دكانا. والقيسرية التي بناها مجاهد الدين قيماز الرومي المتوفى عام ٥٩٥هـ/١١٩٩ م.

<u>المكانة العلمية :-</u>

تميزت الموصل منذ إنشائها بمكانة علمية عالية فقد انتشرت بها المدارس والمكتبات العامة، كما استوطن بها كثير من العلماء وإليها نسبوا.

المدارس: لقد كان في الموصل العديد من المدارس التي كان لها دور كبير في ازدهار الحركة العلمية فيها. ومن هذه المدارس المدرسة النظامية التي بناها نظام الملك الوزير المشهور في القرن الخامس الهجري/الحادي عشر الميلادي على غرار التي بنيت في بغداد . وقد درس فيها من العلماء أبو حامد الشهرزوري، وأبو العباس الأنباري المعروف بالشمس الدنبلي. ومن الآثار الباقية لهذه المدرسة محراب نفيس من المرمر الأزرق المطعم بمرمر أبيض وحول المحراب مكتوب بخط كوفي البسملة وآيات من القرآن الكريم.

وكان هناك المدرسة الأتابكية العتيقة التي بناها سيف الدين غازي بن عماد الدين زنكي بن آقسنقر في منصف القرن السادس الهجري. وقد جعلها وقفا على الفقهاء الشافعية والحنفية نصفين. ووقف عليها الوقوف الكثيرة، وبعد موته دفن بمدرسته هذه. وممن درس فيها أبو البركات عبد الله بن الحسين المعروف بابن الشيرجي الذي درس على ابن شداد العالم المشهور.

وكذلك المدرسة الكمالية التي بناها زين الدين أبو الحسن علي بن بكتكين في القرن السادس الهجري. وبناية المدرسة في الوقت الحاضر تسمى جامع شيخ الشط وهي تتألف من غرفة كبيرة مثمنة الشكل فوقها قبة تستند إلى مقرنصات وهي على ما يظهر كانت مزينة بزخارف جبسية من الداخل وزخارف وكتابات آجرية من الخارج. ولم يزل بعض هذه الزخارف باقيا إلى اليوم. وقبة المدرسة مبنية من الآجر وهي بحالة يمكن صيانتها والمحافظة عليها. وفي عام ١٢١٩هـ/١٨٠٤ م رمم القبة وجدد بابها وبنى أروقة أمامها أحمد باشا بن بكر أفندي الموصلي، وأقام منبرا داخل المدرسة واتخذها جامعا كان يعرف بجامع الشهوان لأنه يقع في المحلة التي تسكنها قبيلة

الشهوان. وفناء المدرسة واسع، كما أن عددا من الدور التي تحيط بالمدرسة مبنية على أرض فناء المدرسة نفسها فهي عرصات وقفية .

وهناك مدرسة الجامع النوري التي بناها نور الدين محمود بن عماد الدين زنكي. وهي عبارة عن مدرسة وجامع في نفس الوقت إذ رأى نور الدين إنه من المفيد أن يجمع بين الدين والعلم في نفس المبنى. وفي الجامع النوري خزانة كتب كانت في المدرسة وهي الكتب التي أوقفها السيد محمد بن الملا جرجيس القادري النوري الذي سعى في ترميم الجامع واتخذ له فيه تكية عام ١٢٨١هـ/١٨٦٤ م. وكذلك بعض الكتب الأخرى أوقفتها عائشة خاتون بنت أحمد باشا الجليلي. ولم يكن التدريس مستمرا في المدرسة فقد تعطل بها بعد العهد الأتابكي، ثم درس بها في فترات متباينة. ولم يبق لها أثر في الوقت الحاضر.

المكتبات: انتشرت بالموصل عدد من المكتبات العامة كان من أشهرها المكتبة التي أنشأها أبو القاسم جعفر بن محمد بن حمدان الموصلي السحام في نهاية القرن الثالث الهجري وبداية القرن الرابع الهجري، وتعتبر هذه المكتبة هي أول مكتبة عامة توقف لهذا الغرض وحده. وكانت تحتوي على كتب في جميع فروع المعرفة البشرية، كما كانت وقفا على كل طالب علم لا يمنع أحد من دخولها، وإذا جاءها غريب يطلب العلم وكان معسرا قدم له المال والورق وكانت المكتبة تفتح كل يوم وكان هناك مكانا لمبيت الغرباء المحتاجين.

العلماء: ينتسب للموصل عدد كبير من العلماء وكان فيها جماعة من المؤرخين من أهل الموصل أو من الذين نزحوا إليها واتخذوها دار إقامة لهم وكتبوا عنها. ومن أشهر من ينتسبون إلى الموصل ابن شداد الموصلي صاحب كتاب تاريخ حلب وهو من علماء عصره المعدودين، كان إماما في الدنيا والدين وكان يشبه القاضي أبا يوسف في عصره، وأيضا المبارك بن الشعار الموصلي صاحب كتاب عقود الجمان ،وأبو الحسن الهروي الرحالة الشهير وله كتاب الإشارات إلى معرفة الزيارات .

كما اشتهر منها من علماء الدين الفخر الموصلي وكان بصيرا بعلـل القراءات وله كتاب في مخارج الحروف ،وأبو عبد اللـه محمد بـن الحنبلي الموصلي المعروف بشـعلة كـان شيخ القـراء في الموصل ،متضلعا بالعربية والنظم والنحو وله كتاب كنز المعاني في حرز الأماني .

واشتهر من المحدثين أبو زكريا يحيى بن سالم بـن مفلح البغدادي الموصلي الحنبلي. حـدث بالموصل وتوفي بها ودفن بمقبرة الجامع العتيق.

والحافظ زين الدين عمر بن س عيد الحنفي الموصلي له كتاب المغني في علـم الحـديث رتبـه على الأبواب وحذف الأسانيد. ومن فقهاء الحنابلة أبو المحاسن المجمعي الموصلي الحنبلي جمـع كتابـا اشتمل على طبقات الفقهاء من أصحاب الإمام أحمد. كما اشتهر من فقهاء الحنفية أولاد بلدجي.

واشتهر بها من الأطباء أبو الحسن علي ابن أبي الفتح بن يحيى كمال الـدين الكبـاري الموصلي عاش ما يقارب مائة سنة. وكان من أطباء زمانه. والمهذب علي بن أحمد بن مقيل الموصلي وكان أعلـم أهل زمانه بالطب له تصنيف حسن.

ومن الأعلام الذين سكنوا الموصل وكتبوا عنهـا وعـن رجالهـا ابـن المسـتوفي الأربـلي، وياقوت الحموي الرومي، و عبد اللطيف البغدادي ،والسمعاني صاحب الأنساب . والعز ابن عبد السـلام ولـه كتاب الفتاوى الموصلية . وابن الصلاح الشرخاني الشهرزوري الملقب تقي الدين، كان أحد فضلاء عصره في التفسير والحديث والفقه وأسماء الرجال وما يتعلق بعلـم الحـديث واللغـة ولـه مشـاركة في فنون كثيرة وهو من فقهاء الشافعية في عصره.

<u>مسجد أحمد بن طولون</u>:-

يعد مسجد ابن طولون من أكبر المساجد الجامعة في العالم الإسلامي، وواحدا من ثلاثة جامعات وجوامع كبرى في مصر: عمرو بن العاص، وأحمد بن طولون، و الجامع الأزهر فكان مركزا من مراكز العلم في مصر.

<u>نبذة تاريخية :-</u>

<u>مئذنة مسجد سامراء :-</u>

وقد شيد ابن طولون مسجده حين ضاق المسجد الملاصق لدار الشرطة، والقريب من قصر ابن طولون بالمصلين في حي القطائع الذي شيده، وخطط أرضه، وأقطعها لقادة جنده. على مساحة عظيمة فوق هضبة تتوسط حي القطائع بالقاهرة

عرفت بجبل يشكر، نسبة إلى قبيلة يشكر بن جزيلة من عرب الشام. وقد بدأ أحمد بن طولون في بناء مسجده عام ٢٦٣هـ - ٨٧٦م، وكمل بناؤه ٢٦٥هـ - ٨٧٩م. وقد سمي وقت إنشائه بمسجد الميدان لأنه كان يطل على ميدان أمام قصر ابن طولون. ويغطي المسجد مع زيادته مساحة تبلغ ستة أفدنة ونصف. وهي على شكل مربع طول ضلعه ١٦٢ مترا، وراعى ابن طولون ومهندسوه في رقعة هذا المسجد سعة المساحة كما حقق المهندسون له رغبته في أن يأتي مسجده على مثال مسجد سامراء الكبير بمدينة سامراء التي نشأ بها، وصار فيها من القادة الترك المسلمين العظام، قبل أن توكل إليه ولاية مصر والشام.

وقد توالت يد الإصلاح والتعمير على مسجد ابن طولون في العهد الفاطمي في عهد الحاكم بأمر الله، فقد جدد المعز لدين الله الفاطمي بناء الفوارة التي كانت بصحنه، والقبة المذهبة المشبكة الجوانب التي كانت بصحنه والتي كانت تقوم على عشرة أعمدة من الرخام في الجوانب، والتي كانت مفروشة كلها بالرخام، وتتوسطها قصعة رخامية، فسحتها أربعة أذرع، وفي وسطها فوارة تفور بالماء، وفي وسطها قبة مزوقة، وقد تولى

عمارة ما احترق، وإعادته إلى ما كان عليه العالمان الرياضيان المهندسان: ابن الروميـة ،و ابـن البناء تحت إشراف المهندس راشد الحنفي في عام ٣٨٥هـ - ٩٩٥م.

وفي عهد الخليفة المستنصر كان ما حول المسجد قد تحول إلى أطلال خربة، وكان مسجد ابن طولون قد تهدمت جوانبه، وخرب أكثره، وظل على ما صار عليه إلى أن أحياه السلطان لاجين، وجـدد عمارته، مع توليه لحكم مصر عام ٦٩٦هـ - ١٢٩٦م، وأسند لاجين أمـر هـذا التجديـد إلى الأمير علـم الدين سنجر، فأنفق على هذا المسجد كل ما يحتاج إليه، واشترى أرض قريـة منيـة أندونـة، وأوقـف عائدها على عمارة مسجد ابن طولون، واشترى ساحة بجوار المسجد مـن الأرض الخربـة وأضـافها إلى المسجد، وأزال كل ما نزل به من تخريب، وبلطه وبيضه، وبقي على ما هو عليه إلى يومنا هذا.

معمارية المسجد:-

يتجلى تأثير التطورات التي حدثت في مدينة سامراء على العمارة والفنون في مصر ـ في المسجد الذي شيده أحمد بن طولون. فشكل المسجد نفسه هو قريب من مستطيل يبلـغ طول جـدار القبلـة فيه نحو ١١٨ مترا والضلع العمودي عليه ١٣٨ مترا، وترتفع جدرانه إلى قمة شرفاته فوق سطحه نحـو ١٣ مترا من منسوب أرضية الأروقة الداخلية. ويزيد ارتفاع الجدار الشمالي في الجهة الشمالية الشرقية عن الجهات الأخرى مما دعا إلى عمل سلالم أمام الأبواب في تلك الجهة فقط .

وقد تبع تخطيط مسجد ابن طولون النظام التقليدي لشكل الجوامع في العصر الإسلامي وهـو يتكون من سطح مكشوف ومن الظلات المحيطة به. ويتميز مسجد ابـن طولـون بنضـج كبير في عـدد من النواحي المعمارية والزخرفية تتمثل في حسـن اختيـار موقعـه وتصميمه وأسـلوب بنائـه وجمال عناصره الزخرفية والمعمارية، فصارت له شخصية ذات طابع محلي صريح برغم مـا فيها مـن تـأثيرات من مسجد سامراء. وقد وزعت الأروقة في ظلات المسجد بطريقـة تختلـف عـن توزيعهـا في كـل مـن مسجد سامراء الكبير، ومسجد أبي دلف. وسقف كـل رواق في كـل ظلـة يتكـون مـن كمرات عرضية تحصر بينها حشوات مستطيلة تنقسم إلى مجموعة من مربعات متلاصقة ذات

غور قليل. ويتكون مسجد ابن طولون من صحن كبير مكشوف يبلغ طول ضلعه نحو ٩٢ مترا، وتحيط به الظلات من جوانبه الأربعة وأكبر ظلة فيه وأعمقها هي ظلة القبلة وتنقسم هذه الظلة إلى خمسة أروقة بواسطة خمسة بوائك توازي جدار القبلة، كل بائكة منها تتكون من سبعة عشر عقدا مدببا تحملها بدنات بنائية مستطيلة المسقط شيدت من الآجر وتتكون نواصي البدنة من أعمدة قطاعها الأفقي من ثلاثة أرباع الدائرة. وقد خفف ثقل البناء فوق هذه البدنات وبين العقود بعمل فتحات صغيرة ذوات رءوس من عقود مدببة تساعد في الوقت نفسه على إدخال بعض الضوء إلى أروقة ظلة القبلة العميقة. وهو نفس النظام الذي يوجد في بوائك الظلات الأخرى بمسجد ابن طولون

والتي يتكون كل منها من رواقين فقط. على حين زودت النهايات العليا لجدران المسجد الخارجية بأشرطة من الحشوات الهندسية تعلوها دروة مكونة من شرافات فريدة في نوعها ولا يوجد لها مثيل في العالم الإسلامي ويسميها الناس بالعرائس لأنها ت شبه أشكالا آدمية مجردة تتلاصق أيديها وأرجلها، وقد وضع في النصف العلوي من تلك الجدران الخارجية صف من النوافذ ذات العقود المدببة وفي نواصيها أعمدة ملتصقة تشبه حنيات الواجهات الموجودة في مسجد عمرو بن العاص وفي مقياس الروضة، وكذلك وضعت بين نوافذ مسجد ابن طولون حنيات غائرة لها طاقات مروحية من ضلوع وقنوات. ويصل عدد الأبواب في جدران المسجد إلى تسعة عشر بابا منها أربعة تفتح على ظلة القبلة من الجانبين وخمسة أبواب تفتح على كل من الظلتين الجانبيتين وخمسة أخرى تفتح على الظلة المقابلة للقبلة يضاف إليها باب بجوار المنبر يوصل الآن إلى حجرة وراء المحراب وكان هذا الباب يصل في الأصل بين المسجد ودار الإمارة التي شيدها أحمد بن طولون ملاصقة لجدار القبلة وكان ينزل بها عند ذهابه إلى صلاة الجمعة فيجدد وضوءه ويأخذ قسطا من الراحة ثم يخرج من ذلك الباب إلى المقصورة التي خصصت له في ظلة القبلة بجوار المحراب والمنبر ولم يبق الآن أثر ما من دار إمارة ابن طولون أو مقصورته. وقد زودت أسوار الزيادات حول مسجد ابن طولون بنفس العدد من الأبواب منها ستة في كل من الجانبين وسبعة في

السور الشمالي الغربي وقد وضعت أبواب هذه الزيادات على محور الأبواب في جدران المسجد نفسه.

زخرفة البوائك :-

توجت جميع بوائك مسجد ابن طولون من الوجهين -فيما عدا الواجهة التي على الصحن- وكذلك أوجه البوائك على الجدران الداخلية بشريط من زخارف جصية تسير فوق قمم إطارات العقود مباشرة ويعلوها شريط ممتد من الخشب وضع تحت السقف. ويزيد مجموع أطوال هذا الشريط على كيلو مترين ونصف. وقد كتبت

عليها آيات قرانية كريمة بخط كوفي بسيط حروفه بارزة. وكذلك زينت واجهات بوائك الأروقة على الصحن بشريط أفقي يأتي تحت مستوى سطح المسجد مباشرة ويتكون هذا الشريط من حشوات مثمنة الشكل متلاصقة غائرة، وتتميز جميع عقود البوائك في الأروقة والنوافذ في جدران المسجد بأنها من النوع المدبب ذي المركزين ويقترب الجزء الأسفل من أقواس بعضها على شكل حدوة الفرس. المئذنة .

مئذنة مسجد ابن طولون :-

ومئذنة مسجد ابن طولون مئذنة عالية شيدت في الزيادة الشمالية الغربية، وقد تأثرت هذه المئذنة بمئذنة مسجد سامراء الكبير وبخاصة في وجود السلم الصاعد إلى أعلى وهو يلتف حول بدن المئذنة من الخارج وليس من الداخل كما هو متبع في جميع مآذن العالم الإسلامي الأخرى غير أن مئذنة مسجد ابن طولون تختلف عن مآذن مسجد سامراء ومسجد أبي دلف في أن نحوا من ثلثي ارتفاع بدنها متعامد الأضلاع يعلوه جزء أسطواني لا زال يلتف السلم حوله من الخارج. وبالإضافة إلى السلم الخارجي فإن البدن الضخم المتعامد الأضلاع ذو صلة وثيقة بتكوين المآذن في الغرب العربي الإسلامي إذ يمتاز بدنها ببدن ضخم عال يرتفع إلى قرب القمة، وقد وضع فوقه جوسق تعلوه قبة كذلك توجد في كل وجه من أوجه قاعدة مئذنة مسجد ابن طولون مجموعة من نافذتين وهميتين لكل منهما عقد على شكل حدوة الفرس

وبينهما عمود، والنافذتان وعقودهما وتاج كل عمود منها تعد عناصر معمارية تتميز بها مآذن العالم الإسلامي في شمال إفريقيا والأندلس. وفي الوقت نفسه شيدت قنطرة تصل المئذنة بسطح المسجد ويحمي القنطرة من الجانبين عقدان على شكل حدوة الفرس أيضا وقد وضعت في باطن هذه القنطرة كوابيل ذات شكل مفصص لا يوجد له مثيل إلا في المغرب العربي.

وتذكر كتب تاريخ الفنون أن مئذنة مسجد ابن طولون قد شيدت وأعيد بناؤها أكثر من مرة: الأولى مع بناء المسجد على يد أحمد بن طولون وكانت مبنية من

الآجر، وأصابها الضعف قبيل الفتح الفاطمي لمصر، ثم تداعت فأعيد بناؤها للمرة الثانية في عهد الخليفة بالله الفاطمي بعد توليه الخلافة بعشر سنوات، وقد وصفها الرحالة المقدسي . أما المرة الثالثة فهي التي لا تزال باقية حتى الآن. وقد شيدت هذه القنطرة وتلك المئذنة بشكلها الحالي والقنطرة المتصلة بها في وقت متأخر عن بناء المسجد عام ٦٩٦هـ بأمر السلطان حسام الدين لاجين في عهد الأشرف خليل بن قلاون. فمادة بنائهما من الحجر المنحوت على حين شيدت جدران المسجد من الآجر. ويتجلى الأسلوب المعماري المحلي في مسجد ابن طولون في الجوسق المثمن الذي تنتهي به المئذنة من أعلاها ويتكون هذا الجوسق من طابقين تعلوهما قبة صغيرة مضلعة تعرف في الاصطلاح المعماري المصري بالمبخرة.

وتروي الأساطير أن أحمد بن طولون عندما أراد بناء المئذنة لف ورقة حول إصبعه وشدها فأصبحت كالقرطاس، وطلب من المهندس أن يشيد المئذنة على نمطها

المنبر :-

كان ابن طولون قد زود مسجده بمنبر لكنه اندثر مع الزمن بعد نقله إلى المسجد الظاهري بالمنشأة على شاطئ النيل. أما المنبر الحالي فهو من عمل السلطان لاجين كما هو مسجل في واجهة باب هذا المنبر. وقد صنع المنبر الجديد من الخشب ويتكون من باب ذي ضلفتين في إطار متوج بصفوف من المقرنصات تعلوها شرافات صغيرة ويؤدي الباب إلى السلالم التي تصعد إلى جلسة الإمام تحت الجوسق العلوي. ولهذا

المنبر جانبان مسدودان كل منهما على هيئة مثلث يعلوهما درابزين من الخشب الخرط وزخرف الوجه الخارجي للمثلث بحشوات هندسية صغيرة عليها زخارف نباتية دقيقة الحفر وجمعت الحشوات مع بعضها بواسطة عصبات خشبية ذات حليات ويتكون من تجميعها وحدات هندسية منتظمة قوامها الطبق النجمي الذي يتميز به الفن العربي الإسلامي دون غيره من الفنون والذي نضج فنيا تماما في العصر المملوكي. وقد ابتكر الفنانون المسلمون منه أنواعا وأشكالا لها. وقد نهبت حشوات كثيرة منه وانتشرت في مجموعات بمتاحف أوربا ثم أعيد بعضها إلى مكانه وجدد بعض آخر على أساس الرسوم والصور.

المحاريب :-

ويتميز مسجد ابن طولون بكثرة المحاريب التي توج بها ويبلغ عددها ستة محاريب أقدمها هو المحراب الرئيسي الذي وضع في محور القبلة. وهو محراب مجوف مسقطه نصف دائري ولم تبق من عناصره الزخرفية الأصلية إلا واجهته الجصية المحصورة داخل إطار يضم الحنية والأعمدة الأربعة على جانبيها وكوشتي العقد ثم الشريط الخشبي الذي يحتوي على الكتابة الكوفية البارزة ثم شريط الزخارف الجصية الذي يعلوه ويمتاز تاجا العمودين الأماميين لهذا المحراب بأنهما من نوع أوراق نبات الأكانثاس والآخرين من نوع السلة المشبكة. أما تجويف المحراب نفسه فقد كسى بألواح الرخام وألواح الفسيفساء الرخامية يتوجها شريط من الفسيفساء الزجاجية يحتوي على كتابة بالخط النسخي المملوكي. وكسيت طاقية المحراب ووجه العقد من الخارج بالخشب الملون بالنقوش وكل هذه الزخارف والكسوات ترجع إلى أعمال لاجين.

وينسب إلى لاجين أيضا عمل المحراب المعروف بمحراب السيدة نفيسة وهو محراب مسطح وضع على جدار القبلة على بعد نحو ٢٧ مترا إلى الشرق من المحراب الرئيسي لمسجد ابن طولون. وهناك محراب جصي مسطح آخر ينسب إلى نفس العصر وهو تقليد لمحراب فاطمي من عمل الأفضل شاهنشاه ووضع هذان المحرابان على

واجهتي بدنتين من بدنات البائكة الثالثة من جهة الصحن في ظلة القبلة على جانبي محور المحراب. وقد وضع محرابان مسطحان من الجص على واجهتي هاتين البدنتين اللتين تحيطان دكة المبلغ، ويرجع هذان المحرابان إلى العصر الفاطمي المبكر.

وفوق المحراب الرئيسي وضعت قبة من عمل السلطان لاجين على قاعدة مربعة من الخارج وبداخلها حطات من المقرنصات المكسوة بالخش ب لتحويل المربع

إلى مثمن ترتكز عليه دائرة القبة ووضعت بين المقرنصات شمسيات من الجص والزجاج وكلها من العناصر المعمارية ذات الطابع المملوكي المحلي الخالص.

الدور الثقافي:-

ومنذ عهد ابن طولون كان هذا المسجد مدرسة للعلم، مثل مسجد عمرو بن العاص، تعقد به حلقات الدرس لعلوم اللغة والدين، وقد أهدى الخليفة الفاطمي الحاكم بأمر الله إلى مسجد ابن طولون ثمانمائة مصحف وأربعة عشر مصحفا لقراءة القارئين والمفسرين والمصلين. وفي عهد لاجين صار مسجد ابن طولون مدرسة لدروس الفقه الإسلامي على المذاهب الأربعة. ودروس تفسير القرآن الكريم. ودروس الحديث النبوي. ودروس الطب وعلوم الرياضيات والمنطق، وصار لخطيب المسجد راتب معلوم. وصار به مؤذنون وفراشون. وإلى جواره أنشئ مكتب لإقراء أيتام المسلمين كتاب الله عز وجل.

وفي القرن الثامن الهجري ـ الرابع عشر الميلادي حدد الأمير العالم يلبغا الناصري العمري الخاصكي دروسا بمسجد ابن طولون يقوم بها سبعة مدرسين للمذهب الحنفي ورتب لكل دارس فقه من طلاب هذه الدروس أربعين درهما في الشهر وإردبا من القمح، وقد أصبح لهذا المسجد منذ تجديد لاجين له نظارة أوقاف تدير الأمور المالية والعلمية به وكان أول مشرف على نظارة الأوقاف هو بدر الدين محمد بن جماعة قاضي القضاة فصار شأنه شأن مسجدي الأزهر وعمرو بن العاص في مصر.

<u>المسجد الأموي :-</u>

<u>صحن المسجد الأموي :-</u>

يقع هـذا المسـجد في دمشـق (عاصمة سـورية حاليـا). وهـو مسـجد يعـود تاريخـه إلى عـام ٩٨هـ/٧١٦ م. ولكن بسبب الحرائق والزلازل التي أصابته خـلال تلـك السـنين لم يبـق سـوى جدرانـه وبعض كتابات من عهود السلجوقيين والأيوبيين والمماليك على بعـض سـواريه، والبنـاء الموجـود حاليـا يعود تاريخ بنائه إلى عام ١٣١٤هـ/١٨٩٦ م.

<u>الرواق الداخلي للمسجد الأموي :-</u>

وكان لموقع المسجد الأموي في قلب دمشق وعلى مقربة من سرايا الحكم والقلعـة ومحكمـة الباب مقر قاضي القضاة وغيرها من المقـرات الرسـمية آنئـذ، ناهيـك عـن قدسـيته، أنـه كـان المكـان المفضل لاجتماع عناصر الهيئة الحاكمة ومن شابههم من وجوه دمشق وأعيانهـا، بالعامـة أثنـاء صلاة الجماعة أو صلاة العيدين أو عند الملمات أو الكوارث.

وقد كان الجامع ملاذا للمستضعفين والنساء والأطفال عند حصار دمشق أو مهاجمتها، وكانت العامة تستغل هذه الفرص للقاء الهيئة الحاكمة لعرض مشاكلها وحلها، وكان بعض الخطبـاء يـذكرون الولاة بواجباتهم نحو الرعية والمحكومين، وكانت تحيط بالجامع الأسـواق الدائمـة والمؤقتـة، فـتروج البضائع خاصة في المناسبات المختلفة حيث الحشود الكبيرة من أبناء دمشق وفي بعض الأحيـان كانت تجري فيه عقود النكاح تبركا.

<u>نبذة تاريخية :-</u>

بني هذا المسجد أيام بني أمية في دمشق عـلى بقايـا هيكـل قـديم يرجـع تاريخـه إلى أيام الرومان، ثم تحول قبل الإسلام إلى كنيسة للنصارى هي كنيسة مـاريو حنـا. وعنـدما دخـل المسـلمون دمشق وفيها كنيستها الكبرى فلم يشاءوا أن يأخذوها منهم عنوة

<u>٩٩</u>

فتركت لهم أيام معاوية وبقيت معهم. فلما خلفه عبد الملك حاول التراضي معهم على إضافتها للمسجد فلم يرض أهلها ذلك فتركها لهم مرة أخرى. فلما خلفه ابنه الوليد أراد أن يلحق هذه الكنيسة بالمسجد من أجل توسعته لكي يتسع البناء للعدد المتزايد من المصلين المسلمين المقيمين في دمشق، وقد بذل لهم المال فلم يستجيبوا له وأصروا على إبائهم، وعند ذلك أقام عليهم الحجة أن هذه الكنيسة من حق المسلمين، وأنهم قد تفضلوا عليهم بها منذ أن دخلوا دمشق ولكنهم رفضوا التنازل عنها عندما احتاج إليها المسلمون.

ثم أمر الخليفة الوليد بن عبد الملك بتشيد الجامع الأموي عا م ٩٨هـ/٧١٦ م. واستمر بناؤه حتى تم ذلك في عهد أخيه سليمان بن عبد الملك وكان قيما على بنائه أيام أخيه. وقد كان الجامع آية في بنائه وعجيبة من عجائب عصره. وقد استدعى الوليد لإنجاز هذه المهمة الشاقة العمال من كل مكان فاستعان بذوي الخبرة والدراية فجمع لبنائه حذاق فارس والهند والمغرب والروم.

وقد أخذ الأمويون المسجد النبوي الشريف في المدينة مثالا لهندسة مسجدهم ولا سيما التقسيم من الداخل حيث يتكون المسجد من قاعة للصلاة كبيرة طولها (١٤٨) مترا وعرضها ٤٠٫٥ مترا ،وصحن خارجي واسع وتقسم قاعة الصلاة الداخلية إلى ثلاثة دهاليز متوازية أو أروقة متساوية في العرض والارتفاع تفصلها أقواس متناسقة مرفوعة على أعمدة أثرية من الرخام تعود إلى العصور التي سبقت العصر الأموي مثل العصر الإغريقي والروماني والبيزنطي. وفوق صف الأعمدة هذه هناك صف آخر من الأعمدة والأقواس الصغيرة.

<u>قبة النسر التي تعتلي الجامع الأموي</u>

وسقف المسجد مصنوع من قطع خشبية مزخرفة باللون الذهبي وفي طرف سقف قاعة الصلاة وفوق الرواق الأوسط توجد قبة عالية جدا سميت قبة النسر ـ وقد أعطيت هذا الاسم لارتفاعها الذي يشبه ارتفاع عش النسر. ويقع محراب الجامع

مباشرة تحت القبة في الرواق الأوسط على حائط القبلة والمحراب مزينا بالفسيفساء الملونة وعلى يمين المحراب يقع المنبر.

وقد تعاقبت على هذا المسجد أحداث عديدة منذ بنائه بسبب الخصومات والنكايات بين الناس أو نتيجة لعدم احترازهم أو سوء تصرفاتهم، والبناء الذي أقامه الوليد وأتمه أخوه سليمان في أواخر القرن الأول الهجري/السابع الميلادي بقي سليما بما فيه من نقوش وزخارف وزينة الفسيفساء والأحجار الكريمة والجواهر الثمينة إلى سنة ٤٦١هـ/١٠٦٨ م. وفي هذا العام في ليلة النصف من شعبان كان حريق الجامع

الأموي فسقطت سقوفه وتناثرت فصوصه الذهبية وتغيرت معالمه وتقلعت الفسيفساء التي كانت في أرضه وعلى جدرانه، وصارت أرضه طينا في الشتاء وغبارا في الصيف، وبقي مهجورا إلى ما بعد أربعة عشر عاما من تاريخ الحريق.

وعندما زاره نظام الملك مؤسس المدرسة النظامية للسلطان ملكشاه السلجوقي بادر إلى تجديد عمارة السقف والقبة. وفي عام ٥٦٢هـ/١١٦٦ م. سقطت بعض أط راف المسجد بسبب حريق حصل بباب اللبادين انتقلت ناره إلى المسجد من جهة باب جيرون. وفي عام ٥٧٠هـ/١١٧٤ م. احترقت الحوائط والمئذنة، وتصدع الحائط الشمالي للجامع ومال للسقوط، فلما كان عام ٥٧٥هـ/١١٧٩ م. أمر السلطان صلاح الدين الحاجب أبا الفتح المعروف بابن العميد بتجديد عمارة الحوائط.

وهكذا مر المسجد بالعديد من الحوادث التي كان آخرها حريق عام ١٣١١هـ/١٨٩٣ م. الذي عصف بالمسجد، وبعدها تم الشروع في بناء الجامع مرة أخرى عام ١٣١٤هـ/١٨٩٦ م. وكان يعمل فيه كل يوم أكثر من خمسمائة عامل، فما أن مرت سنتان حتى أنجز بناء النصف الشرقي من المسجد وفرش بالسجاد وعلقت فيه الثريات والمصابيح، وأقيم حاجز خشبي من غربيه ووضع المنبر إلى جانب محراب المالكية وكان ذلك في عام ١٣١٦هـ/١٨٩٨ م.

ثم بدئ بالقسم الآخر وكان أول ما بني منه محراب الحنفية، وتـم بنـاء القسـم الأوسـط مـن المسجد عام ١٣١٨هـ/ ١٩٠٠ م. واكتمل بناء المسجد كله في ٢٨ جمادى الأولى عـام ١٣٢٠هـ/ ١٩٠٢ م. أي بعد الحريق الأخير بتسع سنوات.

<u>قبة المال بالجامع الأموي</u>:-

والبناء الحالي يقع فيه صحن المسجد أمام المدخل الرئيسي لقاعة الصلاة، وهـو مكشـوف وفي وسطه تقع الميضأة وهي على شكل مثمن وعلى جانبي البركة في الصحن مبنيان تعلو كل واحد منهما قبة صغيرة.

وللمسجد أربع مآذن كانت في الأصل أبراج مراقبة أيام اليونان فتركها الوليد بن عبد الملك مع الحـائط الخارجي وحولها إلى صوامع للأذان. واليوم لم يبق منها إلا الـبرج الجنوبي الغربي، وقد شـيدت فوقـه مئذنة أيام المماليك عام ٨٩٤هـ/ ١٤٨٨ م. بينما اختفت الأبراج الشمالية الغربية والشمالية الشرقية، والجنوبية الشرقية التي يوجد مكانها مئذنة بنيت عـام ٧٤١هـ/ ١٣٤٠ م. وهنـاك مئذنـة ثالثـة يعـود تاريخها إلى نهاية القرن السادس الهجري/ الثاني عشر الميلادي أقيمت مكان مئذنة كانت موجودة قبـل عام ٣٧٥هـ/ ٩٨٥ م.

<u>المكانة العلمية</u>:-

تميز الجامع الأموي منذ نشأته بكثرة أوقافه ومدرسيه. وقد اسـتمر الجـامع الأمـوي في هـذه الفترة يقوم بمهامه المختلفة، فاستمر التدريس فيه في مشهد الإمام علي بن أبي طالب والحسين بن علي وعائشة أم المؤمنين، وفي مشهد الكلاسة وأبي بكر وعثمان وعمـر بـن عبد العزيز والكامليـة وغيرهـا. وبقيت المدارس المنفصلة عنه بأوقافها والمتصلة به ببنائها، تقوم بمهامها التدريسية، مثل دار الحـديث التقوية، ودار الحـديث الحمصية، ودار الحـديث العروبـة، والزاويـة المالكيـة، والمدرسـة الرواحيـة، والمدرسة الغزالية، والمدرسة التاجية، والمدرسة السيفية، والمدرسة العزية.

كان الجامع الأموي ملتقى علماء دمشق بالعلماء الغرباء، وكانوا في رحابه يتناظرون بالعلوم المختلفة التي كانت سائدة آنئذ. وكانت العادة إذا ما جاء عالم غريب أن لا يقبل علماؤها عليه إلا بعد استماعهم لدرسه في هذا الجامع، فيعرفون من خلال ذلك قدره حق المعرفة ويطرحون عليه الأسئلة المشكلة لمعرفة مدى علمه، ولم تكن سمعته ولا ألقابه ولا مناصبه، لتعفيه من هذا الامتحان، فإن نجح فيه احترموه وأقبلوا عليه وأكرموه، وإلا أعرضوا عنه، فلا يسعه عندئذ إلا الرحيل.

أما طريقة التدريس فيه، فكانت تتم على شكل حلقات يتحلق فيها الطلاب حول المحدثين الذين يقرءون الحديث الشريف وهم جلوس على كراسي مرتفعة. أما الوعاظ ومدرسو القرآن فيستندون إلى سواري المسجد عند أدائهم لمواعظهم. وكانت عادة المدرس الواعظ، أن يجلس على كرسي مرتفع بعد أداء فريضة الجمعة إلى صلاة العصر، ويخصص درسه لرجال الحكم والعلم، ويراعى حال المستمعين من حيث اللغة المستخدمة.

وقد تعددت حلقات التدريس في أرجائه، وكانت تلك الحلقات تعقد في صحنه وأروقته وداخل حرمه تحت قبته. وكانت أهم حلقاته التدريسية ما كان تحت قبة النسر التي كانت موقوفة لأعلم علماء دمشق، واعتبرت الدراسة تحتها بمثابة المرحلة العليا من الدراسة في وقتنا الحاضر. وكان التدريس تحتها يشمل عددا من المواد، كالأصول والفقه والكلام والنحو والحساب والمنطق وغيرها.

وأهم مدرسي قبة النسر الشيخ أحمد المنيني، ثم استلم التدريس تحتها من بعده علي أفندي الداغستاني إلى أن أصيب بالفالج عام ١١٩٦هـ/١٧٨٢ م. فأناب عنه الشمس محمد الكزبري، وبعد وفاة الداغستاني عام ١١٩٩هـ/١٧٨٥ م. وجه تدريسها لمحمد العطار الذي أناب عنه الشمس محمد الكزبري أيضا، إلى أن توفي العطار عام ١٢٠٩هـ/١٧٩٥ م. فوجهت أخيرا للشمس محمد الكزبري إلى وفاته عام ١٢٢٢هـ/١٨٠٧ م. ثم توجهت إلى الشيخ عبد الرحمن الكزبري إلى وفاته عام ١٢٦٢هـ/١٨٤٦ م.

أما أهم المدرسين الذين درسوا في صحنه فهم الشيخ إبراهيم الأسطواني، والشيخ علي أفندي ابن عبد ا لرزاق أفندي، ثم عين أخوه الشيخ مصطفى بن عبد الرزاق مكانه، ومن بعده الشيخ راغب الحصني.

بغداد:-

مدينة عراقية (العاصمة الحالية) تقع على خط طول ٧٥° وخط عرض ٣٤°. عرفت كأشهر المدن الثقافية والاجتماعية والسياسية في القرن الرابع الهجري/العاشر الميلادي. ومن أسمائها الأخرى مدينة السلام.

نبذة تاريخية :-

مدينة بغداد من المدن التي ترتبط بتاريخ الخلافة العباسية إن لم يكن تاريخ العالم الإسلامي خلال القرون الخمسة من عام ١٥٠هـ/٧٦٧ م إلى ٦٥٦هـ/١٢٥٨ م، فكان أبو جعفر المنصور أول من اتخذ بغداد عاصمة له بعدما قضى على منافسيه من العباسيين والعلويين.

وفي عهد الرشيد بلغت بغداد قمة مجدها ومنتهى فخارها، وامتدت الأبنية في الجانبين امتدادا عظيما، حتى صارت بغداد كأنها مدن متلاصقة تبلغ الأربعين. وبعد وفاة الرشيد عام ١٩٣هـ/٨٠٩ م. بويع الأمين في طوس أولا ثم في بغداد، ومرت بغداد في عصره بأهوال انتهت بقتله عام ١٩٨هـ/٨١٤ م، ثم بويع المأمون على إثر قتل أخيه، ولكنه لم يبرح خراسان وبقيت بغداد تئن تحت كابوس الحكم العسكري على ما بها من أوصاب الحصار وآثار الحجارة والنار.

وبعد عامين من وفاة الرشيد وقع الخلاف بين ولديه الأمين والمأمون، وحوصرت بغداد لأول مرة في تاريخها ودام الحصار أربعة عشر شهرا. وفي نهاية عام ١٩٦هـ /٨١٢ م. أطبق جند هرثمة وطاهر قائدي المأمون على الأمين في بغداد وعزل هرثمة الجانب الشرقي الذي لم يكن يحميه سوى سور سرعان ما أزاله، بينما عسكر طاهر أمام باب الأنبار فسيطر بذلك على الجانب الغربي، ووجد الخليفة نفسه آخر

الأمر منعزلا في قصر الخلد على شاطئ دجلة وما لبث أن وقع في الأسر وهو يحاول الفرار وقتل في أوائل عام ١٩٨هـ/٨١٤ م، وبموته رفع الحصار وأصبحت بغداد المزدهرة خرائب ورمادا، وأثار موت الأمين سخط أهل بغداد، وتمكن إبراهيم بن المهدي العباسي بفضل الخلاف بين الناس من أن يستولي على بغداد ويصبح صاحب الأمر فيها ما يقرب من عامين غير أن خيانة قواده أجبرته على تسليم المدينة وزمام الحكم إلى الخليفة المأمون.

وكانت بطانة المأمون من الفرس تحاول نقل عاصمة الخلافة إلى خراسان ليتم لهم التغلب على شئون الدولة، وتولى الحسن بن سهل العراق والحجاز واليمن فاضطرب حبل الأمن ودبت الفتن في بغداد إلى أن دخلها المأمون عام ٢٠٤هـ/٨٢٠ م، وعادت لبغداد شيء من نضرتها إلى أن أدركته منيته عام ٢١٨هـ/٨٣٤ م، وقد عهد المأمون بالخلافة من بعده لأخيه المعتصم، وظلت بغداد تموج بالفتن حتى أنه في عام ٥٥٢هـ/١١٥٧ م. لم يبق من تلك المملكة المترامية الأطراف إلا بغداد وأعمالها وقليل مما يتصل بها.

وفي عام ٦٥٦هـ/١٢٥٨ م. نزل هولاكو على بغداد وحاصرها فكانت حروب وكانت خطوب اندلعت في أثنائها نيران فتن داخلية انتهت باستيلاء التتار عليها وبقتل الخليفة المعتصم وأولاده ورجال حاشيته وأهل بطانته، وباستباحة بغداد مدة طويلة، وكانت بغداد حين حاصرها القوم غاصة بأهل الأطراف من الذين أجفلوا أمام الجيش المغولي الذين لم يرحموا شيخا ولا طفلا ولا امرأة، وبهذا أفلت شمس الخلافة العباسية في بغداد بعد أن أشرقت عليها أكثر من خمسة قرون، وكان أفولها كارثة على الأمم الإسلامية كافة.

وقد أبقى هولاكو في أول الأمر الأوضاع الإدارية في بغداد على النمط العباسي تقريبا، ورتب جماعة من الرقباء والأمناء ليشرفوا على كل شيء، وبذلك أصبحت حكومة بغداد مدنية تحت إشراف حكومة عسكرية، ولم يلبث هولاكو أن حول الموظفين العراقيين إلى موظفين من الإيرانيين.

وفي العهد الجلائري غزا تيمورلنك بغداد أكثر من مرة كان أخرها عام ٨٠٣هـ/١٤٠٠ م. حيث فتحها عنوة وفتك بأهلها فتكا ذريعا، واستحل جنده المدينة أسبوعا اقترفوا من المنكرات ما يقشعر له جلد الإنسان، ولما توفي تيمورلنك عام ٨٠٧هـ/١٤٠٤ م. عاد السلطان أحمد الجلائري إلى بغداد فملكها عام ٨٠٨هـ/١٤٠٥م. وكانت بين السلطان أحمد وبين السلطان قرة يوسف التركماني في أول الأمر ألفة

انقلبت بعد ذلك إلى وحشة انتهت بقتل السلطان أحمد واستيلاء قرة يوسف على ملكه عام ٨١٣هـ/١٤١٠ م، فأرسل السلطان يوسف ابنه للاستيلاء على بغداد فسدت أبوابها في وجهه، وكان يدير أمرها دوندى خاتون بنت السلطان حسين بن أويس الجلائرية، فلما علمت أن لا قبل لها بمحمد شاة احتالت للخروج من بغداد خلسة، ولما علم البغداديون بذلك فتحوا أبواب المدينة للفاتح الجديد عام ٨١٤هـ/١٤١١ م. وظلت بغداد تحت الحكم التركماني من هذا التاريخ حتى عام ٩١٤هـ/١٥٠٩ م.

ثم غزا الشاه إسماعيل الصفوي بغداد عام ٩١٤هـ/١٥٠٩ م، وبقيت تحت العهد الصفوي حتى انتزعها العثمانيون من يد الصفويين عام ٩٤١هـ/١٥٣٥ م، ثم عاد إليها الصفويون عام ١٠٣٣هـ/١٦٢٤ م، وبقيت بأيديهم إلى عام ١٠٤٨هـ/١٦٣٩ م، فاستعادها السلطان مراد الرابع بجيش قاده هو بنفسه، وقد هبطت بغداد تحت ضغط الفتن المتوالية والحروب المتعاقبة إلى الدرك الأسفل من الانحطاط، وكان آخر ولاة الأتراك على بغداد هو القائد خليل باشا الذي سقطت بغداد في عهده بيد الإنجليز، وكان ذلك في ١٥ جمادى الأولى عام ١٣٣٥هـ آذار عام ١٩١٧م. ونشر القائد العام بلاغا جاء فيه ما معناه "أن الجيش الإنجليزي لم يدخل العراق غازيا وإنما جاء محررا، ولا غرض له إلا إبعاد الجيش التركي عن البلاد، ومساعدة العرب على إحياء مجدهم وإنشاء دولتهم ". وفي أواخر عام ١٣٣٨هـ/١٩٢٠ م. اندلعت نار الثورة

العراقية، وانتزع الإنجليز من مجلس عصبة الأمم صك الانتداب الذي جاء فيه "الاعتراف بالعراق دولة مستقلة بشرط قبولها المشورة الإدارية من قبل دولة منتدبة إلى أن تصبح قادرة على القيام بنفسها".

المعالم الحضارية :-

أنشأ مدينة بغداد أبو جعفر المنصور في عام ١٤٥هـ/٧٦٣ م. على الضفة اليمنى من نهر دجلة في الزاوية المتكونة بين مجرى الفرات ومجرى دجلة شمالا، ولقد بنى المنصور المدينة مدورة لأن المدورة لها معان سوى المربعة، وذلك أن المربعة إذا كان

الملك في وسطها كان بعضها أقرب إليه من بعض، أما المدورة فيكون كل قسم مستويا إلى المركز. ولقد بنى لها أربعة أبواب، وعمل عليها الخنادق، وعمل لها سورين وفصيلين، بين كل بابين فصيلان، والسور الداخل أطول من الخارج، وأمر أن لا يسكن تحت السور الطويل الداخل أحد ولا يبنى منزلا، وأن يبنى في الفصيل الثاني مع السور النازل، لأنه أحصن للسور، ثم بنى القصر والجامع في وسطها. ويعد باب الظفرية وهو أحد مداخل الجانب الشرقي من أقدم الأبنية العباسية القائمة حتى الآن. وقد بني هذا السور في عهد الخليفة المسترشد بالله الذي حكم في الفترة بين عام ٥١٢-٥٢٩هـ/١١١٩ - ١١٣٥م، وهو عبارة عن برج أسطواني الشكل ضخم ومرتفع تتصل به قنطرتان أحداهما تربطه بالمدينة والثانية تربطه بخارج المدينة. وقد فتحت في جوانب الجدران وأعاليها مزاغل للرماية، وقد زينت واجهة المدخل المطلة على المدينة بزخارف هندسية ونباتية بينما أحاط بالبرج من الخارج شريط من كتابة تذكارية أن هذا المدخل يعتبر خير نموذج للمداخل المنحنية التي استخدمت في مدينة المنصور المدورة.

و لقد وزعت الخدمات في بغداد والمساكن والأسواق على الأبواب الأربعة فباب الطاق مثلا شوارعه مما يلي دجلة من أحد جانبيه، وبه قصور على دجلة، طراز ممتد من الجسر إلى أوائل الزاهر وهو بستان للخليفة وجانبه الآخر مساجد أرباب

القصور ومساكن غلمانهم، ثم يليه من يمنته عند الجسر سوق يحيى الجامعة بين دور الوزراء والأمراء مما يلي الشط، وفي الجانب الغربي لسوق يحيى الدكاكين العالية والدروب العامرة من دقاقين وحلاويين، ثم نهاية الدور الشاطئية دار معز الدولة المسناة.

وقد بلغت بغداد أزهى عصورها في القرن الذي أعقب وفاة المنصور، أو بوجه أدق في عهد خلفائه الخمسة من المهدي إلى وفاة المأمون أي من عام ١٥٩هـ/٧٧٦ م إلى عام ٢١٨هـ/٨٣٣ م، إذ كانت مساحة المدينة خمسة أميال مربعة

في الوقت الذي ارتقى فيه المهدي العرش، ولما نقل هذا الخليفة بلاطه إلى الرصافة اتسع هذا القسم من المدينة سريعا، واستقرت هناك الأسر الغنية وأتباعها من العبيد والموالي، وشيدت في هذا القسم قصور فخمة أجملها قصر أسرة البرامكة الذي انتقل إلى بيت الخلافة بسقوط هذه الأسرة، وفي بداية حكم الرشيد الذي يعد أزهى عهود المدينة أصبح القسم الشرقي ينافس في الاتساع القسم الغربي.

القصور: تميزت بغداد أيضا بقصورها، وقد اشتهرت قصور الخلفاء ومجالسهم بالعظمة والفخامة، حتى أن الخليفة الأمين كان قد بنى قصرا ذهب سقفه وحيطانه وإيوانه. وكان الإيوان فسيحا، جعل كالبيضة، ثم ذهب تذهيبا محلى بالإبريز المخالف فيه باللازورد. وكان في المجلس أبواب عظام، ومصابيح غلاظ تلألأ فيها مسامير الذهب قنعت رؤوسها بالجوهر النفيس، وقد فرش بفرش كأنها صبغت بالدم، منقشة بتصاوير الذهب وتماثيل العقبان ونفذ فيها العنبر والأشهب والكافور المصعد، وعجين المسك. وبجانب قصر الخليفة فلقد انتشرت قصور عدة للأمراء والوزراء على الجانب الغربي بالكرخ، وكانت قصور منتظمة ذوات دواليب وبساتين ورواشن متقابلة.

ومن أشهر هذه القصور قصر الخلد وهو الذي أنشأه المنصور وشيده تشيدا عظيما وراء باب خراسان على ضفة دجلة اليمنى عند النهاية الغربية للجسر الكبير، وسماه قصر الخلد تبركا وتفاؤلا باسم الجنة، وأتم بناءه عام ١٥٨هـ/٧٧٥ م.

وهناك قصر الرصافة وقد أمر المنصور بإنشائه على شرقي دجلة عام ١٥١هـ/٧ ٦٨ م، وهو أول بناء أنشئ في الجانب الشرقي، وقد أنشأ المنصور له سورا وخندقا، واتخذه المهدي مقاما له عند قدومه من الري بعسكره، وجعل ما حوله معسكرا لجنده فأنشأ كبار القواد منازل لهم حول القصر. ثم زيد في القصر وأضيف إليه الكثير مما يجاوره من الأبنية.

ومن الآثار الباقية أيضا في بغداد القصر العباسي الذي يعد من روائع التراث الإسلامي في العمارة والزخرفة ،ويتكون من مجموعة من الحجرات ذات طابقين تطل

على ساحة مكشوفة في جانب منها بين الحجرات إيوان كبير يقابله مسجد ويقع خلف الحجرات رواق يتقدم قاعات كبيرة مرتفعة ويقع مدخل هذا البناء في الضلع الجنوبي الغربي حيث يؤدي إلى ممر أفقي طرف منه يؤدي إلى القاعات الكبيرة والطرف الآخر إلى الساحة الوسطية، ويتقدم الحجرات الصغيرة المطلة على الصحن رواق مزخرف بمقرنصات بديعة التكوين والنقوش ،كما زينت بواطن الغيوان والممرات وبعض السقوف بزخارف هندسية ونباتية.

وكذلك قصر الحسنى وقد أنشأه جعفر بن يحيى البرمكي على دجلة في الجانب الشرقي، وكان هذا القصر واقعا تحت محلة المخرم وكان يعرف في أول عهده بالقصر الجعفري، ثم أهداه صاحبه للمأمون فصار يعرف بالقصر المأموني، لكنه بقي تحت تصرف جعفر بن يحيى إلى حين مقتله، وحينئذ تصرف فيه المأمون تصرفا فعليا فأضاف إليه ما يزيد من معالم بهجته من ذلك ميدان واسع للعب الكرة والصولجان،كما أضاف إليه حير الوحوش، ومد إليه فرعا من النهر المعروف بالمعلى.

وقصر الزهور وهو من المباني المهمة وقد أمر ببنائه الملك فيصل الأول في الحارثية على يمين الداخل بغداد من الجانب الغربي، وقصر الرحاب هو على مقربة من قصر الزهور في الحارثية أيضا على يسار الداخل إلى بغداد من الجانب الغربي، وقد أنشأه الأمير عبد الإله ولي العهد والوصي على عرش العراق، والقصران يعتبران أفخم ما بني في مدينة بغداد في هذه الأيام.

الحدائق: بعد أن استوطنت المدينة بالناس، بدأت أعمال التشجير والتزيين وحفر الترع والأنهار يمتد إلى داخلها وخارجها، فكان يسقي مزارع بغداد الغربية وبساتينها ما يزيد على ثمانية أنهار بين كبير وصغير غير القنوات التي كانت تجري تحت الأرض في المحلة الحربية. يضاف إلى ذلك ثمانية أنهار أخرى تسقي مزارع الجانب الشرقي من ا لمدينة.

ولقد انتشرت ببغداد جنان وحدائق كانت نموذجا لأرقى ما وصل إليه فن تنظيم الحدائق. ومن أشهر حدائقها العامة (حديقة المقتدر) التي بناها المقتدر بالله، وكانت ذات ميادين واسعة متعددة، غرست فيها أربعمائة نخلة ذات طول واحد هو خمسة أمتار، وألبست جميعها خشبا من الساج المنقوش من أصلها في الأرض إلى حد السعف بحلق من شبه مذهب. وكان يسير بين هذه الميادين نهر رصاص قلعي يمر على بركة مستطيلة طولها ثلاثون ذراعا وعرضوها عشرون ذراعا. وحولها أربعة طيارات لطاف بمجالس مذهبة وأغشيتها دبيقي مذهب، وإلى جانب هذه الحديقة تقوم دار الشجرة. وبالإضافة إلى الحدائق العامة فقد كان هناك أيضا حدائق الحيوان وعرفت باسم (الحير). فكان للخليفة الأمين بن الرشيد جماعة خاصة يركبون البغال يصطادون له الأسود ويضعونها في أقفاص ثم ينقلونها إلى قصره. وكان قد وجه إلى جميع البلدان في طلب الوحوش والسباع والطير. كما أنشأ الخليفة المقتدر بالله حديقة للحيوان في قصره جمع فيها عددا كبيرا من الطيور والحيوانات والسباع، وكان يجلب إليها غرائب المخلوقات. أما أشهر حدائق الحيوان وأكبرها فكانت التي أنشأها الوزير بن مقلة، وكانت تتكون من عدة أجربة من الشجر بلا نخل، عمل له شبكة إبرسيم وكان يفرخ فيه الطيور التي لا تفرخ إلا في الشجر كالقماري والبلابل و الطواويس. وكان فيها من الغزلان والحمر الوحشي، والنعام والأيل.

البيمارستانات: مما تميزت به بغداد أيضا البيمارستانات التي اهتم بها الأمراء والخلفاء على مر العصور، ومن أهمها بيمارستان المعتضدي، الذي أنشئ معهدا

للطب وأطلق عليه اسم البيمارستان، وكان الطبيب الكبير أبو بكر الرازي يـدرس فيـه الطـب.

وقد أنشأ عضد الدولة بن بويه بيمارستان آخـر عـلى أنقـاض قصرـ الخلـد أطلـق النـاس عليـه اسـم البيمارستان العضدي، والبيمارستان يعتبر أول مدرسة طبية نظرية وعملية أنشـئت في بغـداد، وكـلا البيمارستانين في الجانب الغربي. وهنـاك بيمارسـتان بـدر غـلام العضـدي حيـث كانـت أنفـاق هـذا البيمارستان من وقف سجاح أم المتوكل على اللـه، وكذلك بيمارستان السيدة أم المقتدر الـذي فتحـه أبو سعيد سنان بن ثابت سنة ٣٠٦ هـ/٩١٩ م، وقد اتخذ بسوق يحيى عـلى نهر دجلـة وجلس فيـه ورتب ببغداد المطببين وقبل المرضى، وكانت النفقة عليهم في كل شهر ستمائة دينار على يـدي يوسف بن يحيى المنجم ،وكذلك بيمارستان المقتدر بالله، وكان في باب الشام، وكان ينفق عليه من ماله في كل شهر مائتي دينار، ومن الأطبـاء الـذين خـدموا فيـه يوسـف الواسطي، وجبريـل بـن عبـد اللـه بـن بختيشوع، والذي قرأ على يوسف الواسطي، وكذلك بيمارستان الرشيد، وغيرها كثير.

<u>مسجد الكاظمية ببغداد</u> :-

المساجد: لما أنشأ المنصور قصر الرصافة في الجانب الشرقي ألحق بـه مسجدا جامعا عرف بمسجد الرصافة، وفي خلافة المهدي صارت تقام فيه الجمع، ولم تكن تقام الجمع في بغداد يومـذاك إلا في مسجد المنصور ومسجد الرصافة إلى وقت خلافة المعتضد.

وعندما انتقل الخليفة المعتضد إلى القصر الحسنى الذي عرف بقصر الخلافة أذن للناس بإقامة الجمعة داخل هذا القصر، فكان يؤذن للمصلين في الدخول وقت الصلاة ويخرجون عند انقضائها، فلما استخلف المكتفي عام ٢٨٩هـ/٩٠٢ م، ترك القصر وأمر أن يقام فيه مسجد جامع يصلي فيه الناس.

جامع الإمام أبي حنيفة ببغداد

وهناك أيضا جامع مرجان هو في الأصل مدرسة شيدها مرجان مملوك السلطان أويس الجلائري عام ٧٥٨هـ/١٣٥٧ م، وجعل ضمنها مسجدا تقام فيه الجمع، ووقف عليها الأوقاف الطائلة، وقد نقش بالآجر على جدران هذه المدرسة، ولا تزال هذه المبرة قائمة إلى اليوم على الجانب الشرقي من شارع الرشيد، وفيها من ضروب الريادة وبديع الصناعة المعمارية.

جامع الخلفاء ببغداد :-

ومن الآثار الباقية أيضا جامع الخلفاء وهو جامع صغير أنشأه والي بغداد سليمان باشا عام ٥٨٩هـ/١١٩٣ م على زاوية من أنقاض جامع القصر أو مسجد دارالخلافة الذي شيده الخليفة العباسي المكتفي بالله عام ٢٨٩-٢٩٥هـ/٩٠٢ -٩٠٣م، وقد طمست آثاره ولم يبق منه إلا منارته التاريخية العجيبة المعروفة بمنارة سوق الغزل، وهي مئذنة فريدة في تصميم بنائها.

ومن الآثار التي تعود إلى العصر العباسي مآذن كانت تابعة لمساجد مشيدة بجوارها، وأقدمها مئذنة مسجد الحظائر (جامع الخفافين حاليا) الذي شيد من قبل زمرد خاتون أم الخليفة الناصر لدين الله المتوفاة عام ٥٩٩هـ/١٢٠٣ م، وقوامها قاعدة مثمنة يعلوها بدن أسطواني الشكل ينتهي بمقرنصات تحمل شرفة لوقوف المؤذن، ويقوم فوقها عنق المئذنة و هو أسطواني الشكل كذلك لكنه يقل عن البدن في قطره وطوله، ثم تنتهي المئذنة في أعلاها برأس مدبب أو قمة تشبه القبة الصغيرة، وهذه المئذنة تمتاز بتناسق أقسامها وأجزائها تناسقا بديعا يدل على ذوق رفيع وبراعة.

والمئذنة الثانية تقع في مسجد الجنائز المعروف الآن بجامع الشيخ معروف، وقد كتب عليها تاريخ بنائها عام ٦١٢هـ/١٢١٦ م، وهي تشبه سابقتها مع اختلاف قليل في شكل المقرنصات وزخارفها. أما المئذنة الثالثة فهي مئذنة مسجد قمرية الذي بناه الخليفة المستنصر بالله عام ٦٢٦هـ/١٢٢٩ م، وهي تختلف عن سابقتها من حيث

ارتكازها على قاعدة مربعة ووجود بدن أسطواني ضخم فوقها وبساطة مقرنصات شرفتها ونحافة عنقي بشكل يوحي أنها قد تعرضت لإصلاحات وترميمات عديدة.

الأسواق: اشتهرت بغداد بالأسواق والدكاكين، وكانت على نسق متميز، فقد وزعت الأسواق والدكاكين على جانبي شاطئيها الشرقي والغربي، ففي باب الطاق، كان لا يختلط العطارون بأرباب الزهائم والروائح المنكرة، فكان درب الزعفران بالكرخ، لا يسكنه أرباب المهن، بل أهل البز والعطر، ودرب سليمان في الرصافة

مقصور على القضاة والشهود وكبار التجار. وعلى نفس الحال كان سوق الطير، وسوق المأكول والخبازين والقصابين، وسوق الصاغة، وسوق الوراقين وهي مجالس العلماء والشعراء.

ومن أشهر خانات بغداد خان مرجان الذي بناه حاكم بغداد أمين الدين بغداد عام ٧٦٠هـ/١٢٥٨ م. وهو من الخانات التي مازالت شاخصة حتى الآن. وهو من الملامح المميزة بشرقي بغداد في موقع متفرع من شارع الرشيد، وكان هذا الخان عبارة عن فندق يستقبل النزلاء والتجار، وهو يشبه القيسارية من حيث سقوفه وفنه المعماري، ويتكون من قاعة كبيرة مسقوفة بعقود في أطرافها شبابيك لإنارة الخان من الداخل، والخان مؤلف من طابقين يحتوي من الأول على (٢٢) غرفة والثاني على (٢٣) غرفة، وكان التجار والمسافرون يحتلون غرف الخان وكان يجري في ساحته عملية البيع والشرء مدة ما يقارب سبعة قرون. وهو يمثل أسلوبا فريدا في الفن المعماري في بغداد.

ومن القرن العاشر الهجري/السادس عشر الميلادي كان في مدينة بغداد خان جغان الذي بني عام ٩٩٩هـ/١٥٩٠ م في زمن حكم السلطان مراد وعلى نفقة جغالة زادة سنان باشا والي بغداد وقد كان هذا الخان على حاله حتى عام ١٣٤٧هـ/١٩٢٩م حيث هدم وعمر مكانه أسواق وكان هذا الخان له بابان شمالي وجنوبي وكانت تعلو مدخله الشمالي كتابة مطولة بالتركية وتحتها بضعة أسطر

بالعربية. ومنذ القرن الحادي عشر الهجري/السابع عشر الميلادي فقد كانت هناك مجموعة من خانات بغداد من أشهرها خان جني مراد وموقعه سوق العطارين حاليا وسوق مرجان قديما، ويشتمل الخان على طابقين الطابق الأرضي وفيه عشرون غرفة، أما الطابق العلوي فيحتوي على ثلاث وعشرين غرفة، وقد شيد هذا الخان الحاج مراد علي عام ١٠٩٧هـ/١٦٨٦ م، وأوقفه على ذريته ,وكان ببغداد خان النخلة أو خان مخزوم وكان موقعه في رأس سوق الزازين، وقد شيده الشيخ محمد المخزوم بن حافظ باشا عام ١١١٠هـ/١٦٩٩ م، وأوقفه على ذريته. وكذلك خان دلة الكبير وكان موقعه في سوق البزازين أيضا، وقد شيده الحاج عبد القادر دلة بن إسماعيل عام ١٣٢٢هـ/١٩٠٤ م، وهو خان كبير يتكون من طابقين متين البناء، وهو الآن محل تجاري. ثم خان المواصلة وقد استخدم قسما من المدرسة المستنصرية كخان لتجار الموصل وذلك عام ١٣٢٥هـ/١٩٠٧ م. وكذلك خان اللاوند وكان موقعه في سوق الفضل، وقد أمر ببنائه الوزير داود باشا والي بغداد عام ١٢٣٢هـ/١٨١٦ م وأسكن فيه عسكر (اللواند) التي كانت مهمته الحفاظ على الوالي. وكانت مساحة الخان واسعة ولكن التغيرات التي طرأت عليه نتيجة الإهمال دعت والي بغداد نامق باشا عام ١٣١٥هـ/١٨٩٧ م أن يجعل مساحته منتزها وبني في وسطه حوض للماء، وغرس فيه النخيل والأشجار وسوره بسور من الحديد ،وبقي على هذا الحال حتى عزل الوالي وخلفه آخرون فأهمل أمره وقطعت مساحته قطعا فأصبح شبه محلة عامرة.

<u>المكانة العلمية :-</u>

كانت المساجد والمساجد الجامعة على الأخص مباءة لأشياخ العلم، ومرادا لتلاميذهم فكان الشيخ يجلس إلى سارية من سواري المسجد ويحلق أمامه الطلبة فيقول وهم يسمعون ويشرح ويوضح،فكان المسجد بمثابة جامعة تتألف من عدة كليات، فالمسجد الواحد قد يضم من حلقات العلم العدد العديد،فهنا حلقات لتدريس علم الكلام وهناك لتعليم الفقه وأخرى لرواية الحديث، وفي جانب هذه المؤسسات

مدارس لا تكاد تحصى عدا ويقصر التعليم فيها على مبادئ القراءة والكتابة وبسائط علم اللغة والحساب، ويعنى فيها عناية خاصة بتدريس القرآن الكريم، يطلق عليها اسم الكتاتي ب وهي بمثابة المدارس الأولية اليوم،وهذه الكتاتيب قد تكون في المساجد،وقد تكون في البيوت الخاصة، وكان هناك مدارس كثيرة لتأديب الجواري وتثقيفهن.

المدارس: أول من أمر ببناء مدرسة مستقلة عن الجوامع في بغداد أحمد بن طلحة الموفق الملقب بالمعتضد. ثم قام نظام الملك وزير ملكشاه السلجوقي وأنشأ المدرسة النظامية وأتم بناءها عام ٤٥٩هـ/١٠٦٧ م على ضفاف نهر دجلة قرب قصر الخلافة. وهي أول مدرسة تنشأ رسميا من قبل الدولة، بعد أن كان التعليم عملا تطوعيا. ولقد جعلها نظام الملك وقفا لنشر المذهب الشافعي، ودرس فيها عدد من كبار العلماء، كما تخرج فيها أيضا شخصيات فذة.

أما المدرسة الأخرى والتي أسست بعد النظامية بحوالي نصف قرن هي المدرسة المستنصرية التي أنشأها الخليفة المستنصر عام ٦٣١هـ/١٢٣٤ م، بهدف تدريس المذاهب الأربعة. ولقد بنيت المدرسة على شاطئ دجلة من الجانب الشرقي بجانب قصر الخلافة بالقرب من المدرسة النظامية سالفة الذكر. ولقد أنفق عليها الخليفة المستنصر بسخاء شديد، فجاءت آية في الجمال والروعة.

ولما دخل المغول بغداد لم تسلم هذه المدرسة من يد الاعتداء، فقد عصفت بكتبها وأثاثها عاصفة النهب والتبديد. ثم أعيدت إلى سابق عهدها وأعيدت إليها أوقافها ولم تزل على ذلك إلى العهد العثماني، وهناك جردها المتغلبون من أوقافها فبقيت تعالج السكرات إلى أن عهد بولاية بغداد إلى سليمان باشا فجعل المستنصرية مستغلا لمدرسته السليمانية. وهي المدرسة العباسية الوحيدة التي بقيت إلى اليوم ماثلة للعيان، محتفظة بالكثير من الكتابات التي سطرها بُنَاتُهَا على جدرانها، وهي آخر مدرسة بناها خلفاء بني العباس.

أما المدارس الحديثة فقد بدئ بإنشائها في بغداد على عهد الوالي مدحت باشا، ولكنها قليلة ولغة التدريس فيها هي اللغة التركية، ولما أنشئت الحكومة الوطنية وجهت جل عنايتها إلى الإكثار من هذه المدارس على اختلاف مراحلها من ابتدائية وثانوية وعالية، ففي عام ١٣٦١هـ/١٩٤٢ م بلغت مدارس الأحداث في بغداد (٢٥) مدرسة يقوم بالتعليم فيها ١٦٦ معلمة، وبلغت المدارس الابتدائية في السنة نفسها عدا

مدارس الأحداث (٩٥) مدرسة، منها (٣١) مدرسة للإناث، وبلغت المدارس المتوسطة والإعدادية عشرين مدرسة ،ثمان منها للإناث، وفيها سبع من دور المعلمين والمعلمات، منها ثلاث للمعلمات ووحدة عالية يتألف طلابها من الجنسين، وفيها عدا دار المعلمين العالية كلية الحقوق وكلية الطب وكلية للصيدلة وكلية للهندسة وكلية لتخريج الضباط تابعة للجيش ،وهذه المدارس تابعة لوزارة المعارف مباشرة.

المكتبات: ولقد اشتهرت بغداد على مر العصور الإسلامية بمكانة علمية متميزة. فقد أنشأ الخليفة هارون الرشيد بيت الحكمة وتممه ابنه المأمون في القرن الرابع الهجري/العاشر الميلادي. وهي دار علم ومكتبة كان يقام فيها مجالس العلم حيث يجتمع فيها عدد كبير من العلماء والباحثين بغرض الترجمة والمناظرات العلمية. وكان الرشيد والمأمون يشاركان مشاركة فعلية في هذه المجالس. وبعد أن تنتهي المناظرات كان يفيض عليهم الخليفة بالهبات والمكافآت. ولقد ساهمت هذه المكتبة مساهمة فعالة في تطوير علوم الطب والكيمياء والفلك، حيث كانت التجارب العلمية والبحوث العملية تجرى على قدم وساق.

كما انتشرت في بغداد خزانات كتب خاصة تحوي كتبا نادرة من أشهرها خزانة دير الكرمليين التي أنشأها اللغوي المحقق أنستاس ماري الكرملي، وخزانة المحامي الفاضل عباس العزاوي، وخزانة الوجيه البحاثة يعقوب سركيس، وغيرها كثير.

وكان بعض الخلفاء والأثرياء يبذلون جهدا مشكورا في جمع الكتب النادرة ويسهلون على أهل العلم الانتفاع بها، فكانت قصور الخلفاء والكبراء تتزين بخزائن

تشتمل على العدد الكثير من الكتب،وقد أنشأ الرشيد بناية خاصة في قصره جمع إليها الكثير من الكتب العربية وغير العربية، ثم جاء المأمون من بعده فزاد في ثروة هذه الخزانة، وكان من أشهر الدور العامة دار سابور بن أردشير في الجانب الغربي، وقد أودعها ألوفا من المجلدات النادرة الثمينة، وقد كان أبو العلاء يتردد إليها مدة مكثه في بغداد,

وأعظم كارثة أصيبت بها خزائن الكتب في بغداد هي كارثة المغول فقد أتلفوا منها الشيء الكثير، ولم تزل بعد ذلك خزائن الكتب موضع الرعاية من رجال الحكومات المتعاقبة إلى أن فشا الطاعون في بغداد على عهد الوالي داود باشا، ورافقه طغيان دجلة وحريق هائل أودى بكثير من خزائن الكتب، ولما اشتدت المجاعة في القرن الثالث عشر الهجري أخذ الناس يبيعون الكتب القيمة بأبخس الأثمان، وأقبل جماعة من تجار الفرنج وعملائهم على شرائها.

ولا تكاد تخلو مدرسة من المدارس التابعة للأوقاف في بغداد من خزانة للكتب تكثر فيها المخطوطات، وقد جمعت وزارة الأوقاف عام ١٣٤٦هـ/١٩٢٨ م الكثير من تلك الكتب في بناية خاصة واتخذت وزارة المعارف من هذه البناية خزانة لكتبها وأطلقت عليها اسم المكتبة العامة وتشمل هذه الخزانة على (١٥٠٠٠) كتاب. أما مكتبة الأوقاف فتحتوي على (١١٠٠٠) كتاب، وللمتحف خزانة خاصة به تضم الكثير من الكتب التاريخية الثمينة وتحوي هذه المكتبة (١٠٠٠٠) كتاب، وفي البلاط الملكي خزانة تشتمل على كثير من الكتب القيمة، وفي مجلس الأمة خزانتان إحداهما في مجلس الأعيان والثانية في مجلس النواب، وتحتوي الخزانتان على (٧٠٠٠) مجلد، وفي الكليات العالية خزانات كتب تشتمل على ما يهم أساتذتها وطلابها من المؤلفات، وأوسع هذه الخزانات خزانة دار المعلمين العالية فإنها تشتمل على (٦٠٠٠) كتاب.

وفي بغداد خزانات كتب خاصة تحتوي كتبا نادرة من أشهرها خزانة دير الكرمليين التي أنشأها اللغوي المحقق أنستاس ماري الكرملي، وخزانة المحامي الفاضل عباس العزاوي، وخزانة الوجيه البحاثة يعقوب سركيس، وغيرها كثير.

العلماء: امتازت بغداد بكثرة العلماء والمتعلمين،والفقهاء والمتفقهين، ورؤساء المتكلمين، وسادة الحساب والنحوية، ومجيدي الشعراء، ورواة الأخبار والأنساب، وفنون الآداب، وحضور كـل طرفة.

وقد أفرزت بغداد وبيئتها أعلاما في الأخلاق والآداب والفلسفة والعلم والطب والرياضيات والفقه وعلوم الدين أكثر من غيرها ليس للعرب وحدهم بل لكل الأقوام الذين عاشوا بها وتربوا عـلى آدابها وتتلمذوا في مدارسها وتخلقوا بأخلاقها. وقد تخرج فيها مـن أسـاطين العلم وأساتذة الفضل جماعة كبيرة، وكفاه فخرا أن يكون من أساتذتها أبو إسحاق الشيرازي كبير فقهاء الشافعية والإمام أبـو حامد الغزالي وأبو بكر محمد بن أحمد الشاشي كبير فقهاء الحنفية وغيرهم كثير.

وقد اشتهرت مدينة بغداد بعلمائها الذين أسهموا في كثير من العلوم على مر العصور، فعنـدما بناها المنصور أقدم إليها من الأئمة والفقهاء بشرا كثيرا، فمن علماء الشريعة اشتهر الإمـام أحمـد بـن محمد بن حنبل إمام أهل السنة وصاحب المذهب الحنبلي، وأبو الفرج عبد الرحمن بـن عـلي بـن الجوزي وكان من علماء الشريعة الذين نبغوا في العديد من العلوم الشرعية وكـا ن ممـن أكثـروا مـن التأليف في هذه العلوم المختلفة.

ومن الأدباء أبو عثمان عمرو بن بحر الجاحظ الأديب ولد في البصرة وانتقل إلى بغداد. ومـن اللغويين أبو زكريا يحيى بن زياد الفراء إمام الكوفيين في النحو واللغة وكان يقال عنه إنه أمير المؤمنين في النحو ولد في الكوفة وانتقل إلى بغداد. وأبو إسحاق إبراهيم بـن السري بـن سهل الزجاج، وأبـو القاسم الزجاجي عبد الرحمن بن إسحاق تلقى العلم في بغداد وأقام في حلب مـدة ثم رحل إلى دمشق ،وأبو علي محمد بن المستنير الشهير بقطرب وهو صاحب أول كتاب في المثلثات اللغوية وكان قد نشأ في البصرة ثم انتقل إلى بغداد، أبو سعيد الحسن بن عبد الـله بـن المرزبـان السـيرافي تفقـه في عمان وسكن بغداد، وأبو يوسف يعقوب بن إسحاق الشهير بابن السكيت.

وبرز فيها من الجغرافيين ياقوت بن عبد الله الرومي الحموي المؤرخ الرحالة، وأحمـد بـن يحيى بن جابر البلاذري، وعبيد الله بن أحمد بن خرداذبة، وأبو الحسين علي بن الحسين المسعودي وهو من ذرية عبد الله بن مسعود.

كما اشتهر فيها من الطبيعيين أبو يوسف يعقوب بـن إسـحاق الكنـدي الفيلسوف الكيميائي الفلكي. ومن الفلكيين أبو الحسن عبد الرحمن بن عمر الصوفي، ومحمد بن إبراهيم حبيب بـن سمرة الفزاري وكان أول من عمـل أسـطرلابا في الإسلام، وأحمـد بـن محمد الصـاغاني الملقب بالأسطرلابي واشتهر بصناعة الأسطرلاب وآلات الرصد.

وبرز من الرياضيين أبو عبد الله محمد بن موسى الخوارزمي مؤسس علم الجبر، وأبو جعفر نصير الدين الطوسي، وأبو بكر محمد بن الحاسب الكرجي . ومن المهندسين بنو موسى وهم أخوة اشتهرت في بغداد بالنبوغ في الهندسة والفلك، وأبو الفتح عمر بن إبراهيم الخيام النيسـابوري الشهير بعمر الخيام برز في كثير من فنون المعرفة كالرياضيات والفلك واللغة والفقه والتاريخ والأدب.

ومن الأطباء أبو الحسن علي بن سهل بن ربن الطبري الطبيب والصيدلاني، وأبو بكر محمد بن زكريا الرازي من ألمع الأطباء وعرف بجالينوس العرب، وأبو البركات هبة اللـه علي بن ملكا البغدادي الفيلسوف الطبيب، وأبو الحسن علي بن عباس المجوسي الأهوازي الطبيب والجراح، وموفق الـدين أبو نصر عدنان بن نصر الشهير بابن العين الزربي أقام في بغداد ثم هـاجر إلى القـاهرة . وإسـحاق بـن عمران المشهور باسم ساعة كان طبيبا حاذقا متميزا بتأليف الأدوية المركبة بغدادي الأصل ولكنه رحل إلى القيروان . وموفق الدين عبد اللطيف بن يوسف بن محمد البغدادي المعروف بابن اللباد وكان له باع في الطب والنبات وخاصة فيما يخص الأدوية وله في ذلك مؤلفات عديدة.

بلنسية:-

بلنسية مدينة شهيرة بالأندلس، تقع شرقي مـدينتي: تـدمير، و قرطبـة ،وتتصل بزمـام إقليم مدينة تدمير. وتقع على خط طول (١) غربا، وعلى خط عرض ٣٨ شمالا. وبلنسية مدينة برية بحرية، ذات أشجار وأنهار، وتعرف باسم: مدينـة الـتراب. وتتصل بها مـدن تعد في جملتها. والغالـب عـلى شجرها: القراسيا، ولا يخلو منها سهل ولا جبل، وينبت في ضواحيها الزعفران، وبينها وبين تدمير مسيرة أربعة أيام. وكان الروم قد ملكوها عام ٤٨٧هـ -١٠٩٤م، واستردها الملثمون (الموحدون) عام ٤٩٥هـ - ١١٠١م

وأهل بلنسية خير أهل الأندلس، ويسمون عرب الأندلس. وبـين بلنسية والبحر فرسـخ، وقـد مدحها وأثنى على أهلها كثير من شعراء الأندلس من بينهم: ابن مقاتا الأشبوني، وأبو عبد اللـه محمد الرصافي، وأبو الحسن بن حريق المرسي، وأبو العباس أحمد بن الزقاق.

وقد تحدث عن بلنسية الشريف الإدريسي في كتابه: نزهة المشتاق في اختراق الآفاق فـذكر أن بلنسية من قواعد الأندلس في مستوى من الأرض عـامرة القطر كثيرة التجـارة والعمـارة، بينهـا وبـين البحر ثلاثة أميال مع النهر الذي يسقي مزارعها، ولها عليه بساتين وجنات وعمارات متصلة. ويتصل ببلنسية سهل فسيح يكاد -لوفرة خيراته من زهـور وفواكـه وخضر- وحبـوب- أن يكـون حديقـة غنـاء تترامى أطرافها إلى أقصى مدى.

نبذة تاريخية :-

ومن تاريخ بلنسية القديمة أن الرومـان هـم الـذين أسسـوها في عـام ١٣٩ ق. م. ثم اسـتولى عليها القوط الغربيون عام ٤١٣م ثم فتحها طارق بن زياد عام ٩٦هـ -٧١٤م، وأرسى فيهـا وفي مـدائن شاطبة ودانية وساجنتوم قواعد الحكم الإسلامي. ولم يسايروا الإسبان في إطلاق اسم الإشبان على تلك المدينة، بل غيروا بعض حروفه

وأدخلوا تعديلا علي رسمه فأصبح "بُلَنْسِية"، وأوردوه بهذا الرسم في مؤلفاتهم التاريخية والجغرافية. وإلى المسلمين في عهد دولتهم بالأندلس يرجع الفضل في ازدهار سهل بلنسية، فقد شقوا على جانبي النهر أو الوادي الأبيض إحدى وثلاثين ترعة، وأجروا منه المياه لري أراضيه كلها بالراحة. وكانوا يسمون هذه الترع السواقي. ودخل هذا الاسم العربي في لغة الأسبان، وبقى ماثلا فيها حتى الآن. وقد كانت في العهد العربي ثالثة مدائن الأندلس في الترتيب بحسب عدد سكانها الذي تجاوز آنذاك ربع مليون نسمة.

وفي بلنسية تأسست مملكة إسلامية عام ٤٠١هـ -١٠١٠م على يد اثنين من موالي المنصور بن عامر، ولم يكن عملهما بهذه المملكة ي عدو تفقدهما لشئون الري والمحافظة على نظامه في منطقة بلنسية، لكنهما تمردا وأعلنا استقلالهما على أن يكون الحكم شركة فيما بينهما، ولم يلبث أن توفي أحدهما، فأبعد أهلها الآخر عن المدينة، وصارت بلنسية خاضعة لحكم حاكم برشلونة إلى أن استردها عبد العزيز بن عبد الرحمن حفيد المنصور بن عامر. ووقعت بلنسية في القرون التالية تحت سيطرة حكام ملوك الطوائف. ثم المرابطين، ثم الموحدين، إلى أن سقطت في أيدي الفرنجة عام ١٢٣٨م بعد سقوط قرطبة بسنتين.

معالم حضارية :-

يذكر أحد المصنفين الهندسيين الأسبان أنه من العجب أنه على مدى القرون السبعة التي انقضت منذ خروج مدينة بلنسية من يد المسلمين، لم يستطع الأسبان أن يضيفوا إلى ذلك النظام الهندسي المعماري شيئا، ولا أن يدخلوا عليه تعديلا من عند أنفسهم، إذ أنه اليوم على الوضع الذي ابتكره المسلمون قبل تلك القرون الماضية. وقد اشتهرت بلنسية في عهد المسلمين بصناعة الزجاج والزليج (الزليزلي) الذي ما برح الأسبان يسمونه في لغتهم باسمه العربي.

ومن معالم بلنسية قلعتها على ضفة الوادي الكبير، وقد حولت إلى ثُكنة للجند،

وطرقاتها في الأحياء القديمة ملتوية وضيقة. غير أنها نظيفة ومبلطة بقطع من البلاط، وفيها عمائر وربوع قديمة تمتاز بجمال رونقها الهندسي، وفيها اليوم أربع عشرة كنيسة كانت فيما مضى- مساجد جامعة تقام فيها شعائر الإسلام، وعلى أطلال قصرها الشامخ الذي جدد المسلمون بناءه أقيم مصفق (سوق) تجارة الحرير، الذي أنشئ في أعقاب إجلاء المسلمين عن أسبانيا.

وتقع مدينة بلنسية في شبه جزيرة أسبانيا على مسافة أربعة كيلو مترات من ساحل البحر المتوسط، ويمتد فيما بينها وبين مدينة مجريط اليوم خط حديدي طوله ٤٩٠ كيلو مترا على الرغم من أن المسافة بينهما على خط مستقيم لا تتجاوز ٣٠٢ كيلو مترا فحسب. وبلنسية اليوم قصبة إقليم معروفة بهذا الاسم، وموقعها من أروع المواقع، فهي في وسط سهل يمتد بمحاذاة ساحل البحر ويرويه نهر"توريا" المعروف باسم النهر أو الوادي الأبيض.

وقد امتازت بلنسية في التاريخ، على كل من مدينتي قرطبة و طليطلة بارتفاع الشأن وسمو المكانة. وبلغت على توالي الأجيال شأنا بعيدا في عهد الحكم الإسلامي كعاصمة كبرى لشرق إسبانيا المعروف بشرق الأندلس، وما برحت تحمل رسميا اسم بلنسية السيد تخليدا لذكرى الفارس القشتالي"رودريجو أوروى ديازدي فيفار" بطل إسبانيا القوطية في مدينة برغ ش (ت ١٠٩٩م) .

تونس:-

عاصمة دولة تونس وإحدى أهم المدن الواقعة على ساحل البحر الأبيض المتوسط، تطل على خليج تونس لجهة الشرق حيث مرفؤها التجاري المزدهر، وتقع على خط ٣٦° ٤٧ ٣٩° شمالا، وخط طول ٧° ٥١ شرقي جرينيتش.

نبذة تاريخية :-

تونس مدينة تاريخية قديمة عمرت من أنقاض قرطاجنة، وكان اسمها في القديم ترشيش، وهي في الوقت الحاضر مدينتان متصلتان متباينتان تمام التباين تختلف الحياة

في إحداهما عن الأخرى اختلافا عظيما، فالأولى مدينة يسكنها أهل البلاد وليسوا جميعا من المسلمين، وهي أثر من آثار القرون الخوالي بقي على حاله أو كاد، أما الأخرى فمدينة أوروبية حديثة النشأة مظهرها جديد وما زالت تنمو وتتسع باطراد.

والمدينة القديمة على مسيرة ثلاثة أرباع الميل تقريبا من طرف البركة المسماة ببحيرة تونس، وهي ترتفع شيئا فشيئا من الشرق إلى الغرب حتى تشرف على مغيض من ماء ملح يكاد يجف يعرف بـ "سبخة السيجومي"، وعلى هذا الجانب خارج أرباض تونس ذروة "المنوبية" وفيها مشارف مترامية وإلى الجنوب الشرقي من المدينة وفي كنفها هضبة أبي الحسن وجبل الجلود، وعلى مسافة أخرى تلال "بير كسه" وإلى الشمال هضبتا "بلفادير" و "رأس الطابية" ووراءهما جبل أحمر وجبل نهيل ولا تحول هذه المعارج بين تونس وبين سهولة الاتصال بسهل مرناق ووادي نهر ملينة من ناحية وبسهل منوبة ووادي مجردة من ناحية أخرى كما يصلها ساحل البحيرة الشمالي بحلق الوادي Goulette قرطاجنة وحصونها الطبيعية جيدة وإن لم تكن ممتازة فكثيرا ما احتلت تونس من غير عناء كبير، ولولا صهاريجها لجلب الناس ماء الشرب من بعيد، وموقع تونس موات جدا من الناحية الاقتصادية فهي على المخارج من أواسط بلاد تونس في موضع جد خصيب، وهي قريبة من البحر والصلة بينها وبين السواحل الأوروبية الدانية قريبة.

ولم تصبح تونس مدينة عظيمة إلا بعد ذلك بأمد طويل ولم يكن لها شأن خاص في عهود الرومان والوندال والبيزنطيين. وقد افتتحها المسلمون في عهد عبد الملك بن مروان، فنزل عليها من قبله حسان بن نعمان بن عدي الأسدى فسأله الروم أن لا يدخل عليهم، وأن يضع عليهم خراجا يقسطه عليهم فأجابهم إلى ذلك، ولما رجع حسان إلى القيروان رجعت الروم إلى تونس فاستباحوا المسلمين فأرسل حسان من أخبر عبد الملك فأمده بجيش كبير فقاتل به الروم حتى ملكها عنوة وكان ذلك في سنة ٧٠ هـ/٦٩٠ م، فأحكم بناءها وجعلها رباطا للمسلمين.

ومن ذلك التاريخ برزت مدينة تونس من الظلمات إلى النور وسجلت اسمها في صفحات التاريخ بوصفها المدينة الإسلامية التي ورثت بعض مفاخر قرطاجنة، ثم سرعان ما أخذت تنافس مدينة القيروان، فلما استولى حسان بن النعمان عام

٧٨هـ/٦٩٨ م على قرطاجنة العاصمة القديمة ودمرها بادر إلى البليدة القائمة عند نهاية البحيرة وأخذ يحولها إلى قاعدة بحرية تقلع منها الأساطيل في سفرات نائية ويحتمي فيها من مباغتة الروم.

ومدينة تونس كانت مجمع المعارضة ومركز مناهضة السلطان في القيروان، وكان الجند من بني تميم الذين تضمهم أسوارها مبعث القلاقل والفتن واشتركت تونس في جميع الفتن التي أخمدها أمراء الأمويين والعباسيين ثم أمراء الأغالبة واشتركت في الثورة الكبيرة التي حمل لواءها منصور الطنبذي ففتحها زيادة الله الأول عنوة وخرب أسوارها عام ٢١٨هـ/٨٣٣ م، وأنزل بها إبراهيم الثاني كل غضبه بعد فتنة من هذه الفتن ورأى أن يضبط أمورها بنقل بلاطه وقصبة حكومته إليها عام ٢٨١هـ/٨٩٤ م وشيد لهذا الغرض عددا من المباني منها "القصبة" ولكنه قفل راجعا إلى رقادة بعد عامين اثنين، ولما حاول ابنه عبد الله الثاني أن يعود إلى الاستقرار في تونس عام ٢٩٠هـ/٩٠٣ م قتل في قصر بناه لنفسه وشيكا وقتل قاتلاه وعلق الأول على باب الجزيرة والثاني على باب القيروان ولم تكن الأسباب قد تهيأت بعد لكي تصبح تونس قصبة إفريقية.

وقد كانت تونس في أمن ورخاء ما يقرب من قرن حتى وقعت في منتصف القرن السادس الهجري/الثاني عشر الميلادي تحت سيطرة العرب الهلالية، وغلب الفاتحون الجدد بني زيري الضعفاء على أمرهم فاعتكفوا في المهدية، ووقعت تونس زمانا في يد عابد ابن أبي الغيث أمير بني رياح عام ٤٤٦هـ/١٠٥٥ م لم تأمن على نفسها فدخلت في طاعة الناصر الحمادي صاحب القلعة فأرسل إليها عامله عبد الحق بن خراسان الصنهاجي عام ٤٥١هـ/١٠٥٩ م، وسرعان ما جاهر هذا العامل باستقلاله فتأسست بذلك أول دولة تونسية، ومكنت هذه الدولة لنفسها قرنا من

الزمان إلا عشرين عاما من ٤٨٧هـ/١٠٩٤ م إلى ٥٦٧هـ/١١٧٢ م حتى دخلها الموحدون بعد ذلك بقرن.

وقد أخذ شأن مدينة تونس يعظم حتى أصبحت قصبة إفريقية، وظل هذا حالها من أيام عبد المؤمن عام ٥٥٤هـ/١١٥٩ م فاندمج تاريخها السياسي في تاريخ سلطنة تونس. وقد أفزعت الناس غارات ابن عبد الكريم الرغراغي الفاشلة عليها عام ٥٩٥هـ/١١٩٩ م. كما شق عليهم حكم آخر المرابطين يحيى ابن غانية عام ٥٦٣هـ/١١٦٨ العابر فكان من نصيب الحفصيين أن يعيدوا إلى تونس أمنها وسلامتها وأن يزيدوا في منشآتها وأن يجعلوا منها قصبة جديرة باسمها.

وكان أول حفصي تولي شئون تونس واليا للموحدين إلا أن هذا الوالى أبا زكريا لم يلبث أن خلع طاعة الموحدين ولقب بالإمارة ودعا لنفسه على المنابر. وفي أيامه ٦٢٥-٦٤٧هـ/١٢٢٨ - ١٢٤٩م عقدت الإمارة الحفصية معاهدات تجارية مع كل من البندقية وبيزا وجنوة، كما تمت في أيامه مرسلات دبلوماسية مع فريدرك الثاني ملك صقلية ومع أرغوان. وفي أيام خليفته عبد الله ٦٤٧-٦٧٥هـ/١٢٤٩ -١٢٧٧م كانت بينه وبين النروج وكانم وبورنو، في أواسط الصحراء الافريقية، سفارات. وقد أعلن أبو عبد الله نفسه خليفة وتسمى بأمير المؤمنين عام ٦٥٠هـ/١٢٥٣ م وتلقب بالمنتصر. وبعد سقوط الخلافة العباسية في بغداد ٦٥٦ هـ/١٢٥٨ م اعترف به شريف مكة خليفة وريثا للعباسيين.

وفي عام ٦٦٨هـ/١٢٧١ م قاد لويس التاسع الفرنسي حملة ضد تونس وهدد المدينة ولكن الحملة باءت بالفشل، إذ توفي لويس وهو على الحصار. وقد مرت تونس بفترة مضطربة بعد وفاة المنتصر امتدت أكثر من قرن، ولم يعد للدولة الحفصية قوتها وتنظيمها ثانية إلا في أيام ثلاثة من كبار حكامها وهم: أبو العباس المستنصر وأبو فارس المتوكل وأبو عمرو عثمان الذين حكموا من ٧٧٢-٨٩٣هـ/١٣٧٠ - ١٤٨٨م، وقد كان للدولة في أيام الأخيرين بشكل خاص دور كبير في شئون المغرب العربي، إلا

أن السنوات الأخيرة التي امتدت من ٨٩٣ إلى ٩٨٢هـ/١٤٨٨- ١٥٧٤م كانت سنوات اضطراب داخلي وخارجي. وقد تعاقبت على تونس حكام استنجدوا بالخارج ودفعوا ثمن ذلك من البلاد.

وفي القرن السادس عشر وصل الضعف بالأسرة الحفصية إلى الاستنجاد بالأسبان، وتوقيع معاهدة معهم تعطي الأسبان امتيازات ضخمة تبيح لهم السكنى بجميع أنحاء القطر التونسي- بل وتنازلت لهم عن مدينة "عنابة " و"بنزرت" و"حلق الوادي". وأدى هذا لثورة انتهت بتولية السلطان الحفصي أبي العباس الثاني الذي حكم تونس ٩٤٢-٩٨٠هـ/١٥٣٦- ١٥٧٣م لكن الأمور في تونس لم تستقر. وحين اشتد الخلاف بين الأمير الحفصي- أبي العباس الثاني ووزيره أبي الطيب الخضار اتصل الأخير بوالي الجزائر وحرضه على احتلال تونس، فانتهز العلج هذه الفرصة وخرج على رأس جيش حيث التقى بجيش الأمير الحفصي عند سهل "باجة" وبعد قتال مرير انخذل أبو العباس وتقدم العلج عليّ صوب المدينة المحاصرة ودخلها عام ٩٧٢هـ/١٥٦٥ م ونصب عليها أحد قواده، وأخذ البيعة بها للسلطان سليم الثاني العثماني، أما أبو العباس فقد لجأ إلى الأسبان مستنجدا بهم، فأعد الملك فيليب الثاني قوة كبيرة لمواجهة تونس على أن يقتسم مع أبي العباس حكم البلاد ودخلها الأسبان بقبول محمد بن الحسن أخو أبي العباس شروطهم.

وفي ربيع الأول ٩٨١هـ/١٥٧٣ م خرجت قوة عثمانية كبيرة من إستانبول على رأسها سنان باشا الوزير العثماني، بالإضافة إلى قوة بحرية بقيادة العلج علي بعد أن أصبح قائدا للأسطول العثماني، وحاصر العثمانيون "حلق الوادي" برا وبحرا فاضطر الأسبان والأمير الحفصي- الموالي لهم إلى الهرب والالتجاء للحصون، فلحق بهم الجيش العثماني وتمكن سنان باشا من تضييق الخناق على الحاميات الأسبانية حتى سلمت للجيش العثماني وقبض على الأمير الحفصي- محمد بن الحسن وأرسله إلى إستانبول، وانطوت بذلك صفحة حكم الحفصيين في تونس على أيدي الأتراك عام ٩٨٢هـ/١٥٧٤ م الذين ضموا القطر إلى دولتهم المترامية الأطراف.

وفي القرن الحادي عشر الهجري/السابع عشر الميلادي احتل أهل الجزائر تونس مـرتين أولهـما عام ١٠٤٥هـ/١٦٣٦ م والثانية عام ١٠٥٣هـ/١٦٤٣ م وأصبحت فتنـا سـفكت فيهـا الـدماء، ولم تكن الأسوار من المناعة بحيث ترد هجوما عنيفا.

وفي ربيع الأول عام ١١١٧هـ/١٧٠٥ م انتقلت الولاية في تونس إلى حسين بن علي فأسس أسرة حاكمة هي الأسرة الحسينية التي استمرت في حكم في تونس إلى الاستقلال وإعلان الجمهورية بها عام ١٩٧٦م.

<u>المعالم الحضارية</u> :-

تتميز مدينة تونس بمناخها المتوسطي المعتدل، وبهوائها الطيب، وبكـثرة البسـاتين والحـدائق المتعددة الثمار الموجودة في شـمال المدينـة، والتـي تـدين إلى المهـاجرين الأندلسـيين بتنـوع زراعاتهـا وإتقانها وترتيبها المحكم والملائم للذوق السليم. وقد كانت الضيعات الخاصة مجاورة للمنتزهـات والقصور السلطان ية، التي كان السلطان وأعضاء حاشيته يلتجئون إليها ليستريحوا فيها.

الأسوار: تتميز مدينة تونس بأسوارها وأبوابها الجميلة المبنية بالطوب، فنجد في الشـمال بـاب السويقة الذي يفتح على الربض وهو مطابق لباب السقائين سابقا، وفي الجهة الشمالية الشرقية يوجـد باب قرطاجنة الذي كان متجها إلى قرطاج، ومن الناحية الشرقية يقع بـاب البحـر قـرب البـاب الـذي يحمل الآن اسم "باب فرنسا" وهو يربط بين المدينة والميناء، وفي الجنوب الشرقي نجد بـاب الجزيـرة. كذلك تنتصب القلعة أو القصبة في وسط الجانـب الغـربي والتـي لم يبـق منهـا الآن أي أثـر مـا عـدا جامعها، وهي تقع على ربوة قليلة الارتفاع تمكـن في آن واحـد مـن مراقبـة المدينـة ومسـالك تـونس الوسطى والشمالية، وقد أعاد عبد المؤمن بناءها تماما ببروجها المثلثة الزوايا وفصـلها عـن المدينـة بسور، ثم أعاد تهيئتها أبو زكرياء وذلك في الربع الثاني من القرن الثالث عشر، ثم أتمها ابنه المستنصر.

القصور: يوجد في تونس عدة قصور شهيرة منها قصر بـاردو الشـهير المقتبس مـن أسبانيا، إلى جانب ستة قصور ملكية توجد في شارع طوله نصف ميل ترتفع هذه القصور على جانبيه. ويعـد متحف قصـرـ بـاردو مـن أجمـل الأمـاكن في مدينـة تـونس، حيـث يتميـز بمحتوياته التي تكاد تشمل العصور والأمكنة في تونس، ويزخر المتحف بمجموعات نادرة وفريدة مـن الفسيفساء والنحوتات التي تعتبر شواهد على كل أحقاب التاريخ التونسي والحضارات التي تعاقبت على البلاد، وتعتبر الفسيفساء المعروضة من أضخم المجموعات العالمية وتتألف من لوحات تعـود إلى العهد الروماني، هذا عدا بناء المتحف الـذي يعـود إلى عـام ١٢٩٩هـ/١٨٨٢ م والـذي أقيم في جنـاح الحريم بقصر باردو البديع، والبناء بذاته نموذج للفن المعماري التونسي في القرن التاسع عشر الميلادي، وشكل القباب في بعض القاعات بحـد ذاتـه مـن العجائـب حيـث الحجـم الكبـير والدقـة في الزخرفـة والألوان التي يدخلها الذهب أو تطلى به بين المسافة والأخرى، ويتميز باردو بتنوع معروضاته حسب الزمان والمكان.

كما يوجد قصر رأس الطابية المثير للإعجاب، يشتمل وسط البسـاتين الغنـاء على أربعـة أقسـام ذات ثلاثة طوابق في شكل متقاطع وساحات داخلية مبلطة ومزدانة بعدد من الفورات. وعلى مسـافة غير بعيدة من رأس الطابية كان يوجد شمال العاصمة قبل أريانـة ريـاض أبي فهر المشـهور بأيكتـه وأجنحته ذات المرمر والخشب المزخرف، وحوضه الضخم الذي كان يتنزه فيه. وكـذلك المنتـزه الملكي المعروف باسم روض السناجرة الذي كان موجودا بالقرب من مدينة تونس.

المساجد: تتميز مدينة تونس بكثرة مساجدها، ومن أبرزها مسـجد الزيتونـة الـذي بنـاه عبـد الله بن الحبحاب عام ١١٤ هـ/٧٣٢ م، وأتم بناءه أبو العباس محمد بن الأغلب وكان ذلك في عهـد المعتصم. والمسجد مميز بعمارته وصومعته وقبابه و أقواسـه وأعمدتـه الرخاميـة، والخطـوط العربيـة وأعمال السراميك.

ومن مساجد تونس مسجد القصبة الذي شيده الحفصيون، والقصبة هي القلعة الرئيسية ودار الحكم ومقام الأمير، وجامعها كان موضع عناية الذين أسسوا القصبة والذين استقروا فيها على طوال السنين. وهندسة المئذنة في جامع القصبة هي موحدية في أسلوبها، وهي أولى المآذن ذات الأسلوب الموحدي في تونس وهي تشبه مئذنة جامع الكتيبة في مراكش .

وفي داخل المدينة مسجد جميل هو جامع يوسف داي أنشئ في مطلع القرن الحادي عشر ـ الهجري/السابع عشر الميلادي ومئذنته المزركشة زليجا(قيشانيا) وجبسا غاية في الأناقة والجمال، وجامع حمودة باشا المرادي المعاصر لجامع يوسف داي، ويكمن جمال هذا الجامع بشكل خاص بالمحراب والزخرف القائم فوقه والأعمدة المحيطة بالمحراب.

وهناك أيضا مسجد القصر الذي يرجع تاريخه إلى بني خراسان، ومسجد الهواء أو التوفيق، إلى غير ذلك من الزاوية الكثيرة المنتشرة في أرجاء المدينة .

البيمارستانات: يعود تاريخ أقدم بيمارستان في تونس إلى القريب من سيدي محرز الذي لا يزال موجودا ولكنه قد تغير معالمه، ويرجع تاريخه إلى القرن الثالث عشرـ الميلادي. وقد أنشأه أبو فارس عبد العزيز بن سلطان أبي العباس لتطبيب الضعفاء والغرباء وذوي العاهات من المسلمين، وأوقف على ذلك أوقافا كثيرة تقوم به. ومن الأطباء الذين عملوا ببيمارستان تونس محمد الشريف الحسنى الزكراوي الذي كان أديبا وطبيبا لبيبا.

الأسواق: تعد مدينة تونس مركزا مهما من مراكز التجارة والصناعة حيث كانت الأسواق تعمل في تونس في نشاط، وتصدر البضائع إلى بلاد البحر المتوسط، وأهم هذه الصادرات القمح في سنوات الخصب، ثم التمور والزيتون و العسل والشمع والأسماك المملحة والأقمشة والبسط والصوف و الجلود المدبوغة والمصنوعات الجلدية والعاج والتحف المصنوعة منه والأبنوس والتوابل الإفريقية

وبعض الأخشاب المصنوعة والكتان والقطن و العطور وبعض أصناف النسيج. وقد تجمعت دكاكين بعض أرباب الحرف اليدوية حول المدينة فالصباغون داخل باب الجزيرة والحدادون عند الباب الجديد والسروجية عند باب المنارة، وكانت تجاور باب

البحر بطبيعة الحال عدة فنادق يتوزعها تجار النصارى فلما ضاقت بهم هذه البقعة بادروا إلى بناء حي صغير أو ربض خاص بهم خارج الباب وهو الصورة الأولى للحي الأوروبي وكانت الدور تبنى متلاصقة لا فسحة بينها ولا رحبة للأسواق والمحافل.

<u>سوق الأشغال المعدنية بتونس:-</u>

وقد اصطف معظم هذه الأسواق حول الجامع الأعظم الذي يمثل قلب المدينة الحقيقي، وهي أسواق كلها مغطاة تقريبا في مأمن من الشمس والمطر. وأشهر هذه الأسواق سوق العطارين، أو باعة التوابل والعطور، وسوق القماشين، وسوق الصاغة، وسوق الغزل، وسوق القشاشين أو باعة الخردة، وسوق الكتبيين، وسوق باعة الشمع، وسوق العرافين، وغيرها كثير من الأسواق المنتشرة في أنحاء المدينة.

<u>المكانة العلمية:-</u>

كان غاية التعليم في البلاد التونسية كما هو الشأن في سائر البلاد الإسلامية بث القواعد والمعلومات التي تمكن المتعلم من تدعيم عقيدته واكتساب لغة كتاب الله العزيز، فالتعليم هو دراسة قواعد الدين الإسلامي والعلوم الدينية والشرعية. وكذلك العلوم المساعدة عليها كالعلوم اللغوية والأدبية.

وكان هذا التعليم يعتمد على إقراء وحفظ الكتب والدواوين التي وضعها السلف الصالح، ويتم هذا إما باقتراح من الشيخ ورغبة منه في تدريس كتاب معين أو بطلب من تلاميذه واقتراح منهم في تدريس كتاب فكان الشيخ لا يتأخر عن قبول اقتراحهم، وإذا ما بدأ في تدريس الكتاب لا ينتقل منه لغيره إلا بعد ختمه وربما استغرق ذلك سنوات. وكان المتلقي للعلم غير مقيد بسن معين ولا برتبة وربما كان تاجرا أو عاملا أو فلاحا أو غير ذلك.

وكان مقر التعليم في ذلك الوقت هو المسجد، وكان مسجد الزيتونة يقوم بدوره في بث العلوم الإسلامية لكنه لم يستقل بذلك خصوصا قبل دولة أحمد باشا باي الحسيني فقد كانت الدروس تلقي وتلقن بالجوامع والمساجد والزوايا وبيوت العلماء. واستمر التعليم في ذلك العصر- متصفا بطابعه هذا غير خاضع إلى نظام مسطر ولا مقيد بمكان معين وإنما كان يسير بدفع همم طلاب العلم ونصح العلماء لهم وتلقي بعضهم من بعض الطريقة التقليدية، إلا أن هذا العصر- الموحدين- قد تميز بظهور صنف من أصناف أمكنة التعليم لم يكن معروفا وهو المدرسة، وتأسيس المدارس كان مرتبطا بحرص الموحدين وولاتهم على بث نظريتهم وإبراز علوم القرآن والحديث والأسانيد طبقا للنزعة الموحدية، ثم تطورت في القرن الثامن عشر- ففقدت صبغتها الموحدية وصارت أمكنة لبث العلم من طرف علماء المذهب المالكي يدرسون فيها سائر العلوم الدينية لا فرق بين المدارس والمواضع الأخرى كالمساجد والجوامع.

وبعد الفتح العثماني تقهقر حال العلم بالنسبة لما كان عليه في العهد الحفصي- من توفير المرافق للمعلمين والطلبة، فلما آل الحكم إلى حسين باي على عام ١١١٦هـ/١٧٠٥ م، عقد العزم على الرفع من شأن العلم ورجاله فبنى المدارس لسكنى الطلبة وللتدريس، وأجرى المرتبات للمدرسين من مال الجزية وريع الأوقاف العامة، وواصل من جاء بعده من البايات وبعض الوزراء مثل يوسف صاحب الطابع فزادوا عدد المدارس، وجعلوا أوقافا لفائدة أهل العلم فازدهر بذلك التعليم وبرز أعلام من المدرسين تخرج على أيديهم كبار علماء النصف الثاني من القرن التاسع عشر- منهم الشيخ بيرم الثاني الحنفي والشيخ إسماعيل التميمي المالكي وغيرهم.وفي نطاق التعاون بين الزيتونة والخلدونية أحدثت إدارة مشيخة الجامع مناصب تدريسية خاصة بالرياضيات والطبيعيات والتاريخ والجغرافيا والفلسفة ينتخب لها أساتذتها بطريق المناظرة من بين خريجي معهد الخلدونية ثم قررت تكوين إرساليات على نفقتها للتخصص في هذه المواد بجامعات الشرق العربي.

المدارس: من أشهر المدارس في مدينة تونس على مر العصور التي انتشرت ابتداء من القرن الثالث عشر المدرسة التي تقع في سوق الشماعين وأطلق عليها المدرسة الشماعية وذلك بالقرب من جامع الزيتونة، ومدرسة التوفيقية أو مدرسة

الهواء الملاصقة للجامع الذي يحمل نفس الاسم، ومدرسة عنق الجمل أو المدرسة العنقية والتي أنشأتها امرأة من الأسرة الم الكة أخت أبي يحيى ابن أبي بكر، وكذلك مدرسة المنتصرية، كما أن بها العديد من الجامعات والمعاهد الفنية والصناعية والزراعية.

المكتبات: يميز مدينة تونس أيضا مكتباتها الزاخرة بالكتب النادرة، ومن هذه المكتبات المكتبة الأحمدية التي أسسها المشير أحمد باشا وكون لها رصيدها بشراء سائر كتب الوزير حسين خوجة وغيرها، ثم أضاف إليها كتب عائلة الحسينية الموضوعة في باردو، وأمر بنقل تلك المجموعة إلى جامع الزيتونة بعد أن حبسها على طلبة العلم فوضعت الكتب في عشرين خزانة أحدثت داخل بيت الصلاة على يمين المحراب ويساره، ورتب أحمد باي وكيلين يأتي كل واحد منهما إلى الجامع يوما لينيل الطلبة ما يحتاجونه، وأباح للمنتفع إخراج الكتاب من موضعه لمدة عام، وبعد وفاة الشيخ إبراهيم الرياحي اشترى أحمد باي كتبه وحبسها وضمها إلى المكتبة الأحمدية التي أصبحت تحتوي على ٢٦٩٦ مجلدا ثم أضيف إليها كتب أخرى بعد وفاة أحمد باشا باي.

وهناك أيضا المكتبة الصادقية التي أسسها محمد الصادق باشا بإشارة من وزيره خير الدين وجعل مركزها بالمحل الذي كانت المكتبة به وهو الرواق الشرقي بجامع الزيتونة، وقد تكون رصيد هذه المكتبة من كتب جمعت من عدة مواضع كالمدارس والمساجد بتونس وخارجها، وأضاف إليها الوزير خير الدين ألف كتاب من خزانته الخاصة، وقد تميزت هذه المكتبة على نظام المكتبة الأحمدية بتحجير إخراج الكتب والاقتصار على انتفاع بها مطالعة واستنساخا على عين المكان.

العلماء: ينسب إلى تونس جماعة من أهل العلم منهم المحدثان علي بن زياد، وعباس بن الوليد الفارسي، وأبو زيد شجرة بن عيسى التونسي وقاضيها، وعبد الوارث بن عبد الغني بن علي بن يوسف التونسي المالكي الأصولي الزاهد، و عبد الرحمن بن خلدون، والتيجاني، وأبو الحسن الشاذلي، وغيرهم كثيرون.

مسجد الزيتونة :-

وللمسجد ثلاثة عشر بابا: اثنان منها في الجدار القبلي، فالواقع منها إلى يمين المحراب يقود إلى غرفة المنبر، والآخر هو باب الخطيب، وبقية الأبواب موزعة كما يلي: ثلاثة أبواب في الغرب وثلاثة في الشمال وخمسة في الشرق أحدهما مسدود، وهذه الأبواب تؤدي إلى الأسواق المختلفة المحيطة بالجامع. والداخل إلى المسجد من الباب الشرقي يتسلق بضع درجات فإذا اجتاز هذا الباب والرواق الذي يليه اتجها إلى صحن المسجد، ويتكون هذا القسم من خمسة عشر رواقا يفصل بينها أربعة عشر عقدا، وطول بيت الصلاة أربعة وخمسون مترا وعرضه ستة وعشرون مترا، والعقود فيه متعامدة على جدار القبلة إلا أنها لا تتصل به، وإذا توسطت الصحن كان موقفك مقابلا للمحراب وللرواق الأوسط في بيت الصلاة.

والعقود القائمة في المسجد ترتكز على أعمدة هي في غالبيتها من الرخام الأبيض، أما صفا الأعمدة القائمة في الرواق الأوسط فهي من الرخام الأحمر، وثمة مجموعتان من الأعمدة ترتكز على إحداهما القبة القائمة أمام المحراب، وترتكز العقود الأمامية من الرواق الأوسط على الأخرى، هذه الأعمدة رخامية لكنها مختلفة الألوان. وفي الزاوية الجنوبية الغربية من الجامع ترتفع مئذنته المربعة الجميلة، وهذه المئذنة لم تضف للمسجد إلا في عام(١٣١٢ هـ/١٨٩٥م) على طراز جامع القصبة.

وللمسجد منبر يعود إلى عهد الأغالبة وهو شبيه بمنبر جامع القيروان وإن كان أقل زركشة وإتقانا منه، وهذا المنبر يجر على العجلات من الغرفة المعدة له بجانب المحراب إلى مكانه في بيت الصلاة يوم الجمعة، كما به أثاث خشبي مربع معد لحفظ

المصاحف يسمى الختمة، وتتركب هذه الختمة من قطعتين: قاعدة من صنع حديث وجزء فوقاني مربع بالآيات القرآنية.

وبالمسجد أيضا خزائن للكتب يبلغ عددها عشرين خزينة، يرجع تاريخها إلى مدة المشير الأول أحمد باشا باي الحسيني الذي أمر بوضعها داخل بيت الصلاة على يمين المحراب وشماله لتوضع فيها الكتب التي حبسها على جامع الزيتونة.

حران :-

مدينة حران مدينة قديمة جدا تقع شمالي أرض الجزيرة، بالقرب من منابع نهر "البليخ" أحد روافد نهر الفرات على خط طول ٣٩ شرقا وعرض ٣٧ شمالا وغربي مدينة رأس عين، وشمالي مدينة الرَّقة وإلى جنوب غرب مدينة الرُّها ويقرب عمرها الآن أكثر من ثلاثة آلاف سنة.

وقد عرفت حران عند الآشوريين باسم: "شاريا"، وعند اليونان باسم: "خاران"، وعند الرومان الغربيين باسم: "كاريا"، وعند الرومان البيزنطيين باسم: "هللينوبوليس"، وعند العرب الوثنيين باسم: "حران" أو "أران".

ويذكر ثلاثة من المؤرخين العرب سبب تسمية حران. فيقول الطبري في كتابه تاريخ الأمم والملوك: "إن نوحا عليه السلام خطها عند انقضاء الطوفان وخط فيها سورها، وكانت فيها منازل الصابئة". ويذكر ابن جبير في رحلته: "إن حران، والنسبة إليها حرانِيّ وإنها سميت بهاران أخي إبراهيم عليه السلام، لأنه أول من بناها". وقال أبو الفرج بن العبري في كتابه مختصر تاريخ الدول: "إن الذي بناها هو قينان وسماها على اسم ابنه هاران".

وقد اكتشفت في العصر الحديث حفرية حددت معنى اسم حران بأنه "الطريق" لأن حران كانت تقع على الطريق الملكي القديم "طريق الحرير" البري التجاري بين أوربا وآسيا وهو المسلك المحاذي لخط العرض ٦٣شمالا. نبذة تاريخية وأقدم ذكر لحران في الرُّقم الآشورية ورد في خبر يذكر أن: "شلّما ناصر الثالث احتلها عام ٨٥ق.م

وجلب إليها جالية آشورية، اختلطت بشعب حران الآرامي، وشيد بها قصرا، ومعبدا لإله القمر "سين" عرف باسم معبد "شارا"، وجعلها ولاية تابعة له. وقد نال معبد حران شهرة في العالم القديم. فعرفت مدينة حران به وسميت "شاريا"، وصار هذا المعبد مركزا لعبادة إله القمر. وقد زيّن أكثر مـن ملـك آشوري هذا المعبد. ولم تتغير أحوال حران حتى غزاها الإسكندر الأكبر (٢٣٢ ق.م) واستقر المقدونيون بها وبالمنطقة حولها

من أرض الجزيرة. وأطلق اليونانيون منذ ذلك الحين على آلهة حران أسماء يونانية. أما الغزاة الرومـان الغربيون ثم البيزنطيون فلم يؤثروا في حران وسكانها، بل إن الحضارة المشرقية هي التي أثرت عليهم.

وكان السكان الآراميون في شمال الجزيرة قـد اختلطوا اختلاطا كبـيرا بالمقدونيين واليونانيين عامة، كما اختلطوا بالرومان والعرب. ولأن حران كانت مـن المـدن التجاريـة فقـد عاملها الرومانيون المسيحيون معاملة سـمحة كريمـة ،ولم يبـذلوا أي جهد للقضاء عـلى ديـن الصابئة، ولا عـلى الأديان الأخرى، التي كانت حـران مركـزا لهـا في أرض الجزيـرة العربيـة. فالنـاس في حـران كـانوا يعتمـدون في معاشهم على معابد الصابئة وعلى المعابد الوثنية الأخرى.

وقد اعتمد أهالي حران من الناحية الاقتصادية على اقتصاد مركب من إنتاج زراعـي كـالحبوب بأنواعها والزيتون والثمار والقطن والكتان. وإنتاج حيواني كتربية الماشية مـن الأغنـام والبقـر. وكذلك على التجارة البعيدة، فمنها كانت تحمل الموازين والزجاج ونسيج الكتـان والصـوف والشـعر، وإليهـا كانت تجلب بضائع الهند والصين وفارس وروما وتدمر والبتراء. وكانت تعتمد أيضـا عـلى إيـراد معبـد حران العظيم والكهانة به ومعابد العرب الوثنية الأخرى. ولـذلك دعيـت حـران في الكتابـات الأثريـة: مدينة الوثنية والأعراب. وقد كانت كلمة وثني تطلق قديما على المزارعين المتعلقين بديانتهم الوثنية.

من الأوهـام الشـائعة أن العـرب وفـدوا إلى أرض الجزيـرة (أرض السـواد فـيما بـين النهـرين) وجنوب سفوح جبـال طـوروس مـع الفتوحـات الإسـلامية في القـرن الأول الهجـري السـابع المـيلادي. والحقيقة كما يقول المؤرخ "دوبونت" في كتابه "الآراميون": إن العـرب سـكنوا بـلاد الجزيـرة وسـفوح جبال طوروس أواسط الألف الثالث قبل الميلاد.

ولقد اعتاد مؤرخو اليونان أن يطلقوا على أرض الجزيرة اسم "عرب الرها" (بالقرب من حران) . ولقد اكتشف الأثري البريطاني "جورج سيجال" عام
(١٣٩٠هـ-١٩٧٠) في خرائب سوق مطر (شمال شرقي حران)، تمثالا نذريا مقدما من حـاكم ديـار وائـل إلى الإله سين إله القمر، وهذا التمثال مؤرخ بعام ١٦٥م.

وإلى الوقت الحاضر لا يزال سكان المناطق حول الرُّها (أورفه) مـن قبائـل "قـيس بـن عـيلان" وهم الذين أسسوا حوالى عام ١٣٢ق. م إمارة الرُّهـا. وكـان أول ملـوكهم هـو: "الأبجـر أريـو" (الأسـد بالآرامية) . حران في صدر الإسلام إثر فتح "عياض بن غنم" مدينة حران ١٨هـ -٦٣٩م، حـاصر عيـاض بن غنم مدينة حران عدة أيام فخرج له مقدموها وسألوه أن يمضي إلى الرُّها فـما صـالح أهلهـا عليـه فعليهم مثله فقبل عياض ومضى وفتح الرُّها صلحا، ثم صالح أهـل حـران عـلى مـا صـالح عليـه أهـل الرُّها. ولذلك حفظ المسلمون لأهـل حـران هـذه المنـة وتركـوا أهـل حـران يعيشـون بحريـة حسـب تقاليدهم الخاصة. وكان أهل حران يجيدون العربية والآراميـة، بـل إن لسـانهم الآرامـي كـان أفصـح اللهجات الآرامية، وقد أهلهم ذلك للتعاون مع الحكام الجـدد وأصـبحت حـران مقـرا للـولا ة العـرب ومركزا محوريا لديار مضر.

وكان الوليد بن عقبة بن معيط أول عربي مسلم يولى علـيهم، وقـد سـكن الوليـد عـين روميـة (عين عيسى) بين حران والرقة، ولقد شعر أهل الذمة في الجزيرة وحران بالأمـان وبالحريـة الدينيـة في عهد الخلفاء الراشدين. فصار كثير من أبناء القبائل العربيـة الـوثنيين بمنطقـة حـران يـأتون إلى حـران ويسلمون، ويسجلون أسماءهم في الديوان دون إكراه. حران في العهد الأموي في العهد الأمـوي كانـت قبيلة تغلب العربية تسكن حران

في أرض الجزيرة، وفي بـلاد الشـام، وكان الحرانيـون يمارسون في مـدينتهم وقراهم التجارة والحـرف والزراعة في حقولهم الممتدة على ضفاف نهر الجلاب (نهر الميديين) ونهر البليخ. وفي قـرى: ترعوز، صلمسين، بيت باتين، وكانوا يزرعون مختلف الغـلال مـن حبوب وأشـجار مثمـرة، ويطورون زراعة التوت لتربية دودة الحرير، ويزرعون القطن والكتـان والقنب لصناعة الحبـال والثياب والأعشـاب الطبية، ويتاجرون بها في المدن البعيدة.

وظلت حران تنعم بالاستقرار الاقتصادي في العهد الأموي إلى أن أعلن الخليفـة الأمـوي عبـد الملك بن مروان الإصلاح الضريبي الأول، وكان إصلاحا ضريبيا أخف بكثير علـى أهل حـران ممـا كان سائدا تحت الحكم البيزنطي. وقد صارت حران في أواخر العهد الأموي المقر المختار لمروان بـن محمـد آخر الخلفاء الأمويين. حران في العهد العباسي في هذا العهد أصبحت مدينة الرقة عاصمة ديار مضر، ومقر والي الجزيرة. وكان الخليفة المنصور (١٣٧-١٥٨هـ /٧٥٤-٧٧٤م) يظهر لأهل حران المودة وكان يعمل بنصائح كاتبه "عبد الملك بن حميد الحراني" ثم كاتبه مـن بعـده "سـليمان بـن مخلد الحراني" الفيلسوف وصاحب صنعة الكيمياء والتنجيم. وعنـدما شـيد الخليفـة المنصور مدينة الرافقـة (الرقـة الجديدة) عام (١٤٥هـ -٧٦٢م) هاجر كثير من أهل حران من الرقة القديمة وسكنوا الرقة الجديدة المقابلة لها ونشطت بها الحرف اليدوية مثل: صناعة الزجاج، وحلج القطن ونسجه، وصناعة المـوازين، فغمرت الأسواق بالتحف والطرائف كصناعة الجلد و السيوف والعقاقير والمراهم الطبية.

وفيما بين عامي (٢٠٤-٢١٨هـ /٨١٩-٨٣٣م) كانت قـد نشطت بحـران الحرف والصنـاعات العلمية كالموازين و الأسطرلابات وقد ذكر ابن النديم الآلات التي كانت تعمل آنذاك بحران. ويتزايـد صنعها ويكثر صناعها، وقد انتشر مهاجرون في الدولة العباسية منذ أيام المأمون إلى زمان ابن النـديم عا م (٣٧٧هـ -٩٨٨م)، وقد شاهد ابن النديم عند بعض علماء بغداد الفلكيين آلة "ذات الحلق"التي أمر المأمون

بصنعها. وصنعها له علي بن عيسى الحراني الأسطرلابي، تحت إشراف العالم الفلكي المروذي ،وممن اشتهر من الصناع الحرانية بمدينة الرُّقة: البتاني وفراس بن الحسن الحراني ،وأحمد بن إسحق الحراني.

وقد هاجر كثيرون من الحرانيين إلى مدينة الرُّقة إثر هزة أرضية عنيفة حدثت بحران (٢٢٥هـ -٨٤٠م) والناس نيام فسقطت بيوت كثيرة ومعها ثمانية عشر برجا من سور المدينة، وتصدع معبدهم، ومات منهم زهاء مائتي نسمة، وعاش المهاجرون في الرُّقة، ومارسوا فيها الحرف اليدوية وكانوا فيها مهرة، مثل: صناعة الموازين والأسطرلاب.

وفي مطلع القرن الرابع الهجري العاشر الميلادي، هاجرت بعض العائلات الحرانية إلى بغداد وبعضهم إلى المغرب والأندلس، وفي تلك الأقطار البعيدة انفرط عقد الصابئيين الحرانيين وأسلموا حتى لم يبق منهم أحد صابئيا في مطلع القرن السادس الهجري العاشر الميلادي.

وإلى أواخر القرن الرابع الهجري العاشر الميلادي كانت مدينة حران كما يقول المقدسي الرحالة مدينة جميلة تحميها قلعة مبنية من الحجر المنحوت. وقد كانت حران تدين بالولاء لصلاح الدين الأيوبي عندما زارها ابن جبير عام ٥٨٠هـ -١١٨٤م كما كان أهلها مشهورين بإكرام الغريب.

وفي عهد أبي الفدا المؤرخ (ت٧٣١هـ -١٣٣٠م) كان مجد حران قد ذهب كمدينة جميلة، أما الآن فقد صارت إحدى قرى الجنوب الشرقي في الجمهورية التركية، وهي قرية من أكواخ مبنية على شكل أقماع السكر. وأطلال مبان قديمة كانت مشيدة بالبازلت. المعالم الحضارية نشأت حران كمدينة في سهل فسيح. وعلى بعد عدة كيلو مترات منها ترتفع جبال قليلة الارتفاع. وكانت بيوت فقراء حران من اللبِن المجفف، وبيوت ذوي اليسار والتجار من الآجر والخشب وكان استخدامها باهظ التكاليف وكانت لكل دار من دور حران باحة سماوية.

مدينة حران كانت مدينة مستطيلة، يقطعها شارعان متعامدان متقاطعان من الشمال إلى الجنوب. ومن الشرق إلى الغرب. وفي المركز من تقاطعهما يوجد المسجد الجامع الكبير (معبد شارا سابقا) وقصر الوالي وساحة البيع والشراء، وعنهما تتفرع الشوارع الأخرى والأزقة في حران، وكان هذا الشكل هو الذي استقرت عليه في الفترة البيزنطية باستثناء الجامع الكبير وقصر الوالي.

وكان يحيط بحران سور حجري منحوت في غاية من القوة والمتانة. ويتخلل السور المحيط بها ثمانية أبواب في كل جهة من الجهات الأربعة باب، وهي: في الجنوب باب الرقة في الزاوية الجنوبية الغربية من السور، وباب بغداد في الطرف الجنوبي الشرقي من السور، وكان قديما يسمى باب "ترعوز" الزهرة ويسميه السريان "ترعيل" أي باب الله. وباب الماء في الزاوية الشرقية الجنوبية، وباب فندق الزيت في الزاوية الشرقية الشمالية، وفي الجهة الشمالية كان باب النسر وعليه رسم نسرـ ملكي كان الحرانيون يتفاءلون به، وكان الحرانيون يرمزون قديما بالنسر لآلهة النصرـ المجنحة، وباب التبن وعنده كانت تجمع المحاصيل في البيادر. وفي الجهة الغربية كان باب الفدان في الزاوية الجنوبية الغربية من السور، ويقابل "تل الفدان" (فدان آرام) علي بعد ١٠كم من حران. وعنده قتل الملك الفارسي شابور الثاني (٣١٠-٣٨٠م) القديس هيليويوس عام ٣٥٩م عندما احتل حران، وفي ظاهر هذا الباب بقايا كنيسة كانت قد بنيت تكريما لذكرى هذا القديس. وباب يزيد في الزاوية الشمالية الغربية من سور حران، بالقرب من ضريح الزاهد العابد "أبو البركات حيان بن عبد العزيز" ومسجد "حيان"، وهو مزار عامر بالمصلين. يقصده السواح الآن. الجامع الكبير

يذكر ياقوت الحموي في معجمه أن عياض بن غنم قد حول معبد شارا الكبير إلى مسجد جامع وصار هذا المسجد في غاية من الإتقان والتنسيق والتنظيم، وقد تجدد أكثر من مرة حتى صار درة في الحسن. وكان له صحن كبير به ثلاث قباب على أسوار من الرخام، وتحت كل قبة بئر عذبة. وفي هذا الصحن كانت أيضا قبة رابعة أقيمت

على سور من الرخام، ومحيط كل سارية تسعة أشبار، وفي وسط القبة عمود من الرخام، عظيم الحجم، محيطه خمسة عشر شبرا، وكانت هذه القبة من بنيان الروم أعلى هذه القبة مجوف، كأنه برج مشيد. ويقال إنه كان من قبل مخزنا لعدة الحرانيين الحربية. وكان هذا الجامع المكرّم مسقوفا بألواح من الخشب. وكان جداره متصلا بالصحن الذي عليه المدخل، وكان مفتحا كله بأبواب عددها تسعة عشر بابا، تسعة يمينا، وتسعة

شمالا. والتاسع عشر منها كان بابا عظيما يتوسط هذه الأبواب، وكان يبدو كأنه باب من أبواب مدينة حران الكبرى، على حين كانت بقية الأبواب على شبه أبواب مجالس القصور.

وبالقرب من مسجد حران الجامع كان قصر الإمارة، وأسواق المدينة. فعلى يساره يقع سوق الجزارين، وعلى يمينه يقع سوق النسوان، ثم بقية الأسواق من حوله. وكانت هذه الأسواق -على ما يذكره ابن جبير- منتظمة عجيبة الترتيب، مسقوفة كلها بالخشب فلا يزال أهلها تحت السقُف في ظل ممدود فتخترقها كأنك تخترق دارا كبيرة الشوارع. وقد بني عند كل ملتقى أربع سكك. ولبعض الملتقيات كانت قبة عظيمة، مرفوعة من الجص، هي كالمفرق لتلك السكك والقصر الذي كان "نابونيدس" قد شيده عام٥٨٦ق. م، ولم يبق له من أثر. لكن قصر الإمارة الذي بناه مروان بن محمد (الحمار) لا تزال أنقاضه باقية بجانب المسجد الجامع. معبد بيت أنطاكية معبد -صار أطلالا الآن- يزعم صابئة حران أن الذي بناه هو "سلابيوس" إله الطب. وهو معبد بناه المقدونيون إثر فتح الإسكندر المقدوني لحران. وكان هذا المعبد بالقرب من سوق الجزارين. وقد شاهده المسعودي عام٣٣٢هـ -٩٤٤م. وكان معبدا معظما عند صابئة حران. وقد كتب على بابه قول لأفلاطون: "من عرف ذاته تأله". وكان صابئة حران يتعبدون فيه سرا، ويتعرفون على بعضهم بشارة الصحبة، وهي علامة "النجمة المخمسة". وكان كهنة هذا المعبد يلبسون الثياب البيض. ويمشون حفاة الأقدام زهدا في الحياة. وقد ترك عياض بن غنم هذا المعبد، وأخذ منهم المعبد الكبير (معبد شارا)

وحوله إلى مسجد جامع. وظل معبد أنطاكية بأيدي الصابئة إلى أن هدم هذا المعبد وخرب عام (٤٧٩هـ -١٠٨٦م) على يد الوالي محمد بن الشاطر. حران مدينة ثقافية منذ أن فتح الإسكندر الأكبر المقدوني مدينة حران عام (٢٣٢ق.م)، واستوطنها وما حولها المقدونيون، وصارت حران إحدى المدن الثقافية الهامة في تاريخ الفكر البشري. مع مدن: الرُّها، ونصيبين والحيرة فقد اتصلت حران كمدينة تجارية بالثقافة الإغريقية والهلينية. وعرفت اللغة اليونانية القديمة مع ما تعرفه من اللغات الآرامية، والسريانية، والعربية. وعرفت عبر هذه اللغات كتب الإغريق في الفلك، والرياضيات، والفلسفة، والمنطق، والطب لفلاسفة اليونان وعلمائهم، وترجمت الكثير من هذه الكتب إلى اللغة السريانية خاصة، منذ أواخر القرن الرابع قبل الميلاد ثم ترجمت من اللغة السريانية إلى العربية منذ القرن الثاني الهجري إلى منتصف القرن الرابع الهجري، الثامن الميلادي إلى منتصف العاشر الميلادي، وقد قام الحرانيون بدور بارز ومؤثر منذ القرن الثاني الهجري الثامن الميلادي في ترجمة هذه الكتب إلى العربي ة. فأسهموا بدور فعال في الحضارة العربية الإسلامية من ناحية العلوم العقلية، في بغداد وغيرها من مدائن الثقافة العربية في العصر الوسيط.

ومن بين مثقفي حران كان كتّاب ووزراء في بلاط الدولة العباسية. ومن أعلام حران الذين شاركوا في الحياة الفكرية الإسلامية في العصر الوسيط: ثابت بن قرة الرياضي والطبيب الفلكي وعالم الهندسة والفيلسوف والمترجم. وابنه سنان بن ثابت بن قرة المؤرخ. وحفيده ثابت بن سنان الطبيب والمؤرخ والعالم بالظواهر الجوية. وهلال بن حسن المؤرخ. وأبو إسحق بن هلال الوزير الكاتب. والبتاني عالم الفلك المشهور. وابن وحشية عالم الزراعة النبطية. و جابر بن حيان الكيميائي الذائع الصيت. وجابر بن إبراهيم الصابئ عالم الرياضيات. وسنان بن الفتح الحراني عالم الرياضيات. وإبراهيم بن هلال عالم الرياضيات. و إبراهيم بن سنان عالم الهندسة. ونور الدين علي بن عبد الرحمن الطبيب الموسوعي. ويعقوب بن صابر الخبير بالسياسة وصانع

المنجنيقات. وتلاميذ ثابت بن قرة في مدرسته التي أنشأها بمدينة الرقة. وقد صاروا علماء يشار إليهم بالبنان.

حلب:-

مدينة سورية تقع بين خطي طول ٣٦ و٣٩ شرقا وخطي العرض ٣٥و٣٧ شمالا. وهي مدينة قديمة جدا قيل في تسميتها (حلب الشهباء) إن خليل الله إبراهيم كان يحلب بقرة شهباء على التل الذي أقيمت عليه قلعة حلب عند مروره من بلاد ما بين النهرين إلى كنعان فكان أهل القرية يقولون إن إبراهيم حلب الشهباء.

نبذة تاريخية :-

أنشئت حلب في برية قفراء خالية من الأشجار، إلا أنها كانت بلدة تجارية راجت فيها التجارة إلى أقصى درجة حتى صار أهلها على جانب عظيم من الغنى والثروة. وكانت مركز حكومة رومانية تمتد حتى الفرات. ولما رفرفت أعلام المسلمين في سورية وتمكن الإسلام في فلسطين أمر الخليفة عمر بن الخطاب وهو في بيت المقدس أن يكون يزيد ابن أبي سفيان أميرا على فلسطين والثغور وأبو عبيدة بن الجراح في سورية الشمالية من حوران حتى حلب، وحرضه على فتح المدائن التي لم تكن قد خضعت لهم بعد. فسار أبو عبيدة وأتى قنسرين فخرج إليه أهلها مستسلمين فقبلهم بعد أن تعهدوا أن يدفعوا الجزية، ثم سار إلى حلب وكانت ذات قلعة وأسوار وحصون منيعة لا يعادلها غيرها في الشام وكان القيصر الروماني قد أقام فيها حاكما يتولاها مع ملحقاتها. وفي أثناء ذلك مات الحاكم تاركا ولدين اختلفا بشأن تسليم المدينة أحدهما جنح للسلم والآخر للحرب. ولما شاعت أخبار قرب الفاتحين من حلب خاف التجار من القتال وتعطيل تجارتهم وخرابهم، فاجتمعوا واستقر رأيهم على أن يسلموا المدينة للفاتحين فيعاملوهم بالحلم والشفقة، فبعثوا وفدا منهم لمقابلة أبي عبيدة وليعقدوا معه شروط تسليم المدينة. ولكن خرج أحد ابني الحاكم مع بعض من رجاله للقاء المسلمين دون أن يعلم بأمر التجار. وقاتل مقدمة الجيش فكسرها

وعند انفصال القتال علم بما كان من التجار فانسحب من المعركة ودخل المدينة وأخذ يقتل من أهلها ناسبا إياهم إلى الخيانة، فعلم أخوه بذلك وأقبل يرجوه العفو عن الناس فوبخه وقال له لعلك أنت سبب الخيانة وضربه فقطع رأسه. واشتد الهرج وجاء المسلمون فكسروه وقتلوا من جيشه الكثيرين فدخل القلعة وكانت محصنة تحصينا جيدا وتقع خارج المدينة وتم دخول المسلمين إلى حلب دون قلعتها. وعقد أبو عبيدة وخالد بن الوليد مشورة لحصارها ثم حاصروها حصارا شديدا وأقاموا على ذلك خمسة شهور لم ينالوا منها، فكتب أبو عبيدة إلى الخليفة يستأذنه بالانسحاب عن الحصار، فأجابه أن يقيم عليها ولا يبرحها حتى يفتحها لئلا يستخف به العدو، وبعث إليه مددا من الرجالة والفرسان. وبعد أن أقاموا زمانا ثار من بينهم عبد يقال له دامس وكان من فحول الرجال وطلب أن يصحب بثلاثين من نخبة الأبطال وسار فتوصل بحيلة إلى القلعة وقتل بعض الحراس وكانوا سكارى وفتح الأبواب فدخلها المسلمون عام ١٤هـ/٦٣٦ م.

ولقد نالت حلب استقرارا نسبيا خلال فترة الأمويين حيث شيد فيها الخليفة الأموي الوليد بن عبد الملك المسجد الكبير، ثم وقعت بعد ذلك في منطقة الصراع بين العباسيين من جهة والطولونيين من جهة أخرى فكانت تخضع لهؤلاء تارة ولأولئك تارة أخرى.

ولقد ظلت على ذلك الحال حتى حكم بني حمدان الشام، وأعلن سيف الدولة الحمداني حلب عاصمة ملكية لدولة بني حمدان الذين كانوا يوالون الدولة العباسية. وبعد وفاته تولى حكم حلب ابنه أبو المعالي شريف فأصلح أحوالها وزاد عمارتها ثم وصل الملك في حلب لسعد الدولة بن حمدان. وبوفاته عام ٢٨٥هـ/٨٩٨ م نصب كبير دولته لؤلؤ ابنه أبا الفضائل بن حمدان ثم ثار لؤلؤ عليه وأخذ البلد منه ومحا الدعوة العباسية وخطب للحاكم العلوي عزيز مصر. ثم غزاها البيزنطيون في القرن العاشر الميلادي وأعملوا فيها الخراب وخلصها منهم الفاطميون والسلاجقة، ثم غزاها

الصليبيون وجعلوا من المناطق المحيطة بحلب خرابا، وسدوا منافذ الطرق التجارية الموصلة إليها، إلا أن الزنكيين (الذين ينتسبون إلى عماد الدين زنكي) استطاعوا أن يردوا الصليبيين على أعقابهم، وشهدت المدينة في ذلك العهد نموا اقتصاديا وعمرانيا كبيرا.

وطوال حكم الزنكيين لم تهنأ حلب بهدنة فقد كانت عرضة لهجمات الصليبيين. وكان النصر بينهما سجالا ولم ينل الصليبيون من حلب غرضهم في احتلالها مع أنهم أتوها وحاصروها. ولكن فيضان النهر أتاهم بغتة فأضر بمعسكرهم ضررا بليغا فانسحبوا عنها إلى أنطاكية ولم تزل حلب عرضة للزلازل تتعاقب عليها مرة بعد أخرى فإنه في عام ٥٣٣هـ/١١٣٩ م حدثت زلزلة هائلة فيها أعقبتها زلزلة أخرى عام ٥٦٥هـ/١١٧٠ م فهدمتها، ثم أعيد ترميمها. ثم تولاها السلطان صلاح الدين الأيوبي وأدخلها في دولته، ثم انتقلت لدولة المماليك بانتقال سورية إليهم فأصبحت تحت لوائهم عاصمة الولاية ال سورية واستمرت كذلك إلى أن دهمها التتار بقيادة تيمورلنك. فهرب المسلمون نحو المدينة وازدحموا في الأبواب ومات منهم خلق عظيم والعدو وراءهم يقتل ويأسر وأخذ تيمورلنك حلب عنوة بالسيف وصعد نواب المملكة وخواص الناس إلى القلعة وكان أهل حلب قد جعلوا غالب أموالهم فيها. فأعطى الأمان لأهلها ثم غدر بهم وأخذ كل ما في القلعة من الأموال والأمتعة مما لا يحصى. ثم أنزل العقاب والعذاب بسكانها وقتل وأسر منهم عددا غير قليل وهدم وحرق ونبش جوامعهم ومدارسهم وبيوتهم. ثم عادت حلب إلى العمران مع الأعلام العثمانية يتقدمها السلطان الغوري صاحب مصر، حيث قاتل التتار وأخذ حلب وغيرها عام ٩٢٣هـ/١٥١٧ م. وجعلت الدولة العثمانية حلب من ولاياتها على أنها لم تكن منفصلة عن سورية بل منضمة إليها وكانت الدولة ترسل إليها النواب والعمال كما ترسل لسائر المدن والثغور فأخذت المدينة تزدهر وتتقدم من جديد ولا سيما أنها كانت مركزا هاما للتجارة ومفتاحا لدخول آسيا حيث وافاها كثيرون من الإفرنج.

وفي عام ١٠١٣هـ/١٦٠٥ م ثار علي باشا على الدولة في زمان السلطان أحمد الأول وسار إلى بعض مدائن سورية فأخذها حتى بلغ دمشق وأخذها. ثم استرجع

السلطان أحمد المدن السورية بتدبير محمد باشا الصدر الأعظم عام ١٠١٥هـ/١٦٠٧ م. ثم قامت حرب مهولة دامت ثلاثة أيام بالقرب من حلب ولم يظهر النصر ـ لأي الفريقين حتى شاعت الأخبار بقدوم والي الشام ووالي طرابلس فخاف علي باشا وأذعن للدولة العلية وسار إلى الأستانة العلية فاستقبله الوزير وأكرمه وسمح له أن يعود إلى سورية.

واستقر حال حلب حتى عام ١٠٦٨هـ/١٦٥٨ م فجرى في نواحيها حركة من إبراهيم باشا أحد المدعين للخلافة العثمانية وجرى بين جنود الدولة وذلك الثائر حرب مهولة أفضت إلى أسر المدعي إبراهيم باشا.

وفي عام ١١٤٥هـ/١٧٣٣ م أصيبت حلب بزلزلة مهولة دمرت أكثر بيوتها وقتل كثير من أهلها. ولقد استمر حكم العثمانيين نحو أربعة قرون تخللها احتلال إبراهيم باشا لحلب (١٢٤٦ـ ١٢٥٦هـ/١٨٣١ـ ١٨٤٠م). وانتهى حكم العثمانيين مع نهاية الحرب العالمية الأولى، وفرض الانتداب الفرنسي ـ على سورية ومنها حلب، وظل السوريون يقاومون هذا الانتداب حتى تم في عام ١٣٦٥هـ/١٩٤٦ م جلاء القوات الفرنسية والإنجليزية وانتهى الانتداب بعد معارك طاحنة.

المعالم الحضارية :-

تميزت حلب على مر العصور بنواحي حضارية متعددة ظهرت بشكل واضح في الآثار الباقية والمرافق الخدمية.

الأسوار: يمثل سور حلب أهم هذه الآثار. فقد أحيطت المدينة القديمة بأسوار وأبراج تعود إلى العهود اليونانية والرومانية والبيزنطية، وتقوم أسوارها الحالية فوق أنقاض أسوار أقدم منها. وكان يضرب بهذه الأسوار المثل في الحصانة والمنعة. والسور القديم كان يحيط بالمدينة على شكل مربع طول ضلعه ١٥٠٠م، وقد جدده سيف الدولة ونور

الدين زنكي. كما شهد عدة توسعات في عهد الملك الظاهر غازي من جهة الشرق والجنوب. وقد جرى هدم جزء منه نتيجة توسع المدينة كما تم الكشف منذ بضعة أعوام عن جزء من السور القديم قرب موقع باب الفرج من جهة شارع الخندق، بالإضافة إلى برجه الدائري الذي كان يسمى برج الثعابين. وكان سور المدينة يحتوي على عدد من الأبواب التي اندثر بعضها مثل باب المقام وقد جرى هدمه في الثلاثينات من هذا القرن. أما الأبواب الباقية المحافظة على رونقها بصورة تامة فهي: باب قنسرين ويعد أجمل أبواب حلب وقد جدده الملك المؤيد شيخ في عام ٨١٨هـ/١٤١٥ م، ويمثل قلعة دفاعية مصغرة فريدة. وباب أنطاكية وهو من أقدم أبواب حلب والباب الرئيسي للمدينة، ومنه كان ينطلق الشارع الكبير ويمتاز بأبراجه التي خرج منه سكان حلب للترحيب بالفاتحين المسلمين. وباب الحديد ويتألف من بابين يعلوهما برج حصين وقد اشتهر باسم باب القناية لمرور قناة حيلان منه وجدده السلطان قانصوه الغوري ولا يزال بابه المصفح ذو المسامير الحديدية الغليظة ماثلا إلى أيامنا. وباب النصر ويقع في السور الشمالي وله أبراج دفاعية جانبية جدده الملك الظاهر غازي سنة ٦١٠هـ/١٢١٤ م. وباب المقام ولا تزال قنطرته باقية ويماثل باب المدثر في طراز بنائه.

ومن الآثار الباقية في المدينة أيضا قلعة حلب وهي من أكبر وأغنى المعالم التاريخية في تلك المدينة، وربما أكبر قلعة في العالم، ولم يكن بمقدرة أي فاتح في التاريخ أن يحتلها حربا، وإن دخلها بعضهم حيلة وخدعة. ولقد دلت الحفريات على أن أصول القلعة تعود إلى نحو ثلاثة آلاف سنة قبل الميلاد، فقد اكتشفت معابد يعود تاريخها إلى الآراميين، وقد تحول المعبد إلى أكروبول ثم إلى قلعة أيام الزحف ا لروماني، ثم دخلت حلب في الإسلام مع الفتح الإسلامي، وامتنعت القلعة وعجز المسلمون عن فتحها حتى تم اقتحامها عن طريق الحيلة.

وبعد أن فتحها أبو عبيدة بن الجراح قام بإصلاح أسوارها الخارجية. ثم أعيد ترميمها أيام سيف الدولة الحمداني، وكان أول من سكنها. وفي الدولة الأيوبية قام

الملك الظاهر بتوسيع تل القلعة الذي يحمل أسوارها فكسا سفوح التل بالبلاط ودمج فيه حوالي ٨٠٠٠ عمود بشكل أفقي كي تدعم البلاط دون انزلاقه وبنى فوق الباب قاعة كبيرة وحوضا للمياه.

وفي عهد المرادسيين تم إصلاح بعض جدران أسوارها وبنوا أبراجها الخارجية مع بعض القصور التي كانت تحمل اسم "بيت الذهب"و"بيت الأعمدة"و"بيت المجد"و"بيت الملك رضوان" وكانت تزدان بنقوش رائعة ومحاطة بحدائق غناء وقد عمل نور الدين حول القلعة بستانا جميلا دعاه الميدان الأخضر.

ولما دخل هولاكو حلب واحتل القلعة عام ٦٥٨هـ/١٢٦٠ م خرب أسوارها وأحرق الجامعين فيها وخرب أيضا معظم بيوتها وأعاد خليل بن قلاوون بناء كل ما تهدم فيها ولكن عاد تيمورلنك عام ٨٠٣هـ/١٤٠١ م فدمر ما استطاع تدميره منها. ثم جاء الأمير سيف الدين شبقال وقام بإجراء بعض الإصلاحات فيها، وبنى القصر الموجود إلى يمين القلعة والذي لا تزال بقاياه البديعة تدل على ما كان عليه روعة وفخامة.

وفي عهد الدول المملوكية جاء السلطان قايتباي وبنى القصر الموجود فوق باب القلعة كمسكن له، وسكنه ومن بعده من المماليك. ويعود آخر أثر فيها وهو البرج القائم من الجنوب في مواجهة دار الحكومة "السرايا الجديدة" إلى يسار باب القلعة إلى السلطان قانصوه الغوري.

وبعد أن لعبت القلعة دور مركز عسكري أيام الانتداب الفرنسي تسلمتها مديرية الآثار التي أجرت إصلاحات هامة فيها ولا سيما سقف قصر قايتباي وهي الآن إحدى المزارات الشهيرة في حلب فيزورها آلاف الزوار سنويا من شتى بقاع الأرض . أما البناء الموجود حاليا فقد بناه غازي بن صلاح الدين الأيوبي.

المسجد الأموي بحلب

يمثل المسجد الأموي أشهر الآثار الباقية في حلب. وهو أكثر مساجد المدينة بهاء بني في عهد الخليفة الأموي سليمان بن عبد الملك وتقوم قاعة الصلاة على عضادات ضخمة وليس على شكل أعمدة شأن الجامع الأموي بدمشق وتحمل منارته المربعة الشكل والشبيهة بمنارة جامع معرة النعمان كتابات كوفية مورقة وتم بناؤها في القرن الخامس الهجري/الحادي عشر الميلادي ويمتاز المسجد بمنبره المصنوع من خشب الأبنوس والمطعم بالعاج وهو مماثل لمنبر المسجد الأقصى الذي أحرقه اليهود وصحن المسجد فسيح مبلط بديع جيد النحت كما أنه مصقول.

كما يوجد أيضا عدد آخر من الجوامع الهامة منها: جامع الأطروش ويقع قرب القلعة ويتميز بواجهته المزخرفة الجميلة وبمئذنته السامقة ويعتبر في غاية الروعة من لما تميز به من الفن الزخرفي والنقش على الحجارة. وهناك جامع المهمندار ويتصف بمنارته الفريدة ذات الطراز اللولبي وتعد من أجمل مآذن حلب وتعود للقرن ١٤م. وكذلك جامع الخاقان أو القيقان ويقع في حي العقبة قرب باب أنطاكية ويجمل جداره كتابة هيروغليفية وجصية ويقع فوق تل العقبة.

الحمامات

انتشرت في حلب العديد من الحمامات التي تمثل الآن نموذجا من المرافق السياحية. ومن أشهر هذه الحمامات حمام "يلبغا الناصري"، وهو من أجمل حمامات حلب جميعا ،ويقع أمام البرج الجنوبي لقلعة حلب، ويرجع بناؤه إلى أوائل حكم المماليك في منتصف القرن الرابع عشر الميلادي، ولا يعرف اسم بانيه الأصلي. وعندما تولى حكم حلب الأمير المملوكي سيف الدولة يلبغا الناصري قام بترميم الحمام ووضع اسمه عليه، وبعد هجوم تيمور لنك على حلب هدم الحمام وأهمله وكان يستخدم في بداية هذا القرن كمكان لإعداد اللباد، لذلك سماه أهالي حلب حمام اللبادين، وكان للحمام ثلاثة سراديب توصله بالقلعة والمدينة. ويتألف حمام "يلبغا

الناصري" من ثلاثة أقسام: الخارجي وتعلوه قبة عالية جميلة بزخارف جدارية بديعة مع بركة ماء وأماكن لنزع الثياب مع تجاويف حائطية للقباقيب والأحذية، أما القسم الأوسط فيحوي عددا من الخلوات وعقود القباب والقمريات، وأما القسم الداخلي وهو أكثر أقسام الحمام حرارة ففي وسطه قبة واسعة مثمنة الأضلاع ويوجد فيها قمريات متناسقة.

الأسواق:-

تعد أسواق حلب من أجمل الأسواق القديمة في العالم، فهي ذات طابع خاص وهندسة خاصة، والعديد من أسواق حلب تشبه أسواقا في كل من دمشق وإستانبول و القاهرة ،ولكن ليس هناك سوق في تلك الدول يتميز بما تتميز به أسواق حلب، فهي أسواق مستقيمة ومتوازية ومتعامدة ومتناظرة، والسوق الرئيسي فيها يمتد من قلعة حلب وسط المدينة شرقا إلى باب أنطاكية غربا بطول كيلو متر واحد تقريبا، ومن هذا السوق تتفرع أسواق أخرى متقابلة ومتعامدة معه لتصب في أسواق أخرى متوازية للسوق الرئيسي، وكل هذه الأسواق مسقوفة بسقف حجري مقبب له فتحات من أعلاه على نسق واحد تسمح بالتهوية والإنارة. ومعظم هذه الأسواق لها أبواب كبيرة تقفل عند المساء وتحرس ليلا. ويباع في هذه الأسواق كل حاجات الإنسان، الغالية منها والرخيصة، ولكل صنف من تلك المواد سوق خاص به، فهناك مثلا سوق للعطارة وآخر للأقمشة والأصواف والأقطان، ثم سوق للأحذية وسوق كبير للصاغة وبيع الذهب .

أما الخانات والقيصريات فهي أبنية شيدت لأغراض التجارة والصناعة والإقامة معا أي أنها كانت بمنزلة الفنادق في ذلك الزمان، والخانات تتألف من طبقة أرضية وهي سوق تجارية وصناعية وفيها إصطبلات لخيول المسافرين، وطبقة علوية تضم غرفا للتجارة ولإقامة المسافرين والتجار، وللخان باب كبير يغلقه "الأوضباشي" أي الحارس عند غياب الشمس ،وفيه باب صغير يسمى خوخة لا يفتحه الحارس إلا

عند الضرورة. وغالبا ما تكون الأسواق لبيع المفرق والخانات لبيع الجملة، وقد سكنت هذه الخانات طوال قرون عدة عائلات أوربية كانت تستوطن حلب، وكان لكل جالية خان خاص بها توجد فيه قنصلية دولتها، أما أشهر خانات حلب فهو خان القاضي والبنادقة ويرجع تاريخه إلى القرن الخامس عشر الميلادي، ثم خان القصابين وخاير بك ثم خان الوزير، وكان من أجمل خانات حلب، وسكنه الرهبان الأوربيون، وخان الجمرك وهو من أكبر خانات حلب، حيث تبلغ مساحته نحو نصف هكتار، وكان فيه (٥٢) مخزنا أرضيا و (٧٧) غرفة في الطابق الأول بالإضافة إلى الجامع وأسبلة مياه وخدمات عامة أخرى. ومن أشهر هذه الخانات خان الشونة والذي أصبح الآن سوق المهن اليدوية، ويعود تاريخه إلى عهد الوالي العثماني خسرو باشا منذ نحو ٤٥٠ سنة، وهو يقع جنوب باب القلعة، وقد بني هذا السوق عام ٩٤٧هـ/١٥٤١ م وتولى بناءه المعماري العثماني الشهير سنان باشا، ويعد الأثر الوحيد لهذا المعماري المبدع في المنطقة.

وفي عام ١٢٣٦هـ/١٨٢١ م تعرضت مدينة حلب لزلزال مدمر تسبب في أضرار كبيرة للمدينة والسوق مما أدى إلى إغلاقه، وبقي كذلك حتى نهاية القرن التاسع عشر الميلادي عندما حوله القنصل الإيطالي في حلب (لآل ركوبلي) إلى مستودعات للحبوب والغلال، وأطلق عليه اسم خان الشونة - والتشوين لغة تعني التخزين.

ولقد ارتبط اسم حلب بشجرة الفستق التي تعد حلب موطنها الأصلي، وقد ذكرت شجرة الفستق الحلبي في العديد من الكتب التاريخية، ومن حلب انتشرت زراعة الفستق، ثم انتقلت إلى المناطق التي تقع إلى الشرق منها حتى بلاد التركستان ومناطق البحر المتوسط ثم دخلت إلى أمريكا حديثا، وتعتبر منطقة حلب من المناطق الشهيرة بزراعة تلك الشجرة بصورة خاصة على الهضاب الكلسية التي تحيط بالمدينة حيث ما زالت توجد أشجار عمرها مئات السنين. ومن المعروف أن حلب تتميز عن سائر

محافظات سورية في كونها منبتا أصيلا لأشجار الكرز والزيتون، وشجرة الزيتون المباركة تكثر زراعتها في المناطق الواقعة غربي المدينة، وتمتاز بتحملها لقساوة الطبيعة إضافة إلى طول عمرها.

وتمتاز حلب بصناعتها التقليدية العريقة، والمتنوعة التي اعتبرت قمة الصناعة السورية، فهي تحتل مركز الصدارة في هذا المجال. حيث يتمركز نحو ٤٠% من الصناعة السورية في مدينة حلب كما ونوعا. أما أهم الصناعات فيها فتنحصر في مصانع الغزل والنسيج وصناعة المراجل البخارية والمشعات والتدفئة المركزية وصناعة الأدوية والصناعات الخشبية والزجاجية والجلدية، ونشر كتل الرخام والحجر.

وحلب معروفة بحجرها المشهور، وهي المدينة الوحيدة في سورية التي تبني بالحجر، وقد نبغ الحلبيون في صقل ونشر الأحجار كما اكتسب العامل الحلبي الخبرة الفنية في هذا المجال، وكذلك نبغ الحلبيون في صناعة النسيج، فهناك أنواع من النسيج الفاخر ارتبط اسمه بالمدينة، بالإضافة إلى صناعة البطاطين أو ما يطلق عليه السوريون بالحرامات وأخيرا صناعة صابون الغاز.

المكانة العلمية :-

تميزت حلب بالعديد من المدارس والمكتبات وفي الغالب كانت المكتبة توجد داخل المدرسة ومن أهم وأشهر المدارس في حلب المدرسة النورية حيث كان في حلب كاتدرائية عظيمة تم الحفاظ عليها طبقا لتعهدات المسلمين للنصارى إلا أنه في سنة ٥١٧هـ/١١٢٣ م حول ابن الخشاب التغلبي هذه الكاتدرائية إلى مسجد. وفي سنة ٥٥٤٣ ـ/١١٤٦ م قام نور الدين زنكي بتحويل المسجد إلى مدرسة عرفت باسمه وجعل في هذه المدرسة مكتبة حسنة ما تزال المدرسة والمكان قائمين حتى اليوم وتعرف بالمدرسة الحلوية، وقد وقف على هذه المدرسة العديد من مجموعات الكتب.

وكانت هناك المدرسة الشرفية التي تنسب إلى الشيخ شرف الدين عبد الرحمن العجمي. وقد جعل فيها مكتبة عظيمة جمع فيها كتبا في جميع أنواع العلوم من تفسير

وحديث وفقه ولغة ونحو وأدب وتاريخ. ولقد كانت المدرسة مخصصة للفقه الشافعي وكان فهرس المكتبة عبارة عن لفافة من الورق ضاعت عند دخول التتار سنة ٦٥٨هـ/١٢٥٩ م. كما كانت هناك المدرسة الظاهرية التي أسسها الملك الظاهر غازي الأيوبي وقد خصصها للفقه كما أوقف عليها مكتبة حسنة. وكانت هناك مكتبة أنشأها سيف الدولة الحمداني تسمى بـ (خزانة الكتب).

وفي عام ١٢٥٥هـ/١٨٣٩ م أسس إسماعيل بك حكمدار (رئيس الشرطة) حلب في أيام الحكم المصري مدرسة الإسماعيلية وخصص لها الأموال وجعل فيها مكتبة كما أضيفت مدرسة في الوقت نفسه لجامع القرناصية.

وقد تأخر افتتاح أول مدرسة عثمانية حتى عام ١٢٧٠هـ/١٨٥٤ م حينما تأسس المكتب الرشدي وتشكلت أول دائرة للمعارف في حلب عام ١٣٢٣هـ/١٨٨٢ م في الطرف الشمالي من ساحة باب الفرج. وقد بلغ عدد مدارس حلب عام ١٢٩٩هـ/١٨٨٢ م (٤٢) مدرسة منها (٣٥) مدرسة للذكور و(٧) مدارس للإناث.

وبعد الاستقلال بدأت الحكومة في الاهتمام بالتعليم وخطت نحو ذلك خطوات كبيرة وقد انفردت حلب بمشروع القرش أو ضريبة المدارس التي كانت تستوفى على أيدي جباة البلدية فأصبحت حلب تحتوي على مدارس ابتدائية وثانوية نموذجية من حيث اتساعها وتوفر الشروط الصحية فيها وجمال بنائها وبهذا أصبحت حلب ثاني مدينة ثقافية في سورية فضلا عن كونها العاصمة الاقتصادية ومركز إشعاع ونهضة يمتد نفوذه على كل الشمال السوري.

ولقد اشتهر من حلب علماء في العربية والشريعة والتاريخ من أشهرهم: أبو القاسم الزجاجي من علماء النحو والعربية وكان قد تلقى العلم في بغداد ثم أقام مدة بحلب ثم رحل إلى دمشق وأكب على التصنيف والإملاء على الطلاب. وعمر بن أحمد بن هبة الله ابن أبي جرادة الشهير بابن العديم المؤرخ المحدث. وعلي بن يوسف بن إبراهيم القفطي المؤرخ وهو من مواليد قري الصعيد في مصر ثم سكن حلب وكان وزيرا في أيام الملك العزيز.

حماة:-

إحدى مدن الجمهورية السورية، ترتفع عن سطح البحر حوالي مائتين وسبعين مترا، وتقع عند خط عرض ٣٥ وخط الطول ٦٢ ،هواءها معتدل جيد، رطوبته قليلة وتتعاقب عليها الفصول الأربع كبقية البلاد السورية وأعدل هذه الفصول فيها فصل الربيع حيث يعتدل فيها الهواء وتنتعش النفوس وتزهو المناظر بالزهور.

نبذة تاريخية :-

مدينة حماة مدينة قديمة يرجع تاريخها إلى ما قبل الميلاد. فقد تغلب الحيثيون على سكان سوريا الأصليين من الآراميين ورسخت أقدامهم في البلاد، وفي عام ١٧٠٠ قبل الميلاد استطاع تحتمس الثالث ملك مصر أن يخضع سوريا لملكه فدانت له سوريا ومعها حماة وأخذ منهم جزية عظيمة وتكررت غزوات المصريين لسوريا ونشبت حرب عظيمة بين المصريين والحيثيين استمرت لمدة ١٥ سنة قتل في أثنائها ملك الحيثيين وخلفه أخوه كيتا مار فعقد مع المصريين صلحا وتزوج رعمسيس ملك المصريين بنت كيتا مار تأكيدا للمودة.

وفي حدود عام ١٠٠٠ قبل الميلاد دخلت مدينة حماة تحت حوزة النبي داود عليه السلام وكانت تسمى في عهده مملكة صوبة وكانت من أكبر المدن، فقد حارب داود عليه السلام ملك دمشق فانتصر عليه فلما بلغ توعي ملك حماة الخبر أرسل لداود ابنه يورام فوقع معاهدة صلح بينهما. ثم سار داود عليه السلام فملك حمص وجاء إلى حماة ونزل فيها ضيفا ومالكا، وكانت حماة فيما بعد تابعة لبني إسرائيل مرة ومرة أخرى تكون مستقلة. وظل الأمر كذلك حتى قضى بختنصر ملك بابل على بني إسرائيل واستولى على بلادهم وساقهم سبايا وقد خيم حول حماة وأرسل وزيره بعساكره الجرارة فساقوا بني إسرائيل وتركوا منازلهم خاوية على عروشها.

ولما قدم الإسكندر الأكبر إلى بلاد الشام كانت حماة إحدى المدن التي دخلت في سلطانه وكانت من ضمن ما استولى عليه وبقيت من سنة ٣٣٢ قبل الميلاد إلى سنة ٦٢ قبل الميلاد يتعاقب عليها عمال المملكة اليونانية ولم تنج من الحروب الطائلة في تلك الأزمنة. وفي حوالي عام ٣١٢ قبل الميلاد ملك البلاد السورية لوقس فبنى مدينة أنطاكية وأقام بها وسماها باسم أبيه أنطوكيوس، وبنى مدينة سلوقية وتسمى الآن السويدية على ضفة نهر العاصي، وبنى أفاميا وبدلها الآن قلعة المضيق وسماها أفاميا باسم امرأته، وبنى باسم أمه لوزيقة مدينة اسمها الآن اللاذقية، وبنى قلعة حلب، وجاء إلى حماة فأمر بتسوية جبل القلعة على الاستدارة فسوى وأمر ببناء قلعة على صورة قلعة حلب ثم ما زال بعده الملوك يزيدون بها ويحسنون بناءها حتى أصبحت في الأزمنة الغابرة من أدهش القلاع.

وفي حوالي عام ٦٤م استولى الرومان على حماة فيما استولوا عليه من بلاد سورية وامتدت مدة ملكهم وعظمت شوكتهم ودخلت عليهم الحضارة فازدهرت البلاد وكثر السكان فقد كان المكان المسمى بلعاس في مدتهم كورة عظيمة ذات قرى كثيرة وأشجار مثمرة من زيتون وغيره وهم الذين أنشئوا النواعير على نهر العاصي ليستفيدوا من الماء فيجري في الأمكنة المرتفعة ومما عملوه أن حفروا قناة للماء من جهة مصياف إلى حماة مغطاة بالحجارة يجري في داخلها لتحيى به القرى المجاورة له وليشرب منه أهل المدينة وعملوا قناة أخرى من شرقي سليمة مارة بشمال حماة حتى قلعة المضيق لتعمر القرى المجاورة لها أيضا.

وكانت لهم عناية كبرى في زرع الزيتون واستثماره فلا تكاد توجد قرية من قرى حماة إلا وبها آثار مطاحن الزيت وآثار مخازنه، وقد زادوا في بنيان القلعة وحسنوا ما شاءوا، وعملوا بعض الجسور على نهر العاصي وقد ظلت المدينة بأيدي الرومان حتى فتحها المسلمون.

وقد كان الفتح الإسلامي لحماة بعد أن استطاع الصحابي الجليل أبو عبيدة عامر بن الجراح -رضي الله عنه- فتح حمص فجعل عليها الصحابي الجليل عبادة بن الصامت -رضي الله عنه- ثم فتح الرستن ثم جاء إلى حماة فتلقاه أهلها مذعنين عام ١٨هـ فصالحهم على الجزية في رءوسهم والخراج على أرضهم وأقام في حماة مدة واتخذ كنيستها العظمى جامعا ثم رحل إلى شيراز فصالحه أهلها على ما صالحه عليه أهل حماة ومن ذلك الحين دخلت حماة في الدولة الإسلامية هي وتوابعها.

ظلت حماة تابعة للخلفاء الراشدين حتى دخلت في حكم الأمويين في جملة ما دخل تحت حوزتها وقد تناقص عمرانها من ذاك الحين وخرب بعض بنيانها وذلك بسبب نفرة أهل القرى التابعة لحماة من عرب كندة الذين سكنوا صحاري حماة من جهة الشرق وعشائر كلب الذين سكنوا الصحاري من جهة الغرب، فخلت القرى من السكان ولا حياة لحماة إلا بالقرى فتراجع عمرانها لهذا وألحقت بحمص فكانت من أعمالها إلى عام ٢٩٠هـ سيما وأن العباسيين لما انتقلت إليهم الخلافة لم يكن لهم عناية إلا بإعمار بغداد والعراق فطفق الناس يهجرون أوطانهم ويقصدون التقرب من مركز الخلافة حتى خربت المدن الكبيرة التي كانت حماة تستقي منها موارد ثروتها مثل كورة البلعاس والأندرين ولطمين.

وتوالت الأحداث على حماة بهجوم القرامطة عليها سنة ٢٩١هـ/٩٠٤م بقيادة أبي شامة رئيسهم فإنه ملك حمص وحماة وقتل أهلها وأطفالها وعمل مثل ذلك بالمعرة وسليمة فقتل في سليمة كثيرون حتى صبيان الكتّاب فأرسل إليهم المكتفي العباسي جيشا عظيما فالتقوا بهم عند قرية تمنع "تمانعة" فقتلوا من القرامطة كثيرين وقبضوا على أبي شامة وابن عمه فأمر الخليفة بقتلهم في بغداد.

وفي عام ٥٢٣هـ/١١٢٩م سار عماد الدين زنكي بن أقسنقر من الموصل وعبر الفرات وكتب إلى توري ملك دمشق أن يمده بالجنود لمحاربة الفرنج فكتب توري لولده سونج صاحب حماة أن يسير معه بعسكره فجهز عسكر حماة ورحل إلى حلب

وخيم بظاهرها فقبض عليه عماد الدين زنكي ورحل فورا إلى حماه فتسلمها بلا حرب لخلوها من الجند ثم سار منها إلى حمص محاربا فحاصرها ولم يقدر على فتحها فرجع وأبقى أمير حماة معتقلا عنده ثم أطلقه وأرسله إلى أبيه وظلت حماة في ملك عماد الدين حتى توفي في عام ٥٤١هـ/١١٤٧ م فملكها بعده ابنه نور الدين محمود.

وفي عام ٥٥٢هـ/١١٥٧ م في شهر رجب اهتزت أرض حماة بالزلزال المزعج فخربت وتهدمت أسوار قلعتها. ولكن سرعان ما تدارك الملك العادل نور الدين حماة بإعادتها لما كانت عليه فبنى أسوارها وأعاد قلعتها وبنى جامعه المعروف وبجانبه المارستان النوري ثم بنى أسوار بقية المدن التي تضررت من الزلزال مثل شيزر ودمشق وحمص وبعلبك وحلب، وفي عام ٥٧٠هـ/١١٧٥ م غرة ربيع الآخر دخلت البلاد في حوزة صلاح الدين الأيوبي وولى على حماة خاله شهاب الدين محمود بن تكش الحارمي. وفي عام ٥٧٣هـ/١١٧٨ م سار الصليبيون بجموعهم إلى حماة وكان عاملها مريضا فشددوا عليها الحصار واجتمعوا حول السور حتى كادوا يفتحونها قهرا ولكن استطاع سكانها أن يخرجوا الصليبيين من المدينة فرحلوا إلى بلدة حارم ثم توفي عامل حماة شهاب الدين الحارمي فأرسل صلاح الدين إلى حماة ابن أخيه الملك المظفر تقي الدين عمر وأمره بحفظ البلاد وقد استطاع أن يهزم قوات قليج أرسلان. ثم توفي الملك المظفر في رمضان عام ٥٨٧هـ/١١٩١ م وتسل م الأمر فيها بعده ابنه الملك المنصور محمد.

وفي عام ٥٩٩هـ/١٢٠٣ م قصد الصليبيون حماة من حصن الأكراد وطرابلس وغيرهما فتلقاهم الملك المنصور ملك بعرين وأنجده ملك بعلبك وملك حمص وهناك اشتعلت نيران الحرب وامتدت في صحاري بعرين فكانت الهزيمة على الصليبيين بعدما تركوا قتلى وأسرى لا تعد فعاد ملك الديار الحموية إلى بعرين من ميدان الحرب ظافرا ولكن سرعان ما أعاد الصليبيون ترتيب جيوشهم ورجعوا للحرب وكان المنصور لم يرحل من بعرين وكان عودهم بعد ثمانية عشر يوما من هزيمتهم فهزموا مرة أخرى

هزيمة منكرة وتركوا خلفهم أسرى وقتلى، ولما لم يقدروا على بعرين تركوها وساروا قاصدين حماة فاستعد الحمويون للقائهم ولم يستطيعوا أن يدخلوها.

وفي سنة ٦٥٧هـ/١٢٥٩ م دخل التتار بلاد المسلمين حيث وصل هولاكو بعساكره في العشر الأخير من ذي الحجة إلى حلب وكان حاكمها توران شاه بن صلاح الدين فخرج عسكر حلب لقتالهم ولكنهم انهزموا أمام التتار وطار الخبر إلى دمشق فأراد الملك الناصر أن يحارب التتار ورحل الملك المنصور ملك حماة إلى برزة ولم يبق في حماة غير النواب فلما بلغ سكان حماة ما فعل التتار بحلب أرسلوا إلى المنصور وهو في برزة يستشيرونه فما يصنعون ثم أجمعوا على التسليم فسار الوجهاء إلى حلب ودخلوا على هولاكو وسلموه مفاتيح البلد وطلبوا منه الأمان فأمنهم وأرسل معهم عاملا من قبله اسمه خسرو شاه فتولى شئون حماة وأمن العرية وتسلم القلعة ولما بلغ خبر مسير هولاكو إلى دمشق فر ملكها وملك حماة معه إلى مصر خوفا ورعبا. وقد أرسل هولاكو الملك الأشرف ملك حمص إلى حماة من أجل أن يهدم أسوار قلعتها فهدمها وأحرق ما فيها من الذخائر وعدة الحرب وباع الأشرف ما كان في دار السلطنة من كتب بثمن بخس جدا ثم قصد تخريب أسوار المدينة إلا أن ذلك شق على أهل حماة فدفع والي حماة إبراهيم ابن الإفرنجية ملا إلى عامل هولاكو خسرو شاه لأجل أن لا يهدمها فأخذ المال ومنع الملك الأشرف من هدم سور المدينة.

وفي أوائل رمضان عام ٦٥٨هـ/١٢٦٠ م سار الملك المظفر قطز بجيوش المسلمين من مصر وبصحبته ملك حماة وأخوه الأفضل لمحاربة التتار وكان قد تغلب عليهم في موقعة عين جالوت، فلما بلغ كتبغا نائب هولاكو على دمشق الخبر جمع التتار وخرج للقاء الجموع الإسلامية وفي صحبته ملك حمص وغيره من الملوك الذين اتفقوا مع التتار فكان الحرب في مكان يسمى الغور وثبت المسلمون وهرب التتار فتبعهم المسلمون يقتلون ويغنمون وقتل في هذه الواقعة كتبغا وأسر ابنه وتعلق التتار في رءوس الجبال فتبعهم المسلمون وأفنوهم عن آخرهم قتلا وتشريدا. ثم أحسن قطز

إلى ملك حماة وأقره على ملكه وتوابعه فلما وصل إلى حماة قبض على أعوان التتر وفر خسـرو شاه إلى الشرق.

وفي عام ٦٧٢هـ/١٢٧٤ م رحل الأمراء من حماة ورحل ملكها إلى دمشق خيفة التتار لأنهم كانوا قد لموا شعثهم وعادوا إلى البلاد الشامية للغارة عليها ولكن في المرة الأخيرة لم يكن حـرب. وقد ظلت الحروب مستمرة بين المسلمين والتتار. وفي عام ٧٠٠هـ/١٣٠١ م عادت التتار إلى البلاد السورية محاربة قاصدة استرجاع دمشق فعبر ملكهم بعساكره الفرات وقد خاف المسلمون وفزعوا مـنهم فزعـا شديدا حتى خلت حلب من أهلها ورحل صاحب حلب بعسكره إلى حماة وظل التتار يعيثون في الأرض الفساد مدة ثلاثة أشهر ثم رجعوا من أنفسهم بلا حرب وتراجع المسلمون إلى منازلهم.

وفي عام ٧٤٥هـ/١٣٤٦ م هطلت الأمطار الغزيرة ففاض نهر العاصي وأغرق دورا كثيرة فخربها وأتلف بساتين البلد وتضرر الناس بذلك ضررا فاحشا. ثم أصاب البلاد طـاعون جـارف فتـك بالنـاس في حلب ودمشق وحماة.

وفي عام ٨٠٣هـ/١٤٠١ م ولي حماة رجل اسمه دقماق وفي ذلك الوقت شاع خبر أن تيمورلنـك قادم إلى البلاد السورية وأنه قادم في ثمانمائة ألف مقاتل وأنه لا يمر عـلى قريـة إلا أخربها فلـما صـار قريبا من حماة خرج إليه أعيان البلد بمفاتيح البلد وأرادوا منـه الأمـان فـأمنهم ثم أمـر بهدم قلعـة حماة ومنذ ذلك الحين ظلت القلعة خرابا ليس فيها إلا بعض البيوت وجدران قائمـة وآثـار وسجن للحكومة ظل باقيا حتى القرن الحادي عشر.

وظلت حماة تخرج من حـوزة وال وتـدخل في حـوزة آخر حتى ملك السلطان سـليم الأول العثماني البلاد عام ٩٢٢هـ فكان ولاة حماة يسومون أهل البلد العذاب والاضطهاد ودام هـذا الحـال حتى هاجر أكثر الحمويين عنها فتناقص عمرانها وصارت شبه قريـة وازداد الأمـر سـوءا بعـد مجـيء إبراهيم باشا المصري. ولم يبق مـن حـماة وباديتها إلا القليل ولهذه ألحقت في حمص ثم تنبهت الحكومة لعمران البلدان وارتبط المأمورون

بمركز المملكة فزال ما كان من الضغط وعرف كل إنسان ما لـه وما عليـه فتزايـد العمـران في حماة وكثر ساكنوها وجعلت مركز اللواء وألحقت بها حمص والعمرانية وسل يمة.

المعالم الحضارية:-

كانت مدينة حماة تتكون من قسمين قسـم في محلـة بـاب الجسر. وقسـم في المدينـة. ونظـرا لارتفاع المدينة عن باب الجسر كانت تسمى القسم الأعلى وسوقها السوق الأعلى وكـذا جامعهـا كـان يسمى الجامع الأعلى وكانت مسورة بسور عظيم من الحجر الأبيض عظيم يمتد إلى تـل العريضـة ولـه أبواب عديدة منها باب النصر وباب المغار وباب النهر وبابا العميان وباب الغربي وباب القـبلي وكـان لمحلة باب الجسر سور يحيط بها من جهة والعاصي يحيط بها من الجهة الأخرى وعلى العاصي الجسر الكبير، له باب من جهة الشمال الغربي وباب آخر في مبدئه من جهة القبلة ولسورها أبواب منها بـاب تدمر. وباب الثقفي وباب حمص.

وكان بنيان محلة المدينة أوسع وأعظم وأسواقها حافلة أكـثر مـن أسـواق محلـة بـاب الجسر. وكانت جامعة للصنائع الضرورية وكان بين القسمين طريق مما وراء القلعة من البسـتان التـي تسـمى الآن بستان الخضر. ثم امتد العمران لجهة الحضر فحدثت محلات عديـدة كـما امتـد البنيـان في زمـن نور الدين محمود حتى المحل المسمى باب حمص جانب رحى المسردة. أمـا مكـان السـوق فقـد كـان مرتفعا من جهة الشمال ومنخفضا في جهة القبلة وكان فيـه مقـابر وكـان المـاء إذا طغـى جـاء فعمـل كالبحر في القسم المنخفض منه فلما ضاقت البلد بالسكان مشى الناس بالبنيان إلى موضع السوق فبنوا البيـوت وبعـض الحوانيـت، فلـما ولي الملـك المنصـور حـماة بنـى هـذا السـوق وكـان يعـرف بسـوق المنصورية.

القلاع: كان للمدينة قلعة عظيمة بناها لوقس أحد الملوك الذين تولوا على الـبلاد السـورية في عام ٣١٢ قبل الميلاد، فقد بنيت هذه القلعة على هيئة من الإتقان

غريبة ينظر الداخل إلى باب لها شامخ تلوح عليه العظمة والأبهة، فبنيت بحجارة عظيمة على خمسة جسور مرتفعة فوق الخندق ثم يدخل إلى منعطفات الأبراج فيرى البلد من النوافذ المفتوحة للحراسة الواسعة من الداخل والضيقة من الخارج ومن فوقها النوافذ الواسعة التي سدت بشبك من الحديد عظيم وبعد قطع المدخل بنايات عظيمة من دار الحكومة ومحل الذخائر يحيط بها سور عظيم مرتفع. وفي جامع أبي الفداء جامع للقلعة ذي منارة شامخة ومنه إلى الجهة القبلية بمسافة واسعة حمام كبير جدا وفي طرفها الشرقي المطل على طريق باب الجسر بئر واسع فيه ماء عذب جدا يأتي من مكان خفي من نهر العاصي ولها طريق تحت الأرض يصل إلى العاصي من جهة الشمال م ارا من تحت بستان الدوالك متصلا ببعض البيوت وكانت مرصوفة بالحجر الأملس من أسفل الخندق إلى حيطان السور لئلا يصعد إليها العدو ولها خندق دائر حولها عميق جدا لا يكاد الواقف على السور يرى أسفله كأن العاصي مرتفعا عنه ولهذا الخندق طريق إلى الماء من المكان المسمى جسر الهوى في مدخل محلة باب الجسر كانوا إذا أرادوا الحصار يفتحون منه ماء العاصي فيمتلئ من جميع جوانب الخندق فلا يقدر أحد أن يصل إلى القلعة.

الجسور: كان في حماة العديد من الجسور التي كانت تصل شطري حماة ببعضهما حيث كان العاصي يفصل المدنية إلى قسمين ومن هذه الجسور جسر السرايا، وجسر بنت الشيخ، وجسر باب الجسر، وجسر المحمدية. وأعظم هذه الجسور ارتفاعا جسر باب الجسر لأنه لم يطغ عليه النهر أبدا بخلاف بقية الجسور التي طغى الماء عليها وطمس بعضها.

النواعير: من نهر العاصي كانت تؤخذ جداول يسقى بها بعض القرى وقناة أخرى عظيمة تدور عليها السواقي داخل البلد وخارجها فتسقى البيوت والبساتين والحمامات والمساجد. وكانت السواقي من صنع الرومانيين وقد اشتهرت في حماة حيث كان اعتماد أهلها على النواعير لسقي البساتين وإمداد المساجد والحمامات وغير ذلك من شئون الحياة ومن النواعير الموجودة في حماة في جهة الشرق أربع وعند جسر

السرايا أربع وعند جسر بيت الشيخ ثلاث نواعير أكبرهن تسمى الجعبرية وغربي محلة باب الجسر- ثلاث نواعير أكبرهن ناعورة الخضر- نسبة إلى بستان في جانبها. وكانت هناك العديد من النواعير الأخرى حتى أكثر الأدباء من ذكرها نظما ونثرا.

الطواحين: كانت في حماة العديد من الطواحين وصلت في جملتها إلى إحدى وثلاثين طاحونة أو رحى للطحن يسيرها الماء منها في داخل حماة رحى الغزالة وتقع على نهر العاصي وقد قام ببنائها العالم الفلكي والمهندس الفاضل الشيخ علم الدين قيصر تعاسيف وكان هذا بأمر من الملك المظفر محمود ابن الملك المنصور محمد بن تقي الدين عمر وقد صممت هذه الرحى بحيث عمل لها صورة لسد من حجر نافر وحجز الماء بحواجز ليعلم أصحاب الرحى من هذا الحجر سير رحاهم إذا طغى النهر فمتى غمر هذا الحجر بالماء لا تبقى رحى دائرة ومتى غيض الماء عنها علموا أن الرحى مشت. كما كانت هنا ك العديد من الرحى منها المسرودة والحلوانية والقاسمية والعونية.

الحمامات: كان في حماة العديد من الحمامات والتي كانت موجودة حتى وقت قريب ومنها حمام القاضي في محلة جورة حوا بانيها القاضي سراج الدين بن مغلي، وحمام السلطان عند جامع نور الدين بناها الملك المنصور محمد بن الملك المظفر تقي الدين عمر وكانت حمامه الخاصة به، وحمام المدار في الحاضر وهي من بناء الأمير عبد الوهاب بن شيخ الأكراد بناها عام ٩٦٢هـ/١٥٥٥ م، وحمام الذهب في محلة المدينة وهي قديمة مجهول بانيها. وغير هذا من الحمامات التي اندرست وأصبحت للحجارين يهدمونها ليبيعوا حجارتها كحمام دار الفرح في محلة باب الجسر.

البيمارستانات: عرف بحماة بيمارستان واحد بناه السلطان نور الدين محمود ليكون دارا للمرضى ووقف لها أوقافا مدهشة وكانت النظارة عليها لبني القرناص ثم من بعدهم لبني الماوردي ثم تولاه آخر الأمر محمود جلبي عام ٩٧٢هـ/١٥٦٥ م. وفي عام ١١٠٠هـ/١٧١٩ م كانت التولية عليه للشيخ صفا العلواني وقد كان لهذا المستشفى أطباء وخدمة ومصاريف كلية فمما كان على زمن الشيخ صفا العلواني من

الموظفين والمصروف اليومي يبلغ مجموعه (٨٨) عثمانيا. وهو الآن خاليا من فائدة وقد يستخدمه بعض الناس للسكنى.

المساجد: ذخرت بلدة حماة بالعديد من المساجد التي بنيت في عصور مختلفة كان منها الجامع الكبير ويقع في محلة المدينة وقد وجد هذا المسجد من زمن أبي عبيدة رضي الله عنه وكان يسمى الجامع الأعلى ولم يكن على هذه الصورة فإن المهدي العباسي زاد فيه وحسنه ثم جاء المظفر عمر فزاد فيه وبنى مدرسة بجواره ثم جاء إبراهيم الهاشمي فأنشأ منارته الشمالية وبنى رواق الجامع. وفي وسط هذا الجامع قبة صغيرة على ثمانية أعمدة تحتها بحرة صغيرة وعلى الأعمدة خطوط قديمة عربية وله حرم واسع جدا وفي جانبه الغربي ضريح المظفر وابنه وليس في حماة جامع مثله في اتساعه وعظمته وله في جهة القبلة منارة مقطوعة الرأس بابها من الحجر الأسود. وهذا الجامع تقام فيه الصلوات وكان له أوقاف كثيرة اندرست ولم يبق له إلا القليل.

أما الجامع الثاني بحماة فهو جامع الحيات ويقع في باب الجسر وكان يسمى جامع الدهيشة وكان متسعا وقد هدم من جهة الغرب فذهب نصفه وعدا عليه الجوار فأخذوا من أرضه الشرقية مقدار ربعه. وكان الملك المؤيد قد بنى هذا الجامع وعمل لحرمه من جهة الشرق شباكين كبيرين بينهما عمود كبير من الرخام على شكل أفاعي ملتفة ولهذا سمى جامع الحيات وقد نقش حرمه بالذهب والفسيفساء والرخام الملون في جدرانه وأرضه وعمل له من الغرب شباكين مثل ما في الشرق غير أنهما هدما ودخلا في البستان المجاور له وقد عمل فيه خزانة كتب وقف لها سبعة آلاف مجلد وكل هذه ذهبت ما عدا الشباكين الشرقيين.

وهناك أيضا جامع نور الدين ويقع في محلة باب الناعورة حيث جاء نور الدين محمود بعد الزلزلة الكبرى فجدد ما تهدم وبنى هذا الجامع ووقف له أوقافا كثيرة لم يبق منها شيء بتاتا وكان له باب شاهق من جهة الغرب وهو الآن مندرس وفي مكانه

بنيان وقد كان هذا الباب عند الحجرة الكائنة في الرواق الشمالي، وله باب آخر من الشرق حتى اليوم وبين هذين البابين تاريخ بناء الجامع محفور بخط جميل وحروف ضخمة وكان لهذا الجامع شأن عظيم وأصبح بحالة يرثى لها.

وجامع العزي ويقع في محلة باب الجسر في طريق رحى الحلوانية بناه محمد بن حمزة العزي عام ٧٢٣هـ/١٣٢٣ م وكان لهذا الجامع أوقاف كثيرة وهو اليوم مهجور. وغير هذا العديد من المساجد الأخرى التي تذخر بها مدينة حماة عبر العصور.

المكانة العلمية

نبغ في حماة العديد من العلماء والشعراء والمشاهير حيث كان لها حظ وافر من كل هؤلاء، وقد كان كل ذلك بلا شك نتاج حركة علمية عظيمة كانت في هذه المدينة.

المدارس: كان في بلدة حماة مدارس كثيرة منها. المدرسة الخانونية وتقع في محلة المدينة كانت دار المؤنسة خاتون بنت الملك المظفر محمود عمة أبي الفداء وكانت تسمى دار الإكرام وقفتها مدرسة ووقفت لها كتبا وأوقافا كثيرة في مبدأ طريق محلة الجراجمة على يسار المنحدر إلى عاصي باب النهر.

وهناك المدرسة الطواشية وتقع في محلة المدينة وقفها الطواشي مرشد الذي كان يقوم مقام الملك المنصور حين تغيبه عن حماة وموقعها تجاه باب الجامع الكبير الشمالي في جانب حمام الذهب الشرقي وقد اندرست الآن ولم يبق إلا آثار الجدران في البستان وكان لها أوقاف كثيرة وكان شيخ التدريس فيها عند هدمها الشيخ محمد ابن الشيخ أبي يزيد الحموي.

وكذلك المدرسة العزية وتقع في محلة باب الجسر بناها محمد بن حمزة العزي بجوار جامع العزي من شرقيه وكانت متسعة ولم يبق من آثارها الآ ن سوى ما هو مرسوم على جدار الجامع باسم من أنشأها.

والمدرسة العصرونية وكانت في المكان المسمى باب حمص القريب من نهر العاصي قرب بستان الجبل وكانت لتعليم القرآن الكريم وكان لها جامع وداران

متصلان بها وفي جدارها كتابة حجرية يستدل منها على المقصود وقد كان لها أوقاف كثيرة فوق الحد سيما في جهة شيزر. كما كانت هناك العديد من المدارس الأخرى منها المدرسة النورية والمدرسة الحنفية والمدرسة المظفرية وغيرها الكثير.

العلماء: اشتهر في حماة من العلماء عدد كبير كان من أشهرهم الشيخ العلامة جمال الدين محمد بن سالم بن واصل قاضي القضاة بحماة كان فاضلا إماما مبرزا في علوم كثيرة مثل المنطق والهندسة وأصول الدين والفقه والهيئة والتاريخ وتوفي في حماة ودفن فيها.

وعرف من الأدباء الشيخ شرف الدين عبد العزيز الأنصاري المعروف بشيخ الشيوخ وكان مولده بحماة وكان متقدما عند الملوك وله النثر البديع والنظم البديع. وابن خضر بن قسيم الحموي وكان من الشعراء المجيدين. ومن النحاة تاج الدين محمد بن هبة الله البرمكي الحموي وكان فقيها فرضيا نحويا متكلما إماما من أئمة المسلمين وكان يرجع إليه أهل الديار المصرية في فتاويهم وكان مدرسا بالمدرسة الصلاحية وخطيبا بالقاهرة.

وعرف من المؤرخين جمال الدين بن بركات الحموي، ومن الجغرافيين الرحالة المشهور ياقوت الحموي صاحب كتاب معجم البلدان .

كما عرف من علماء الشريعة محمد بن المظفر بن بكران بن عبد الصمد بن سليمان الحموي وكان أحد المتقنين لمذهب الشافعي، تولى منصب قاضي قضاة بغداد كان يلقب بالشامي. ومحمد بن الحسن بن رزين موسى بن عيسى العامري الحموي قاضي القضاة بالديار المصرية لقبه تقي الدين ولد بحماة ثم قدم دمشق وولي إعادة دار الحديث الأشرفية ثم وكالة بيت المال ثم انتقل إلى القاهرة ثم درس بالظاهرية ثم ولي قضاء القضاء وتدريس المذهب الشافعي. وإبراهيم ابن أبي الدم ولد بحماة ونشأ فيها ثم سافر إلى بغداد فسمع الحديث من ابن سكينة وغيره وحدث بحلب و القاهرة .

وإبراهيم بن نصر بن طاقة المعروف بابن الفقيه ولد بحماة ونشأ فيها ثم رحل في طلب

العلم وسكن مصر وكان فقيها أديبا رئيسا وجيها. ومحمد بن إبراهيم بن سعد الله بن جماعة قاضي القضاة كان محدثا فقيها ولد بحماة ثم درس بالق بمرية بدمشق ثم ولي قضاء القدس وخطابتها ثم ولي القضاء بالديار المصرية ومات في مصر.

دمشـــــق:-

دِمَشق أو دِمِشق (عاصمة الجمهورية السورية حاليا) وأكبر مدنها. وتقع على خط طول شرقي ٣٧َ ٣٠ْ وخط عرض شمالي ٣٣َ ٣٠ْ. وهي إلى الشرق والجنوب من مدينة بيروت، وتبعد عنها ١١٢ كيلو متر، وتبعد عن جنوبي مدينة حمص أربع مراحل وتعلو عن سطح البحر ٢٤٠٠ قدم. وتعرف المدينة بأسماء أخرى من أشهرها الفيحاء ولؤلوة الشرق.

نبذة تاريخية :-

كانت مدينة دمشق موجودة في الألف الثالثة قبل الميلاد كحاضرة مزدهرة وكمركز للمملكة الآرامية. فهي تقع على حافة الصحراء العربية الشامية في ظهر الحاجز المزدوج المكون من جبال لبنان، وجبل حرحون وجبال لبنان الشرقية تحمي سهل دمشق من الشمال ومن الجنوب، ويحمي الجبل الأسود وجبل المانع المدينة من الجنوب بعض الحماية ولكنها مكشوفة من الشمال، وتهب عليها رياح غربية تجلب الثلج والمطر، كما تهب عليها رياح الخماسين من وقت لآخر. ولقد ساعد موقعها عند ملتقى الطرق المؤدية إلى بلاد الرافدين - العراق - وشبه الجزيرة العربية على أن تصبح مركزا تجاريا هامة, وهي من أقدم مدن الأرض المسكونة بعد أريحا، حيث شاهدت هذه المدينة أحداثا نشطة على امتداد أربعة آلاف سنة، وقد لعبت دمشق دورا كبيرا في تاريخ الشرق القديم ولا سيما في عهد الدولة اليونانية والرومانية والبيزنطية. وظل لها هذا الدور حتى بعد أن فتحها المسلمون على يد خالد بن الوليد وأبي عبيدة بن الجراح عام ١٤هـ/٦٣٥ م.

ولقد جعلها معاوية ابن أبي سفيان عاصمة للخلافة الأموية، واستمرت دمشق هكذا إلى أن سقطت الدولة الأموية فسقطت هي بدورها بيد القائد العباسي في غرة رمضان سنة ١٣٢ هـ/٧٥٠ م وأصبحت ولاية عباسية حيث انتقلت الخلافة العباسية إلى بغداد، والخليفة العباسي الوحيد الذي اهتم بها نوعا ما هو المتوكل حيث أقام فيها سنة ٢٤٤هـ/٨٥٨ م لفترة قصيرة لم تكن كافية لإعادة الازدهار إليها، وعندما بدأت الدولة العباسية في التمزق إلى دويلات وظهرت الدولة الطولونية في مصر سنة ٢٦٤هـ/٨٧٨ م وقعت دمشق في قبضة أحمد بن طولون مستقلة عن دار الخلافة في بغداد، وبعد سقوط هذه الدولة سنة ٢٨٢هـ/٨٩٦ م ظهر القرامطة على أبوابها على شكل غارات شنوها عليها حتى قضى جند الخليفة عليهم، وقد مرت دمشق بأوقات عصيبة حتى تمكن نور الدين محمود صاحب حلب من الاستيلاء عليها سنة ٥٤٩هـ/١١٥٤ م، وكان حكم نور الدين في دمشق فاتحة عهد جديد من الرخاء والقوة، ويعتبر عهده مع عهد صلاح الدين أزهر أيامها، وفي سنة ٦٥٨هـ/١٢٦٠ م عادت دمشق إلى سابق عهدها وذلك عندما أصبحت أهم ولاية مملوكية في بلاد الشام خاصة في عهد الظاهر بيبرس. وفي عام ٩٢٣هـ/١٥١٦ م إثر معركة مرج دابق أصبحت ولاية عثمانية، وقد اهتم بها العثمانيون لأهميتها الدينية والتجارية.

المعالم الحضارية:-

عرفت دمشق على مر العصور بكثرة الأنهار وجريان الماء في قنواتها فقل أن تمر ببستان إلا والماء يخرج منه إلى حوض يشرب منه الرائح والغادي. وكانت دمشق في بادئ أمرها مدينة زراعية صغيرة في المنطقة التي يرويها نهر بردي. ونظرا لموقع المدينة المتميز كمركز تجاري انتشرت الأسواق بها. كما انتشرت بها القصور المساجد والبيمارستانات

القلاع: تشتهر دمشق بقلعتها التي شيدت في الزاوية الشمالية الغربية من المدينة القديمة ضمن السور، ويحيطها خندق عرضه حوالي عشرين مترا ولها أربعة

أبواب أشهرها باب الحديد في سورها الشمالي وكان له جسر فوق بردي، ثم باب جسر الخندق الشرقي. وهو الباب الرئيسي لأنه يفتح في المدينة عند باب أبي عصرون، والباب الغربي أو باب السر عند جادة السنجقدار والذي كان السلاطين والأمراء يدخلون منه سرا ويخرجون، وأخيرا باب السر الجنوبي الواقع أمام دار السعادة والمغطى بمباني سوق الحميدية، وللقلعة أيضا اثني عشر برجا موزعا في أطرافها. وقد تعرضت القلعة للعديد من الكوارث كهدم بعض أجزائها نتيجة الزلازل أو العمليات الحربية وغير ذلك في عهود شتى منذ زمن الأيوبيين والتتار والمغول ،وكذلك في عهد المملوكي والعثماني، كما شهدت إقامة عديد من السلاطين والملوك والأمراء والولاة فيها كنور الدين محمود زنكي، وصلاح الدين، والظاهربيبرس وغيرهم.

وفي عام ١٤٠٣هـ/١٩٨٣ م تم الكشف عما اختفى من أسوارها الغربية والشرقية وكذلك الخندق المحيط بها، وتم هدم سوق الخجا والجزء الشمالي من سوق العصرونية، وجزء من الجهة الغربية لسوق الحميدية، كما نقل منها السجن إلى مكان آخر بهدف تحويلها إلى منطقة أثرية.

القصور: تميزت دمشق بقصورها الفارهة التي شيدها الخلفاء وال أمراء في عصور الدولة الإسلامية. ويعد قصر الحير الغربي الذي بناه الخليفة الأموي هشام بن عبد الملك، وجعله مركزا للمنطقة الزراعية هو أكثر هذه القصور تميزا. وكان القصر عبارة عن مربع طول ضلعه (٧٠) مترا ،تحيط بسوره من الخارج أبراج نصف دائرية، كما يحيط بالمدخل الرئيسي برجان؛ أما داخل القصر فعبارة عن صحن مكشوف، تحيط به ستة بيوت، ويتكون كل منها من قاعة كبيرة مستطيلة، تحيط بها غرف صغيرة مربعة الشكل. والقصر من الداخل مملوء بالزخارف الجصية التي توجد على النوافذ وأعلى أبواب القاعات ؛ وتمثل هذه الزخارف أسلوبين متميزين. ففي النوافذ العليا يتجسد إلى حد كبير الأسلوب الساساني ،فقوام الزخرفة فيها شجرة

الحياة ،وهي شجرة مقدسة عند الساسان. أما النوافذ السفلى، فزخرفتها عبارة عـن رسـوم هندسية، قوامها رسوم نجمية ودوائر وهي التي كانت مستعملة لدى البيزنطيين. وكذلك كـان هنـاك قصر الحجاج الذي ينسب إلى الحجاج بن عبد الملك بن مروان والقصر الذي شيده الظاهـر بيـبرس في الميدان الأخضر علي نهر بردي ويسمي القصر الأبلق.

البيمارستانات: تميزت دمشق بالمستشفيات التعليميـة والمـدارس الطبيـة. فمـن المستشفيات التي ازدهرت بها البيمارستان الكبير النوري الـذي شيده السلطان نـور الـدين محمود النـوري عـام ٥٩٥هـ/١١٩٩ م، ويقع غرب سوق الخياطين داخل دمشق. وهو بيمارستان متعامـد في تخطيطـه، ويحتوي على أربعة إيوانات، خصص كل واحد منها لعلاج نوع خاص مـن المـرضى. ويـدخل الزائـر إلى هذا البيمارستان من بابه الذي يبرز عن جداره الغربي، وتزين المقرنصات أعلاه ،كمـا أن النوافـذ التـي تعلو الأبواب قد زخرفت بزخارف جصية مخرمة، تشبه إلى حد كبير، زخاف نوافذ قصر الحير.

وهناك بيمارستان الخليفة الوليد بن عبد الملك الذي أنشئ لعزل المجزومين عن المجتمع خوفا من انتقال عدوى المرض إلى الأصحاء، وكان مكانه في محلـة الأعاطلـة بـالقرب مـن بـاب شرقـي وبقـي يستقبل مرضاه منذ تأسيسه وحتى مطلع القرن العشرين.

أما البيمارستان الثالث فهو البيمارستان القيمري الـذي يقـع إلى غـرب جامـع الشـيخ محيي الدين بن العربي. وينسب إلى منشئه أبي الحسن ابن أبي الفوارس المتوفى سنة ٦٥٣هـ /١٢٥٥ م. وقد رممه حسن باشا المعروف بشوريزي حسن. ونظر في أوقافه وأقام شعائره كما فعل بالبيمـارستان النـو ري من قبل. وكان يصرف على البيمارستان القيمري من أوقاف عديدة، حبسها عليـه مؤسسه. وقد حددت صورة وقفه وجوه الصرف المختلفـة كمعالجـة المـرضى والمصابين والأشربة والحوائـج وأجـرة الطبيـب وأمين المتشاوفين والإمام وعامـل البنـاء المرتب لعمارتـه والنـاظر والمـؤذن واثنـين بخدمـة البيمارستان. وبجوار هذه المستشفيات كانت هناك المدارس الطبية اشتهر منها

المدرسة الدخوارية التي أوقفها مهذب الدين عبد الرحيم علي بن حامد المعروف بالدخوار وذلك عام ٦٢١هـ/١٢٢٤ م، وكان موقعها بالصاغة العتيقة بـدرب العجـل قـرب الخضـراء في الجهـة القبليـة مـن الجامع الأموي. وكان قد وقف لها ضياعا وعدة أماكن يستغل منها وتصرف في مصالحها من المدرسـين والمشتغلين بها. وهناك أيضا المدرسة الدنيسرية التي أنشأها عماد الدين أبو عبد اللـه محمد الربعـي المعروف بالدنيسري عام ٦٨٠هـ/١٢٨١ م، وقد أقامها غربي باب البيمارستان النوري والصلاحية بـآخر الطريق من قبلة بدمشق. ومن المدارس الطبية أيضا المدرسة اللبودية النجميـة أنشـأها نجـم الـدين يحيى بن محمد اللبودي عام ٦٦٤هـ/١٢٦٦ م، وكان موقعها خارج البلد لبستان الفلك المشيري.

الجامع الأموي :-

تعددت آثار العمارة في دمشق فكانت سببا في شـهرتها عـلى مـر العصـور والأزمـان. ويأتي في مقدمة هذه العمارة المسجد الأموي الذي شيده الخليفة الوليد بن عبد الملك عام ٩٨هـ/٧١٦ م، وقـد أخذ الأمويون المسجد النبوي الشريف في المدينة مثالا لهندسـة مسـجدهم، ولا سـيما التقسـيم مـن الداخل. ويتكون المسجد من قاعة للصلاة كبيرة طولها ١٤٨ م وعرضها ٤٠,٥ م وصحن خـارجي واسـع وتقسم قاعة الصلاة الداخلية إلى ثلاثة دهاليز متوازية أو أروقة متساوية في العرض والارتفاع، تفصلها أقواس متناسقة مرفوعة على أعمدة أثرية من الرخام، تعود إلى العصور التـي سـبقت العصـر الأمـوي مثل العصر الإغريقي والروماني والبيزنطي. وفوق صف الأعمـدة هـذه نجد صفا آخر مـن الأعمـدة والأقواس الصغيرة، وسقف المسجد مصنوع من صفوف خشبية متتابعة مزخرفة بـاللون الـذهبي، وفي طرف سقف قاعة الصلاة وفوق الرواق الأوسط توجد قبة عالية جدا سميت قبة النسر، وقـد أعطيـت هذا الاسم لارتفاعها الذي يشبه ارتفاع عش النسر . ويقع محراب الجامع مباشرة تحت قبـة النسرـ في الرواق الأوسط على حائط القبلة، والمحراب مزين بالفسيفساء الملونة، وعلى يمين

المحراب يقع المنبر. ومآذن المسجد الأموي الأربع في الأصل كانت أبراج مراقبة أيام اليونان، فتركها الوليد بن عبد الملك مع الحائط الخارجي، وحولها إلى صوامع للأذان، واليوم لم يبق منها إلا البرج الجنوبي الغربي، وقد شيدت فوقه مئذنة أيام المماليك عام ٨٩٤هـ/١٤٨٨ م، بينما اختفت الأبراج الشمالية الغربية، والشمالية الشرقية، والجنوبية الشرقية التي يوجد مكانها مئذنة بنيت عام ٧٤١هـ/١٣٤٠م. وهناك مئذنة ثالثة يعود تاريخها إلى نهاية القرن السادس الهجري/الثاني عشر- الميلادي، أقيمت مكان مئذنة كانت موجودة قبل عام ٣٧٥هـ/٩٨٥/ م. وأمام المدخل الرئيسي- لقاعة الصلاة وسط الصحن المكشوف تقع الميضأة، وهي على شكل مثمن، وعلى جانبي البركة في الصحن مبنيان تعلو كل واحد منهما قبة صغيرة. وإلى جانب هذا المسجد يوجد المسجد الذي شيده نور الدين بجوار القلعة. ومسجد العيدين وغيرهم كثير من المساجد المنتشرة في أرجاء المدينة.

الحمامات: ومن جملة ما اشتهرت به دمشق حماماتها. وهي من المنشآت ذات النفع العام يرتادها أبناء دمشق والغرباء عنها على حد سواء. وكان بعضها في ذلك الوقت موقوفا لجهة وقف خيري، ومن أهمها حمام فتحي أفندي القلانسي في محلة الميدان بالشارع السلطاني الذي كان يستحم المرء فيه دون مقابل. وهناك حمام ساقة الذي أشرف عليه الشيخ عبد الرحمن المرادي عام ١٢١٠هـ/١٧٩٥ م. وكانت دخول هذه الحمامات تصرف في وجوه مختلفة بحسب رغبة واقفها، فبعضها كان يذهب للصرف على المدارس أو المنشآت الدينية والبعض الآخر لمتولي أوقافها أو للقائمين على إدارتها وتشغيلها، وكذلك لترميمها بين الحين والآخر. ولم تكن على درجة واحدة من حيث فخامتها ورقيها وتجهيزها، لهذا كانت ترتاد من فئات الشعب المختلفة. كما أنشئ العديد منها في قصور أغنياء دمشق وأفراد الهيئة الحاكمة أنشئ بعضها في الرياض المحيطة بدمشق وفي قرى الغوطة.

ولقد ارتبط عدد الحمامات في دمشق بعدد سكانها وتوسعها العمراني لهذا ترى أن عدد تلك الحمامات قد تناقص مع الزمن بدءا من القرن الثامن وحتى القرن الحادي عشر للهجرة/السابع عشر ـ للميلاد، ثم بدأ بعد ذلك يتزايد عما كان عليه في ال قرن الحادي عشر ـ فمجموع حمامات دمشق داخل سورها كان (٧٧) حماما.

ولقد بلغ عدد الحمامات التي تقع داخل دمشق (٣٤) حماما منها: حمام النايب في محلة باب توما باطن دمشق، وحمام منجك بمحلة القباقبية، وحمام عيسى القاري، وحمام بني أسامة بدخلة بني الصايغ، وحمام لصيق بالبيمارستان النوري بالقرب من المدرسة الشامية من ناحية القبلة، وحمام الأمير علي في محلة سوق القطن بزقاق المدرسة الخضيرية، وحمام المسك في محلة طالع القبة أو حمام السلسلة.

أما الحمامات التي كانت موجودة خارج أسوار دمشق في الرياض المحيطة بها فهي: حمام الفواخير في صالحية دمشق، وحمام القاشاني في سوق الجركسية من الصالحية ثم حمام القناطر في محلة القنوات، والحمام الجديد في القنوات بزقاق التعديل، وحمام الورد بسويقة ساروجة، وحمام السنانية، وحمام المحتسب بالداخلة النافذة بالقرب من خان لالا مصطفى باشا، وحمام الزين بالسويقة المحروقة بدخلة المقدم، وحمام القرماني بمحلة القلعة ظاهر دمشق، وحمام التيروزي في محلة قبر السيدة عاتكة، وحمام الحدادين في محلة الدرويشية، والحمام الجديد بمحلة القماحين من الميدان، وحمام فتحي القلانسي، وحمام الحاجب بباب السريجة، وحمام الخانجي، وحمام السلسلة، وحمام الجوزة في سويقة ساروجة، وحمام أمونة بمحلة العمارة بالقرب من جبالة أبي الدحداح، وحمام السكاكري.

ولقد اختلف نمط بناء كل حمام من حيث الزخرفة والمواد المستخدمة وطريقة بنائه والمساحة التي بني عليها إلا أن غالبها يتألف من ثلاث دوائر أساسية هي: البراني (الخارجية) والوسطاني (الوسطى) والجواني (الداخلية)، والبعض القليل منها كان مكونا من دائرتين: البراني والجواني. وكان يدخل إلى الدائرة الخارجية من باب

الشارع أو الحارة. وعلى جانبي المدخل توجد غرفتان صغيرتان تليهما مصطبتان أو أكثر مرتفعتان عن أرضية البراني يصعد إليهما بدرج خاص فيخلع عليها المغتسلون ثيابهم ويقدم لهم ما يلزم من البشاكير والمناشف وما شابه ذلك للرجال. أما النساء فكن يجلبن بقجاتهن من بيوتهن. وكانت مصاطب الحمام مكسوة بالسجاد والبسط. وفي داخلها نافورة ماء تحيط بها من جهاتها الثلاث مصاطب صغيرة أو مقاعد لجلوس المستحمين علي ها. وفي وسط المصاطب الكبيرة توجد بركة ماء كبيرة بها فسقية ونافورة وغالبا ما تكون مزينة.

ويزود الحمام بالقباقيب العديدة التي تستخدم من قبل المغتسلين وعمال الحمام وبه المرايا التي تعلق على الجدران. ولتأمين الإضاءة للحمام نهارا تجد به شبابيك علوية محكمة الغلق من الزجاج . أما الدائرة الثانية فتتكون من الوسطاني - الوسطى - للزبائن والجواني - الداخلية- وهي خاصة بالاستحمام، بها منافع (دورات مياه) ويوجد في كل منها أجران، وهذه الأجران من الرخام أو الحجارة تنصب فيها المياه من فتحتي أنبوبين. الأول حار والثاني بارد تتحكم فيها قطعتان من الخشب. أما جدار البناء وأرضيته فغالبا من الرخام والسقف من حجارة العقد أو على شكل قباب بها فتحات توضع عليها قطع زجاجية للإضاءة ويطلق على هذه القطع اسم القماري. ولا يوجد بهذين القسمين شبابيك على الإطلاق وذلك للحفاظ على حرارة الحمام الداخلية.

وتستمد هذه الحمامات المياه من الطوالع القريبة التي تتزود بدورها من الطالع الرئيسي- وينتقل الماء بأنابيب فخارية إلى مرجل ناري وإلى صنابير المياه الباردة ودورات المياه والنافورات في داخل برك الماء. ومن الحمامات التي كانت تزود بالمياه البزورية حمام نور الدين الشهيد، وحمام العفيف، وحمام المقدم، وحمام الحاجب. وكان لكل منها طالع ماء يزوده طالع رئيسي- يأتيه الماء بدوره من نهر يزيد. أما الطاقم الذي كان يعمل في داخل الحمام فكان يضم المعلم وهو صاحب الحمام أو مستأجره الذي

يقوم بتشغيل الحمام وتوزيع العمل على بقية عماله، والناطور وهو الذي يتعاطى كسوة الزبائن في القسم الخارجي، والمصوبن ومهمته تغسيل الزبائن بالصابون والليفة والدلك بالكيس الخاص بالحمام لإخراج الوسخ لمن أراد ثم القهوجي ويسقي القهوة للزبائن في الحمام، والتبع وهو عامل يقدم للزبائن المناشف إذا كانوا من متوسطي الحال أو من الفقراء كما يعمل النورة المعروفة بالدواء ،ثم الأجير ويكون واحدا أو أكثر ومهمته أخذ النعال وتقديمها لأصحابها، والإقميمي ومهمته إيقاد النار في الإقميم والإشراف عليه والحصول على الوقود والزبل ونشره ليجف كما يخرج الرماد من تحت الإقميم، وأخيرا الزبال ومهمته جلب روث الجمال والحمير والبقر في الشليف على ظهر حمار من أماكن عدة كالخانات وغيرها ويعطيها للإقميمي.

الأسواق: تميزت دمشق بأسواقها الرائعة على مر التاريخ. ومن أشهر هذه الأسواق سوق الحميدية الذي يمتد من باب النصر حتى الجامع الأموي ،وأخذ اسمه عن السلطان عبد الحميد، إذ جرى إنشاؤه خلال العهد العثماني، وهذا السوق مغطى بسقف حديدي مليء بالثقوب حتى ليبدو في النهار وكأنه نجوم كثيرة تلمع في العتمة. وسوق الحرير وهو قريب من الجامع الأموي، حيث يباع في دكاكينه الصغيرة العامرة الأقمشة والمطرزات، والعطور، وعن هذا السوق تتفرع خانات قديمة.

وهناك أيضا سوق السنانية الذي ينسب إلى الوالي العثماني سنان باشا، ثم سوق الدورويشية نسبة إلى الوالي العثماني درويش باشا. وهذان السوقان يقعان خارج أسوار المدينة من جهة الغرب. وهناك أيضا سوق الوزير محمد باشا العظم المسمى (بالسوق الجديد). وقد أقيم هذا السوق على أنقاض أسواق ومبان قديمة إلى الشرق من باب السعادة داخل الأسوار، وكان الشروع في عمارته في أوائل جمادى الأولى ١١٩٢هـ/١٧٨١ م. كما تهدم سوق الظنوتية الذي كان مبنيا بالخشب في سنة ١١٦٣هـ/١٧٤٩ -١٧٥٠م وكان يقع في حي العمارة فقام أسعد باشا العظم

باستخدام حجارته في بناء قصره في سوق البزورية. هذا بالإضافة للأسواق العديدة الدائمة والمؤقتة التي وجدت خارج أسوار المدينة.

وكان كل سوق من الأسواق متخصصة بسلعة أو حرفة أو صنعة معينة، مما ساعدنا على معرفة أنواع الحرف التي كانت قائمة في دمشق أو الخدمات التي كانت تقدمها للمجتمع أو الأثاث والأزياء المستخدمة فيها. وبشكل عام فقد بقيت أسواق دمشق على تخصصها السابق فنسب السوق إلى الحرفة القائمة فيه كما نسب بعضها إلى بانيها أو محتلها، وبلغ عددها في دمشق أكثر من مائة وخمسين سوقا كان معظمها داخل سورها وحول الجامع الأموي. كما كان للصناعات المتقاربة أسواق متقاربة أيضا. فسوق مجلدي الكتب وسوق الوراقين وسوق المكتبيين كانت كلها تقع في منطقة باب البريد لصيق الجامع الأموي من الغرب.

وكانت بعض الأسواق تعقد في الساحات العامة المكشوفة كسوق الجمال في حي الميدان وسوق الغنم وسوق البقر وسوق الجمعة بالقرب من قلعة دمشق حيث كان يؤتى بالبقر من أرزروم. وتخلل هذه الأسواق حوانيت للحلاقين ويقوم هؤلاء بدعوة المارة للحلاقة. وكان رواد هذه الأسواق من جنسيات وقوميات مختلفة وبأزياء متنوعة، فمنهم الراك ب والماشي، ومنهم من يقبض على لجام راحلته ليسير بها إلى هدفه.

المكانة العلمية :-

كانت جوامع دمشق تقوم بمهامها التدريسية إلى جانب مدارسها، كجامع العداس والدرويشية والسليمانية والسليمية والسنانية وغيرها. إلا أن أهم الجوامع على الإطلاق في هذا المجال كان الجامع الأموي، نظرا لعراقته واتساعه وكثرة أوقافه الدارة ومدرسيه الكثيرين ،وتعدد حلقات التدريس في أرجائه. وكانت تلك الحلقات تعقد في صحنه وأروقته وداخل حرمه. وأهم حلقاته التدريسية ما كان تحت قبة النسر التي كانت موقوفة لأعلم علماء دمشق. واعتبرت الدراسة تحتها بمثابة المرحلة العليا من الدراسة .

المدارس: عرفت دمشق منذ العصور الإسلامية الأولى بأنها مدينة المدارس وذلك لكثرة المدارس بها حتى إنها وصلت في عهد الملك صلاح الدين الأيوبي نحو عشرين مدرسة وزاد عدد المدارس فيما بعد زيادة كبيرة. ويأتي في مقدمة المدارس المدرسة العادلية الكبرى وهي تقع في باب البريد قبالة المدرسة الظاهرية، أنشأها في العهد الأيوبي الملك العادل سيف الدين أبي بكر محمد بن أيوب شقيق صلاح الدين الأيوبي عام ٦١٢هـ/١٢١٥ م ،وأكمل بناءها ابنه الملك المعظم عام ٦١٨هـ/١٢٢١ م. وهي تعتبر نموذجا للعمارة الأيوبية من حيث التخطيط ورصانة البناء وتناسب الأبعاد ،وبساطة الزخارف. والمدرسة مبنية من الحجر المنحوت وكأنها مصباح على قاعدة منمقة من الخارج ،وتحتها أربع زوايا مثلثة الشكل. أما المدخل الرئيسي- فيزينه عقدان متجاوران من المقرنصات ،ويتوجه عقد واحد وتحيط بالباب زخارف هندسية سوداء وبيضاء، تمتد حتى نهاية الواجهة، فتمنحها جمالا بسيطا رائعا.

وفي عام ١٣٣٧هـ/١٩١٩ م أنشئ فيها المتحف الوطني و المجمع العلمي العربي الذي أسسه العلامة محمد كرد علي بعد الحرب العالمية الأولى، ويعرف حاليا باسم مجمع اللغة العربية ومقره الجديد في غربي المالكي.

ومن المدارس الأخرى الشهيرة في دمشق المدرسة الجمقمية وهي تقع في حي الكلاسة بجوار الجامع الأموي من جهة الشمال وقرب ضريح صلاح الدين، بدأ تشييد أساساتها علم الدين سنجر الهلالي ثم رفع جدرانها في العهد المملوكي السلطان حسن عام ٧٦١هـ/١٣٦٠ م، وجعلها ميتما للأطفال وبعد ذلك خانقاه، إلى أن احترقت عند احتلال تيمورلنك لدمشق عام ٨٠٤هـ/١ ٤٠١ م. وجدد عمارتها الأمير جقمق الدوادار من العهد المملوكي عام ٨٢٤هـ/١٤٢١ م، كما أعيد تجديدها بين السنوات ١٣٧٩- ١٣٨٥هـ/١٩٦٠ -١٩٦٥م وجعلت مقرا لمتحف الخط العربي.

وهناك أيضا المدرسة الظاهرية التي أنشئت في باب البريد قبالة المدرسة العادلية الكبرى عام ٦٧٦هـ/١٢٧٧ م وكانت في الأصل دارا (للعقيقي) المتوفي عام ٣٦٨هـ/٩٧٨ -٩٧٩م ثم تولى الملك السعيد بن الملك الظاهر بيبرس البندقداري بناء التربة والمدرسة فيها بعد وفاة أبيه عام ٦٧٨هـ/١٢٧٩ م.

ويعتبر باب المدرسة ذو المقرنصات الرائعة من أجمل نماذج العمارة المملوكية في مدينة دمشق، ويضم المبنى إلى جانب ما ذكرت (المكتبة الظاهرية) التي أنشئت سنة ١٢٩٦هـ/١٨٧٩ م في عهد الوالي أحمد حمدي باشا الذي اشترك مع الوالي الأسبق مدحت باشا في جمع الكتب لها، وتم تأسيسها بمساعي طاهر الجزائري وغيره من العلماء.

كما وجدت المدرسة النورية الكبرى التي أسسها نور الدين محمود بن عماد الدين زنكي في منتصف القرن السادس الهجري، والمدرسة الناصرية التي أسسها الملك الناصر في أواخر القرن السادس الهجري، والمدرسة الشبلية التي أسسها شبل الدولة كافور بن عبد الله الحامي في أواخر القرن السادس الهجري، والمدرسة السيفية التي أسسها الأمير سيف الدين بكتمر في أواخر القرن السادس الهجري.

ولقد كانت هناك مدارس أخرى عديدة منها المدرسة الرواحية، والمدرسة الصلاحية، والمدرسة الأسدية، والمدرسة العصرونية، والمدرسة العزيزية، والمدرسة البدرية، والمدرسة الأمجدية، والمدرسة الإقبالية، والمدرسة البهنسية، والمدرسة الشامية الجوانية، والمدرسة الصاحبية، والمدرسة الأتابكية، والمدرسة المرشدية، وغيرها كثير.

ولقد كان التعليم في هذه المدارس مقسوما على مراحل تبدأ أولاها بالكتاتيب وفيها فترتان دراسيتان، في الأولى منها يتلقن الأطفال حروف الهجاء، ومفردها ومركبها وأشكالها، ثم يعلمهم شيخ الكتاب قراءة القرآن والكتابة وحسن الخط، وطرفا من الحساب ومن لم يرغب في متابعة المرحلة الثانية يترك الكتاب مكتفيا بهذا القدر من التحصيل العلمي، فيبحث عن حرفة ليكسب منها ما يقوم بمعاشه، أما

المرحلة الثانية من التعليم ففيها يحضر الطالب دروس الأفاضل ذوي المعارف والفضائل ويدرس لهم ما يساعدهم على فهم القرآن والحديث والمناقشة المنطقية .

المكتبات: انتشرت بدمشق المكتبات، إلا أنها لم تكن منفصلة عن الجوامع والمدارس والمنشآت الدينية الأخرى كالتكايا والخانقاهات والزوايا وغيرها، باستثناء القليل منها في بيوت بعض رجال الدين وغيرهم. وكان أغلب هذه المكتبات عبارة عن وقف ينتفع به طلاب العلم.

وأهم هذه المكتبات مكتبة المدرسة العادلية. وكانت المكتبة في صدر الإيوان بالمجلس الكبير من مبنى المدرسة وهذه المكتبة في الأصل وقف وقفه قطب الدين النيسابوري. ثم هناك مكتبة المدرسة البادرائية المخصصة لكتب الفقه الشافعي وموقوف عليها وقوف حسنة ينفق منها علي المكتبة ويوجد بهذه المكتبة خزانة للكتب وتنسب هذه المكتبة إلى نجم الدين البادرائي. وكذلك مكتبة المدرسة العمرية في صالحية دمشق. ثم مكتبة مدرسة إسماعيل باشا العظم، التي أسهم في إمدادها بالكتب، ابنه أسعد باشا العظم، ثم مكتبة مدرسة عبد الله باشا العظم التي أضيفت إليها كتب والده محمد باشا العظم سنة ١١٩٠هـ/١٧٧٦ م، ثم مكتبة مدرسة الملا عثمان الكردي. ومكتبة التكية السليمانية، ومكتبة المدرسة المرادية، ومكتبة المدرسة السمسياطية، ومكتبة بيت الخطابة في الجامع الأموي، والمكتبة السياغوشية، ومكتبة جامع يلبغا، والأحمدية، ومكتبة الشيخ خالد في محلة القنوات في بيت الشيخ عمر الحضرة ومكتبة الاشماسية بمدرسة قرب الجامع الأموي.

العلماء: خلال العصور الإسلامية اشتهر في دمشق العديد من العلماء الأفذاذ الذين شهد لهم التاريخ وكان من بين هؤلاء العلماء، عبد العزيز بن أحمد بن سليمان التميمي الدمشقي الكناني الصوفي الحافظ وكان من أعيان المحدثين، وأبو زرعة عبد الرحمن بن عمرو البصري الدمشقي الحافظ المشهور شيخ الشام في وقته، وأبو العباس أحمد بن عبد الحليم بن عبد السلام بن تيمية شيخ الإسلام المجتهد وصاحب المؤلفات

الشهيرة في الفقه والعقيدة، وعلي بن الحسن بن هبة الله بن عبد الله بن عساكر الشافعي الحافظ المحدث، وعبد الرحمن بن إسماعيل بن إبراهيم بن عثمان الشهير بأبي شامة فقيه ومحدث ومؤرخ، وأبو الفداء إسماعيل بن علي بن محمود كان مؤرخا جغرافيا قرأ التاريخ والأدب وأصول الدين، وأبو عبد الله جمال الدين محمد بن عبد الله بن مالك أحد علماء النحو والقراءات المشهورين.

كما اشتهر بها من الفلكيين أبو الحسن علاء الدين علي بن إبراهيم بن الشاطر الأنصاري الدمشقي، وفخر الدين رضوان بن محمد بن علي الساعاتي كان مشهورا في معرفة الساعات وهو الذي عمل الساعات عند باب الجامع الأموي، ومحمد بن معروف بن أحمد الشهير بتقي الدين الراصد مهندس ميكانيكي فلكي ورياضي أقام بدمشق ثم انتقل إلى إستانبول حيث أسس مرصدها. ومن النباتيين أبو محمد عبد الله بن أحمد ضياء الدين الأندلسي الشهير بابن البيطار بلغ منزلة كبيرة في علم الأعشاب والنباتات ولد في مالقة من بلاد الأندلس ثم انتقل إلى دمشق وأقام فيها مدة فدرس النباتات في الشام وآسيا الصغرى ثم ألف كتبا في الأدوية المفردة، وأبو جعفر عمر بن علي بن البذوخ القلعي كان فاضلا خبيرا بمعرفة الأدوية المفردة والمركبة وله حسن نظر في الاطلاع على الأمراض ومداواتها

ومن العلماء الأطباء اشتهر بدر الدين محمد ابن قاضي بعلبك، وشيخ الأطباء علاء الدين ابن النفيس ،ونجم الدين بن المنفاخ، و موفق الدين البغدادي ،والحكيم شرف الدين علي بن الرحبي والطبيب المؤرخ ابن أبي أصيبعة ،ومهذب الدين عبد الرحيم بن علي ويعرف بابن الدخوار صاحب المدرسة الدخوارية.

<u>سمرقند:-</u>

واحدة من أقدم مدن العالم تقع في بلاد ما وراء النهر، وهي اليوم ثاني مدن جمهورية أوزبكستان في الاتحاد السوفيتي سابقا، وكثيرا ما يرد الجزء الثاني من هذا الاسم الذي يشتمل على الكلمة الإيرانية الشرقية "قند"، ومعناها مدينة في أسماء الأماكن الإيرانية الشرقية، في حين أن الجزء الأول من الاسم لم يفسر بعد تفسيرا مقنعا.

<u>نبذة تاريخية :-</u>

كانت سمرقند عاصمة بلاد ما وراء النهر لمدة خمسة قرون منذ عهد السامانيين إلى عهد التيموريين. وقد أطلق عليها الرحالة العرب اسم "الياقوتة" الراقدة على ضفاف نهر زرافشان. وهي المنافسة التاريخية لبخارى ،وهي العاصمة الرائدة التي أعدها تيمورلنك لتحتل الصدارة في عهده.

ولقد كانت سمرقند وبخارى أهم حاضرتين فيما وراء النهر (الصغد وما وراء النهر) وتقوم سمرقند على الضفة الجنوبية لنهر الصغد (وادي الصغد، زرافشان) في موقع عرف بأنه جنة بحق. عدد سكانها حوالي نصف المليون نسمة وهي من أهم المدن في هذه الجمهورية نشاطا زراعيا وتجاريا وصناعيا، ومناخها قاري كالمناخ السائد في آسيا الوسطى، وكانت من المدن الإسلامية الهامة في الجناح الشرقي لديار الإسلام.

وقد تعرضت سمرقند عبر تاريخها لويلات وكوارث كان أهمها ثلاث: تدمير الإسكندر لها عام ٣٢٩ قبل الميلاد، وكانت تعرف وقتذاك باسم "مرقندا". والمرة الثانية التي تعرضت فيها للتدمير كانت في عهد جنكيزخان عام ٦١٧هـ/١٢٢٠ م. أما التدمير الثالث فكان على أيدي الأوزبك حوالي منتصف القرن التاسع الهجري/القرن الخامس عشر الميلادي. وكانت قبائل الأوزبك حتى هذه الفترة لم تعتنق الإسلام.

وقد احتل لإسكندر مدينة سمرقند عدة مرات إبان قتاله مع السبتاميين وسواها بـالأرض كـما جاء في إحدى الروايات على أن الرواية العربية تذكر أن الإسـكندر هـو منشـئ هـذه المدينـة. وكانـت سمرقند في عهد القواد الذين تنازعوا ملك الإسكندر بعد تقسيم عام ٣٢٣ قبل الميلاد تابعة لولاية بلخ بصفتها قصبة الصغد، وقد وقعت في أيدي السـلوقيين هـي وبلـخ عنـدما أعلـن ديـودوتس اسـتقلاله، وتأسست المملكـة الإغريقيـة البلخيـة في عهـد أنطيـوخس الثـاني ثيـوس، ومـن ثـم أصـبحت معرضـة لهجمات برابرة الشمال.

وغدت سمرقند من ذ لك الوقـت حتـى الفـتح الإسـلامي منفصـلة عـن إيـران مـن النـاحيتين التاريخية والاقتصادية وإن ظل التبـادل الثقـافي بينهـا وبـين الـبلاد الغربيـة متصـلا. وكانـت فتوحـات المسلمين لمناطق وراء نهر جيحون قد بدأت منذ عام ٤٦هـ/٦٦٧ م، ولم يبدأ المسـلمون تـوغلهم فـيما وراء النهر توغلا منتظما إلا بعد أن عين قتيبة بن مسلم واليا على خراسان حيث وجد طرخـون حـاكما على مدينة سمرقند.

وفي عام ٩١هـ/٧٠٩ م تصالح طرخون مع قتيبة على أن يؤدي الجزية للمسـلمين ويقـدم لهـم الرهائن غير أن ذلك أغضب رعاياه فخلعوه، وحل محله إخشيذ غورك، واسـمه بالصـينية أو -لي- كيـا، ولكن قتيبة أجبر إخشيد على التسليم في عام ٩٣هـ/٧١٢ م بعـد أن حـاصر المدينـة وقتـا طـويلا. وقـد سمح له بالبقاء على العرش، ولكن أقيم في المدينة وال مسلم ومعه حامية قوية.

وغدت سمرقند هي وبخارى قاعدة للفتوح الإسلامية الأخرى ونشر الإسلام في البلاد، وهو أمر كانت تزعزعه في كثير من الأحيان الفتن التي تثيرها مماحكات الولاة التـي أشـاعت القلاقـل فـيما وراء النهر في العقود الأخيرة من عهد الأمويين.

وفي عام ٢٠٤هـ/٨١٩ م. أعطى الخليفة المأمون العباسي ولاية ما وراء النهـر وخاصـة سـمرقند لأبناء أسد بن سامان، وظلت منذ ذلك الحين دون أن تتأثر بفتن

الطاهرية والصفارية في أيدي بيت سامان إلى أن قضى إسماعيل بن أحمد على سلطان الصفارية عام ٢٨٧هـ/ ٩٠٠ م، وأسس الدولة السامانية فأتاح بذلك لما وراء النهر قرنا من الرخاء والازدهار لم تر له مثيلا إلا بعد ذلك بخمسمائة سنة أيام تيمور وخلفائه المباشرين. وقد ظلت سمرقند محتفظة لنفسها بالمكانة الأولى بصفتها مركز التجارة والثقافة وخاصة في أنظار العالم الإسلامي حتى بعد أن انتقلت القصبة إلى بخارى.

وقد حكم القراخانية سمرقند بعد سقوط الدولة السامانية (الإلكخانية)، ففي عام ٤٩٥هـ/ ١١٠٢ م كان أرسلان خان محمد القراخاني صاحب السلطة على سلجوق سنجر وظلت سلالته قابضة على السلطة إلى أن أصبح القرة خطاي أصحاب الكلمة فيما وراء النهر بعد أربعين سنة، عندما انتصر القرة خطاي انتصارا كبيرا على سنجر في قطوان عام ٥٣٦هـ/ ١١٤١ م.

وفي عام ٦٠٦هـ/ ١٢٠٩ م هزم خوارزمشاه محمد بن تكش الكورخانية وحاصر جنكيزخان خصم خوارزمشاه المخيف، سمرقند بضعة أشهر بع د أن عبر نهر سيحون في طريقه من بخارى التي دمرها تدميرا تاما. ومن حسن حظ هذه المدينة أنها سلمت في ربيع الأول عام ٦١٧هـ/مايو ١٢٢٠م. وسمح لعدد من أهلها بالبقاء فيها تحت حكم وال مغولي وإن كانت قد نهبت وطرد الكثير من سكانها.

وكانت سمرقند في المائة والخمسين سنة التالية صورة باهتة لما كانت عليه من عز ومكانة. وبدأت المدينة تنتعش عندما أصبح تيمور لنك حوالي عام ٧٧١هـ/ ١٣٦٩ م صاحب الكلمة العليا فيما وراء النهر. واختار سمرقند قصبة لدولته الآخذة في النمو باستمرار، وراح يزينها بكل آيات الروعة والفخامة. وقد جمل أولغ بك حفيد تيمور هذه المدينة بقصره المسمى "جهل ستون" كما شيد بها مرصده المشهور.

وقد استولى تيمور لنك على سمرقند لأول مرة عام ٩٠٦هـ/١٤٩٧ م. واحتفظ بها بضعة أشهر، وفي عام ٩٠٩هـ/١٥٠٠ م. استولى عليها منافسه تيمور أوزبك خان شيباني، وبعد وفاة أوزبك تحالف بابر مع إسماعيل شاه الصفوي فأفلح

في الظفر مرة أخرى بفتح ما وراء النهر واحتلال سمرقند، ولكنه اضطر في العام التالي إلى الانسحاب انسحابا تاما إلى مملكته الهندية تاركا الميدان للأوزبكيين ولم تكن سمرقند في عهد الأوزبكيين إلا قصبة بالاسم دون الفعل، ذلك أنها قد تخلفت كثيرا عن بخارى.

وقد تقدم الإسلام من هذه البلاد إلى الصين والهند وروسيا ذاتها، حتى إن الأراضي الروسية ظلت خاضعة للسيطرة التترية الإسلامية لمدة ثلاثة قرون، بل كان دوق موسكو يدفع الجزية سنويا لأمير بخارى.

ولكن قياصرة روسيا سرعان ما استردوا هذه المناطق الإسلامية وسقط أول حصن إسلامي وهو حصن آق مسجد في بلاد ما وراء النهر بيد الروس عام ١٢٦٨هـ/١٨٥٢ م.

وفي منتصف القرن السادس عشر وبينما كانت الدولة العثمانية تهدد وسط أوروبا وتزحف إلى إفريقيا وآسيا، كانت روسيا القيصرية تهاجم المناطق الإسلامية حتى سقطت قازان في منطقة الفولغا، وبعدها دولة خانات ستراخان ثم مملكة سيبير المسلمة في سيبيريا، ثم اتجهت الجيوش الروسية إلى الجنوب إلى تركستان في القرن التاسع عشر. وتساقطت الخانات فيما وراء النهر الواحدة تلو الأخرى، حتى زحف ثمانية آلاف من جيوش الروس نحو سمرقند وعبروا نهر زارافشان في ١٣ أيار/مايو عام ١٨٦٨م/١٢٨٥ هـ وسيطروا عليها في اليوم التالي، ودخل القائد كاوفمان العاصمة التيمورية القدي مة، وكانت في ذلك الوقت في أيدي مظفر الدين أمير بخارى.

وحين قام النظام الشيوعي عام ١٣٤٢هـ/١٩٢٣ م في روسيا صارت سمرقند ضمن جمهوريات الاتحاد السوفيتي السابق حتى انهياره عام ١٤١٢هـ/١٩٩١ م فصارت إحدى مدن جمهورية أوزبكستان المستقلة.

<u>المعالم الحضارية</u> :-

كانت سمرقند بحكم موقعها الذي يرتفع عن الأرض من أكثر المدن نقاء للجو. فكان جوها صحيا وكان يجري تحتها ماء غزير في قنوات وجداول عديدة تنحدر إليها من الجبال . ولم تكن سمرقند مركزا تجاريا كما هو حال بخارى لأنها لم تكن تقع على الطريق الرئيسي إلى الهند وإنما كانت مدينة للاستمتاع والهدوء حيث كانت توصف بأنها مدينة المسرات.

وتتكون مدينة سمرقند من الأقسام الثلاثة المأثورة التي تنقسم إليها المدن الإيرانية وهي: القلعة (كهندز ثم عربت إلى قهندز أو ترجمت إلى قلعة) والمدينة عينها (شهر ستان، شارستان مدينة) ثم الربض والأقسام الثلاثة هنا واردة بترتيبها من الجنوب إلى الشمال، فالقلعة كانت تقع إلى الجنوب من المدينة على مرتفع من الأرض وهي تشمل ديوان الإدارة والسجن.

وتقع المدينة ذاتها المشيدة بيوتها من الآجر والخشب على تل أيضا، وقد حفر حول المدينة خندق عميق لأخذ المادة اللازمة لبناء سور اللبن المحيط بها وزودت المدينة كلها بمياه جارية جلبت من الجنوب إلى الميدان المركزي للمدينة المعروف باسم رأس الطاق بواسطة قناة صناعية مغطاة بالرصاص (ولعلها شبكة من الأنابيب الرصاصية) تجري في باطن الأرض يعود تاريخها إلى ما قبل العهد الإسلامي وكان الإشراف عليها كان موكولا للزارادشت الذين كانوا معافين من جزية الرءوس لقيامهم بهذه الخدمة. وقد زودت هذه القناة حدائق المدينة الواسعة الأرجاء البديعة بالماء.

الأسوار: كان يحيط بمدينة سمرقند سورا عظيما يفتح منه أربعة أبواب رئيسية: باب الصين وهو في شرق المدينة، وقد أقيم تخليدا لذكر الصلات القديمة

مع الصين الناجمة من تجارة الحرير، وإلى الشمال باب بخارى، وإلى الغرب باب النوبهار ويشير هذا الاسم إلى معبد قد يكون بوذيا. ويوجد إلى الجنوب الباب الكبير أو باب كش الذي يرتبط باسم بلدة كش موطن تيمور الأص لي. وقد وجدت كتابة بالعربية اليمينة الحميرية عند باب بخارى هذا نصها: "بين المدينة وبين صنعاء ألف فرسخ وبين بغداد وبين أفريقية ألف فرسخ، وبين سجستان وبين البحر مائتا فرسخ، ومن سمرقند إلى زامين سبعة عشر ـ فرسخا". وتتاخم الأرباض السفلى المدينة، وهي تمتد في اتجاه نهر السغد ويحيط بها سور به ثمانية أبواب.

وتقوم في هذه الأرباض معظم الأسواق والخانات ومخازن السلع التي يندر وجودها في المدينة ذاتها. وكانت تقوم في المدينة نفسها دواوين الحكومة السامانية والمسجد الجامع. وإنما يبدأ عهد العمارة الأكبر في سمرقند بقيام تيمور.

<u>مسجد بي بي خانم بسمرقند :-</u>

من أهم معالم سمرقند الأثرية التي تشهد على تاريخ المسلمين في سمرقند المساجد الكثيرة التي حول بعضها إلى متحف لتاريخ الفن والحضارة في أوزبكستان. ومن هذه المساجد المسجد الجامع الذي شيد في أواخر القرن الرابع عشر في شرق ميدان ريكستان، ويطلق عليه اسم مسجد بي بي خانم زوجة تيمورلنك الكبرى. ويذكر بأن تيمورلنك هو الذي وضع أسس المسجد في أعقاب حملته الناجحة على الهند. وفي الجانبين الشمالي والجنوبي من المسجد يقوم مسجدان صغيران لكل منهما قبة تواجه الأخرى.

ولقد اقترن بناء المساجد في سمرقند بالأضرحة فهي تمثل سمة مميزة للمدينة، إلا أن أبرز ما فيها هو الناحية الجمالية التي تتمثل في القباب المزخرفة وهي نموذجا فريدا من الفن الإسلامي المشرقي. ومن هذه الآثار منشآت شاه زنده وهي تتضمن الكثير من المؤسسات والآثار الإسلامية منها: ضريح قثم بن العباس بن عبد المطلب ابن عم النبي محمد صلى الله عليه وسلم ،الذي قيل بأنه استشهد في فتح سمرقند عام ٥٧

هجرية. وأقيم له ضريح على غاية من الروعة والجمال، غير أن تاريخ البناء الموجود حاليا يعود لعام ٧٥٣ هجرية، وهو قد يكون تاريخ تجديد الضريح، ويضم الضريح ثلاث قاعات ومسجد وغرفة للعبادة والاعتكاف.

ولقد تحول شاه زنده بعد ذلك إلى مجموعة من الأضرحة والمنشآت الدينية. وكان ذلك كفيلا بأن يوفر للأضرحة المقامة حول ضريح قثم وللمساجد أسبابا عديدة للعناية بها والإنفاق الكثير عليها، جعلت منها قطعا فنية رائعة، واجتمعت لأج لها قدرات أمهر الفنانين والبنائين في عهد تيمورلنك وبعده، حتى أصبحت مجموعة "شاه زداه" من أهم التراث المعماري الفريد في آسيا.

ومن الملامح والمنشآت المميزة في منطقة " شاه زنده " مجموعة كاملة من المباني أنشئت بأمر من الأميرة " ترمان آقا " زوجة تيمورلنك، وتضم مسجدا (خانقاه) وضريح "ترمان آقا" الذي لا يقل روعة وجمالا عن أي ضريح آخر في " شاه زنده " بل ويزيد عليها جميعا ببوابة مكسوة بالفسيفساء ليس كمثلها بوابة أخرى. كما تضم هذه المجموعة حجرة متوسطة للخدمة، ومن المعالم الأثرية الهامة في سمرقند ضريح الإمام البخاري الواقع في ضاحية سمرقند عند مشارف قرية باي أريق حيث دفن هناك بعد وفاته في القرن الثالث الهجري/التاسع الميلادي عن اثنين وستين سنة، وذلك بعد هجرته من بخارى، ودفن إلى جواره عدد من علماء بخارى... وقد أقيم بالقرب من ضريحه قبل سنوات قليلة مسجد حديث في أواخر السبعينات من هذا القرن. ومن ملامح سمرقند أيضا قبر تيمورلنك، حيث يتميز بقبته الباهرة التي تعلو الضريح. وهي قبة فيروزية مضلعة ومكسوة بكم هائل من زخارف الفسيفساء. ويسمى هذا الضريح باسم كور أمير أو مدفن خلفاء الأمير تيمور. وكور أمير يطلق أيضا على مجموعة من المباني المرتبطة باسم حفيد تيمور المعروف باسم محمد سلطان وتضم هذه المجموعة مدرسة خانقاه، والضريح الملحق بالمسجد، ومبان عديدة تطل على مئذنة من كل ركن فيها. كما يتميز البناء بوجود حجر المرمر الرمادي السداسي الشكل وهو حجر العرش الذي لا يزال يطلق عليه الاسم التقليدي له "كوك طاش".

ومن الأضرحة المشهورة ضريح " طوغلوتكين " إحدى الأميرات المغوليات. وإلى جـواره ضريح آخر عرف باسم " أمير زاده ". وبجانبه مصلى صغير اسمه "زيارة خانه" غطيت جدرانه بنقوش كثيفة تلمع رغم الظلام النسبي الذي يسود المكان. وهنـاك ضريح هـام بمثابة تحفة معمارية وفنية هو ضريح الأميرة شيوين بيكه آقا شقيقة تيمورلنك. كما يوجد ضريح آخر لشقيقة أخرى لتيمورلنك هـي الأميرة تركان آقا.

كما يوجد ضريح بني فوق قبر العالم الفلكي قاضي زاده الرومي. وكذلك توجد أيضا مجموعـة من الأضرحة تعود إلى القرن الرابع عشر الميلادي عندما اختار تيمورلنك سمرقند عاصمة له.

الأسواق: اشتهرت سـمرقند عـبر التـاريخ بالعديـد مـن المنتجات الوطنيـة مثـل المنسوجات والسجاد، إلا أن أشهر ما عرفت به سمرقند هو الورق السمرقندي وقد نقلت سر صناعته عن الصين. ولهذا الورق شهرة خاصة تميزت بها سمرقند عبر التاريخ. ولقد بـدأت هـذه الشهرة عندما قام أهل إقليم بخارى بثورة في عهد أبي مسلم الخراساني فبعث بحملة قوامها عشرة آلاف رجل بقيادة زياد بن صالح حيث قضى ـ على الثورة في مدينة بخـارى واستمر في زحفه إلى أن أخضع أيضا ثورة سمرقند التي كان الصينيون يسـاندون الثوار فيها ضد العرب المسلمين وقد وقع الكثير من الصينيين في الأسر وخيروا بين الرق أي العبوديـة وبين الحريـة إذا علموا المسلمين حرفة فآثروا العتق وعلموا المسلمين من بين مـا علموهم صناعة الـورق ومـع مضي الزمان تقدمت هذه الصناعة باستخدام الكتان والقطن في صناعة الـورق الأبـيض النـاعم الجميل الذي وجد سوقا رائجة في مختلف أنحاء العـالم الإسلامي وبخاصة في عاصمة الدولة العباسية بغداد فالورق صفحة من صفحات الفخر للإسلام والمسلمين فالورق كـان معروفا في جنوب شرق آسيا إلا أن العالم لم يعرفه سوى بعد أن تعلمه المسلمون وانتقل مـن بلادهـم إلى العالم كله.

وقد أنشئ أول مصنع للورق في بغداد حاضرة الخلافة العباسية بعد نصف قرن من إقامة مصانع الورق في سمرقند. وقد ازدهرت هذه الصناعة في سمرقند أيما ازدهار ثم بدأ الصراع بين الورق المصري الذي كان يطلق عليه القراطيس أو القباطية وبين ورق سمرقند الذي كان يطلق عليه الكاغد أو الرقوق الرومية. ولكن الكاغد السمرقندي تفوق على كل هذه الأنواع ولاقى رواجا عظيما حتى عطلت قراطيس مصر والجلود التي كان الأوائل يكتبون عليها.

المكانة العلمية :-

تميزت سمرقند على مر العصور بالعديد من المدارس التي تدل على مدى اهتمام أهلها بالعلم كما تدلنا على الحالة العلمية التي كانت عليها هذه المدينة.

المدارس: من أهم مدارس سمرقند التاريخية في قلب ميدان ريكستان ثلاث مدارس هي: مدرسة أولغ بك، ومدرسة شيرا دار أي عرين الأسد، ومدرسة طلا كاري أي المطلية بالذهب. ومدرسة أولغ بك، ذات واجهة مهيبة وعالية، وتنتصب حول بوابتها مئذنتان عاليتان، وتظهر قبة في ركن جانبي، والكل حافل بالنقوش ال بديعة. وكانت المدرسة تضم (٥٠) غرفة للدراسة والإعاشة ويدرس بها حوالي مائة طالب ثم ازداد العدد إلى أكثر من ذلك وكان المبنى يشتمل على طابقين وأربع قباب عالية فوق قاعات الدراسة الركنية (درس خانه). وكان أولغ بك قد تولى بنفسه التدريس في هذه المدرسة.

أما مدرسة شيرا دار فقد كانت في الأساس زاوية للصوفيين ومسجدا لهم ثم أقام حاكم سمرقند في المكان ذاته هذه المدرسة العظيمة الموجهة لمدرسة أولغ بك. ولكن الناظر إلى واجهتها لا يظنها مدرسة نظرا للفخامة والعظمة والروعة المعمارية التي تتميز بها لا سيما بابها وقببها والمنارتان اللتان انتصبتا بشموخ على مداخلها.

أما مدرسة طلا كاري فيعود تاريخها إلى عام ١٠٥٦هـ/١٦٤٦م. وهي المدرسة الذهبية الفخمة التي تمثل المضلع الثالث في ميدان ريكستان، ويلاصقها المسجد. وهي تتميز بفن معماري جذاب وبثروة في الألوان والزخارف.

وقد توقفت هذه المدارس الدينية والعلمية عن رسالتها الإسلامية بعد أن تحولت منذ عام ١٣٣٦هـ/١٩١٨م إلى مبان أثرية سياحية وذلك بعد الاجتياح الروسي الشيوعي والذي كان يريد أن يمحو كل ما هو ذو صلة بالدين محاولة منه في سلخ أهل هذه البلاد عن هويتهم الإسلامية.

العلماء: ينتسب إلى سمرقند جماعة من أهل العلم نذكر منهم الفقيه أبا منصور الماتريدي. وهو نسبة إلى حي ما تريد أو ما تريب أحد أحياء سمرقند وكان له أثر حاسم في تطور الفقه السني بالمشرق. وكذلك محمد بن عدي بن الفضل أبو صالح السمرقندي، نزيل مصر ـ سمع بدمشق أبا الحسن الميداني، وجماعة غيره، وروى عنه أبو الربيع سليمان بن داود ابن أبي حفص الجبلي، وجماعة غيره. ومنهم أحمد بن عمر أبو بكر السمرقندي، سكن بدمشق وقرأ القرآن وأقرأه، وكان يكتب المصاحف من حفظه.

ومن أعلام سمرقند، صاحب التفسير المعروف بتفسير العياشي، وهو محمد بن مسعود السمرقندي، وكان من المحدثين والأطباء والنجوميين، ومن أعلامها أيضا علاء الدين السمرقندي. ومنهم نجيب الدين السمرقندي، وكان طبيبا معاصرا لفخر الدين الرازي، وقتل بهراة لما دخلها التتار. ومنهم شمس الدين السمرقندي العالم والمنطقي والفلكي والأديب.

ومن علمائها المتأخرين أبو القاسم الليثي السمرقندي. وكذلك الفلكي المشهور قاضي زاده الرومي أستاذ أولغ بك الذي كان أحد أبرز الفلكيين في العالم خلال العصور الوسطى.

شيراز:-

مدينة إيرانية شهيرة في منطقة فارس إلى الجنوب الغربي من جبال زاجروس، ترتفع نحو (١،٦٠٠) متر عن سطح البحر، تبعد عن طهران باتجاه الجنوب حوالي (٩٣٥) كيلومتر، وتبعد عن جنوب أصفهان بحوالي (٥٠٠) كيلومتر، وتقع على بعد (٣٠٠) كيلومتر من الشمال الشرقي لبوشيهر في طريق ممهد آخذ في الاكتمال. وتقع شرق عبدان على بعد (٦٠٠) كيلومتر على طريق تجري فيه عمليات الإصلاح حاليا. ويرجع اسم شيراز إلى شيراز بن طهمورث.

نبذة تاريخية

شيراز مدينة إسلامية قديمة كانت قصبة بلاد فارس، وهي من المدن التي استجدت عمارتها واختطاطها في الإسلام. وأول من تولى عمارتها محمد بن القاسم ابن أبي عقيل الثقفي. وبعد الفتح الإسلامي للمدينة ظلت شيراز المركز العسكري والإداري لإقليم فارس منذ عام ٢٩هـ/٦٥٠ م. فصاعدا.

وقد غزاها أبو موسى الأشعري وعثمان ابن أبي العاص في أواخر خلافة عمر رضي الله عنه، وفي القرون الأولى للإسلام كان لا يزال فيها هيكلان من هياكل النار- التي كان يعبدها الفرس قبل الإسلام- الزرادشتية، كان أحدهما يسمى كارنبان والآخر هرمز؛ وكان ثمة هيكل ثالث خارج أبوابها يسمى مسوبان في قرية تركان.

وقد أعاد بناء المدينة محمد بن القاسم بن محمد بن الحكم ابن أبي عقيل الثقفي ابن عم الحجاج ونائبه في عهد الخليفة الوليد بن عبد الملك على أنقاض مدينة قديمة كانت تبعة لولاية أردشير خره، وكانت قصبتها كور(جور)، وهي فيروز أباد الحديثة. وكانت المدينة في ذلك الوقت على غاية الازدهار.

وفي زمن عمر بن عبد العزيز، أظهر في آخر خلافته التي لم تدم أكثر من سنتين ونصف (٩٨-١٠١هـ/٧١٧ -٧٢٠م)، رغبة شديدة في توسيع المؤسسات الخيرية كما بنى كثيرا من المساجد وذلك ضمن حدود مدينة شيراز.

وفي القرن الثالث الهجري/التاسع الميلادي أصاب خلفاء بغداد تقهقر رافقته في عام ٢٠٦هـ/٨٢٢ م إعلان طاهر بن الحسين الخراساني، أحد قواد المأمون، استقلاله عن الخليفة، وأسس أول دولة مستقلة شرقي بغداد . وفي عام ٢٥٢هـ/٨٦٧ م تمثل به يعقوب بن ليث الذي استولى على مقاطعة سجستان ومنها امتدت سلطته لتشمل معظم بلاد فارس. وقد جلب المجد إلى شيراز باتخاذه إياها عاصمة له. وبنى أخوه الذي خلفه في ال حكم عام ٢٦٥هـ/٨٧٩ م المسجد القديم، وذلك في عام ٢٨٠هـ/٨٩٤ م وكان أول مسجد جامع بني في شيراز. وتعاظم الرخاء الذي بدأه الصفاريون في شيراز عندما اتخذها البويهيون قاعدة أولى لسلطتهم.

وقد أسس أبو شجاع بويه الدولة البويهية، وقد خدم الأمراء السامانيين الذين طردوا الصفاريين. وفي عام ٣٣٣هـ/٩٤٥ م كان من ابنه أحمد أن أجبر الخليفة المستكفي على تعيينه قائدا عاما وتلقيبه بمعز الدولة، كذلك أجبر الخليفة على أن يخصه بذكر اسمه في صلاة الجمعة مقرونا باسم الخليفة كما ضرب اسمه على السكة. وظل البويهيون لأكثر من قرن من الزمن هم الذين يقررون من سيكون الخليفة في بغداد وأصبح العراق محكوما كأية مقاطعة أخرى من عاصمتهم شيراز. وقد حاول البويهيون فرض شعائرهم الدينية حيث كانوا من الشيعة.

وفي عام ٣٣٨هـ/٩٥٠ م أصبحت حكومة إقليم فارس في أيدي ابن أخيه عضد الدولة ابن ركن الدولة. وركن الدولة هو الذي بنى ركن آباد، القناة المشهورة في شيراز، ودعاها باسمه. وفي هذه الأثناء بسط عضد الدولة سيطرته على جميع الإمبراطورية البويهية وبلغت في عهده الذي انتهى عام ٣٧٢هـ/٩٨٣ م أوج مجدها. وشيراز تدين في الكثير من أبنيتها إلى عضد الدولة الذي أنشأ فيها القناطر و الجسور وبنى فيها مستشفى جميلا وقفت له الأوقاف ورعى العلوم والفنون والعلماء والشعراء.

وبأفول نجم البويهيين أخذ ازدهار شيراز المادي في التقهقر. في تلك الأثناء كانت قوة جديدة في طور الصعود، فبقيام السلاجقة الأتراك بزغ عصر جديد مهم في تاريخ الإسلام والخلافة. ففي عام ٣٤٤هـ/٩٥٦ م ظهر زعيم يدعى سلجوق وذلك على رأس قبائل غز أو أغز التركمانية. وكان قومه هؤلاء الرحل قد تحدروا من سهول قرغيزستان في بلاد تركستان فاستقروا في منطقة بخارى حيث اعتنقوا السنة ونصروها بغيرة وحماسة. وشق سلجوق ثم ابنه من بعده طريقهما رويدا رويدا في مناطق خانات الأيلك ومناطق السامانيين مثبتين أقدامهما. ثم نشط حفيد سلجوق المعروف بطغرل، فشن هجوما هو وأخوه بلغا فيه خراسان ثم انتزعوا مرو ونيسابور من أيدي الغزنويين في عام ٤٢٨هـ/١٠٣٧ م وما لبثا أن استوليا على بلخ وجرجان وطبرستان والري وأصبهان فتداعى أمام بأسهما صرح بني بويه.

وفي عام ٤٤٦هـ/١٠٥٥ م بلغت جيوش طغرل بك أبواب بغداد واضطر القائد الذي كان من قبل بني بويه إلى ترك بغداد ورحل عنها وهكذا عاد الزمام مرة أخرى إلى بغداد. وأضحى إقليم فارس يحكمه ولاة من قبل السلاجقة يدعون الأتابكة وذلك لأكثر من ثمانين سنة.

ثم استطاع سنقر بن مودود الثورة على أسياده من السلاجقة ونجح في الاستقلال بإقليم فارس. وقد حافظت هذه العائلة التي عرفت في التاريخ بالسلغريين نسبة إلى جدهم سلغر الذي كان في خدمة طغرل بك في أول الدولة السلجوقية. ووقعت شيراز تحت سلطان هذه الأسرة وظلت تحيط بها الفتن والمكائد في التصارع على الملك.

وفي عام ٦٢٣هـ/١٢٢٦ م تولى الحكم سعد بن زنكي وأبو بكر ابن سعد وهما من بيت السلغريين واستمرا لمدة طويلة كانت حافلة بالأحداث. وفي عهدهما تخلص إقليم فارس من الفوضى والبؤس اللذين كانا قد حلا به في أواخر القرن السادس الهجري/الثاني عشر الميلادي، فاستعادت هذه المقاطعة مجدها وازدهارها

اللذين كانت تتمتع بهما في عهد البويهيين. أما سعد فقد قدم لشيراز المسجد الجديد، وهو من أكبر المباني الدينية في الشرق الإسلامي وأجملها. كما رمم سور المدينة الذي كان الأتابك جاولي قد بناه. أما ابنه أبو بكر فقد كان هو الذي عمل كل ما بوسعه لكي يعيد رونق شيراز القديم، ومع أن كارثة المغول حلت في عهده إذ دمر هولاكو خان بغداد سنة ٦٥٦هـ/١٢٥٨ م، وذلك قبل موت أبي بكر بسنتين فإن دهاء أبي بكر السياسي وحكمته المرنة خلصا شيراز من الكارثة العامة وجعلا من المدينة موئلا يلجأ إليه كثير من الهاربين من وجه التتار وذلك بعد أن اضطر إلى تقديم الولاء إلى ابن جنكيز خان ودفع له الجزية ثم من بعده لهولاكو وبموت أبي بكر انهار بيت بني سلغر وفي عام ٦٦٢هـ/١٢٦٤ م تولت الحكم آبش خاتون بنت سعد الثاني ثم تزوجت من مانكور تيمور الابن الرابع لهولاكو خان ومن ثم أصبح إقليم فارس تحت حكم المغول مباشرة.

وفي عام ٦٩٤هـ/١٢٩٥ م اعتلى غازان العرش وعاد نجم الازدهار الفارسي إلى الصعود. كان غازان مسلما مؤمنا متعبدا. وقد كان لموته في الثانية والثلاثين وقع أليم على جميع البلاد. وعين أخوه أولجاتيو عام ٧٠٤هـ/١٣٠٥ م رجلا يدعى شرف الدين محمود شاه مديرا للممتلكات الإمبراطورية من إقليم فارس. وقد خلفه في هذا المنصب أبو سعيد ٧١٦هـ/١٣١٧ م. ولم يأت عام ٧٢٥هـ/١٣٢٥ م حتى نصب أبو سعيد نفسه حاكما مستقلا على المقاطعة وتلت ذلك مضاعفات سياسية في إقليم فارس استمرت حتى مجيء تيمورلنك.

وبموت أبي سعيد استولى أبو إسحاق على شيراز و أصفهان وهو أحد أبناء محمود شاه إينجو. وأخيرا استطاع أن يطرد عدوه القديم بينما نادى محمد بن مظفر بنفسه سيدا على يزد، وكان قد ذاع صيته لشجاعته وهو في خدمة أبي سعيد. وفي عام ٧٤٠هـ/١٣٤٠ م حاصر شيراز أحد الأتابكة المنافسين وأخذها عنوة. واضطر ابن محمود شاه أن يرضى بأصفهان ولكنه ما لبث أن عاد في السنة التالية ليستولي على شيراز خدعة وينصب نفسه حاكما على إقليم فارس كله.

ومنذ عام ٧٠٩هـ/١٣٥٣ م إلى عـام ٧٩٥هـ/١٣٩٣ م أي عنـدما فتح تيمورلنك شيراز للمـرة الثانية والأخيرة، كان يحكم معظم إقليم فارس أفراد من بني مظفر. ونادرا ما كانت تمر سنة واحدة لا تعكر صفوها حرب داخلية، وبعد سقوط منصور آخر أمراء بني مظفر انتهى عصر الرونق الملكي الثاني في شيراز. وتحول إقليم فارس إلى مقاطعة مهملة في الإمبراطورية التيمورية، وكانت لا تزال عـلى هـذه الحال عندما استولى الصفويون على بلاد فارس أجمع.

وعاد نجم المدينة إلى الصعود في عهد الأمير قوبي خان وكان الحـاكم العـام لإقليم فارس مـن قبل الشاه عباس. حيث عمل كثيرا على تجميل المدينة مقلدا في ذلك ما فعله سيده في أصفهان، وقد بنى الأسوار وغرس أشجار السرو على الجانبين لمسافة بعيدة على الطريق المؤدية إلى أصفهان مضفيا على المدينة من جهة الشرق ما يليق بها من منظر، كذلك نصب السرادقات بين مسافة وأخرى على غرار تشاهرباغ الشهير الذي بناه الشاه عباس في أصفهان. كما بنى في الميدان الكبير قصرا فخما. وفي عام ١٠٢٤هـ/١٦١٥ م بنى الكلية المعروفة بمدرسة خان، ولم يبق منها إلا بهو مثمن الشكل يمتاز بالفسيفساء والقيشاني البديع.

وفي عام ١٠٧٨هـ/١٦٦٨ م هطلت الأمطار بغزارة ووافق ذلك وقت ذوبان الثلوج على الجبال، مما سبب فيضانا عارما تضررت منه المدينة ضررا شديدا؛ فقد تبع هذا الفيضان وباء جعل المدينة في حالة يرثى لها. وكانت شيراز قد ابتلت من هذه الكارثة إلى حد بعيد.

وفي عام ١١٣٧هـ/١٧٢٥ م جند الأفغانيون قوة للاستيلاء على شيراز، وكانوا قـد استولوا قبلا على أصفهان وحكموا معظم بلاد فارس. غير أن هذه القوات صدت وقتل قائدها. ثم حاصرت المدينة قوة أفغانية تفوق الأولى عددا واستولت عليها بعد أن مات كثيرا من السكان جوعا. وقد جعلها كريم خان زند قصبته وأحاطها بالأس وار والخنادق ورصف شوارعها وأقام العمائر الجميلة فيها، وبخاصة السوق الكبيرة.

وفي عام ١١٤١هـ/١٧٢٩ م وردت الأخبار تقول: إن نادر قولي بك الذي أصبح فيما بعد نادر شاه، طرد الأفغانيين من أصفهان، فثار أهل شيراز ولكن الحامية الأفغانية أخضعتهم وقتلت منهم الكثير وأنزلت بالمدينة وببساتينها خسائر فادحة. غير أن نادر قولي بك هزم الأفغانيين في ديسمبر عام ١١٤١هـ/١٧٢٩ م، وذلك في معركة جرت قرب شيراز التي سقطت بعد ذلك في يديه. فأعاد النظام والأمن، وأصلح الأضرار التي نزلت المدينة وغرس البساتين. ولكن تقي خان شيرازي، حاكم شيراز قاده طموحه لسوء الحظ إلى التمرد على نادر شاه ونصب نفسه حاكما مستقلا على شيراز. فأرسل نادر الجيوش في الحال لإخماد نار الثورة، وسقطت المدينة في يديه بعد حصار دام أربعة أشهر ونصف، ثم أعمل الجنود في شيراز السلب فنهبوا كل بيت وقتلوا كثيرا من الأهالي. وبعد اغتيال نادر شاه عام ١١٦٠هـ/١٧٤٧ م عانت شيراز الأهوال مرة أخرى.

وفي عهد كريم خان زند أصبحت شيراز عاصمة بلاد فارس. وعند موته عام ١١٩٣هـ/١٧٧٩ م كانت المدينة قد استعادت كثيرا من مجدها السابق وبعد خمس عشرة سنة تولى الحكم أغا محمد شاه مؤسس العائلة القاجارية وعدو بني زند اللدود، واتخذ طهران عاصمة له بدلا من شيراز فعادت مرة أخرى إلى التأخر.

واليوم شيراز مدينة كبيرة مزدهرة. يبلغ عدد سكانها حوالي ٥٠٠,٠٠٠ نسمة. وقد حصلت على جامعة خاصة بها وجلبت إليها المياه بالطرق الحديثة وبنيت فيها المؤسسات المتعددة التي تخدم المواطنين في شتى المجالات.

المعالم الحضارية :-

شيراز موطن الثقافة الفارسية ومهد الفكر الفارسي وقبلة الشعراء والفلاسفة، وهي تقع في سهل خصب مترامي الأطراف جنوب أصفهان يكسوه العشب وتحتضنه تلال قائمة، ويكاد يخفي هذا الوادي عن الأنظار الحدائق العامرة بأشجار السرو الداكنة، وفيها تتنافس الورود وأشجار الأرجوان الكثيفة مع جموع الزهور الأخرى

أيها أبهى لونا وأزهى، وهي من ألطف مدن إيران مناخا واعتدالا وطيب هـواء وكـثرة جنائن ودور وعمارة وغلال وفواكه وخضار وكروم وورود وعيون.

الأسوار: بنى سور شيراز وأحكم بناءها الملك أبـو كاليجـار سـلطان الدولـة بـن بـويه في عام ٤٣٦هـ/١٠٤٥ م، وفرغ منه في سنة ٤٤٠هـ/١٠٤٩ م فكان طوله اثني عشر ألف ذراع، وعـرض حائطـه ثمانية أذرع، و جعل لها أحد عشر بابا. ورممت هذه الأسوار في منتصف القرن الثامن الهجري على يد محمود شاه إينجو منافس المظفرية. في مدينة شيراز سبع عشرة محلة وتسعة أبواب هـي بـاب سلم، وباب فسا، ثم الباب الجديد، وباب البيضا، وباب كازرون وباب إصطخر وباب دراك مـوسى وبـاب الدولة وباب السعادة. والمدينة جميلة، وهواؤها معتدل، ويمكن ممارسة جميع أنواع الحرف. وقد مد الماء إليها في أقنية تحت الأرض ،وخير هذه المياه هي التي تأتي في قناة ركن آباد التي بناها ركن الدولة ابن بويه أبو عضد الدولة وهي التي تغنى بها حافظ. وأكبرها قناة قلات بندر التي تشتهر باسم قنـاة سعدى. وفي الربيع يفيض سيل مـن الميـاه مـن جبل دراك ويمضي- خـارج المدينـة ويتـدفق في بحيرة ماهلويه.

القناطر: من الأبنية التي بناهـا عضد الدولـة عـلى مسـاحة اثنـين وعشريـن مـيلا إلى الشرق والشرق الشمالي من المدينة بناء هو عبارة عن قناطر وجسر على نهر كور، ويعرف هـذا الجسر- بـاسم بند أمير، ويبلغ عرضه مبلغا يستطيع معه عشرون فارسا أن يمروا عليه الواحد إلى جنب الآخر.

القصور: شيد عضد الدولة البويهي بشيراز دارا لم ير مثلها في شرق ولا غرب، وما دخلها عـامي إلا افتتن بها، ولا عارف إلا استدل بها على نعمة الجنة وطيبها؛ لقد شق فيها الأنهار، ونصـب عليهـا القباب، وأحاطها بالبساتين والأشجار، وحفر بها الحياض، وجمع فيها المرافق فكانت كجنة اللـه عـلى الأرض. وكان فيها ثلاثمائة وستون حجرة ودارا، وكان مجلسه في كل يوم واحدة إلى الحول وهي سـفل وعلو وكان بها خزانة للكتب جمع فيها العديد من الكتب في شتى العلوم والمعارف.

الحدائق: توجد في شيراز العديد من الحدائق المبهجة الغناء فمن ناحية الشرق توجد روضتا "دلكشا" و"جانما" ثم حديقتي"جهل تن" و"هفت تن". وفي ناحية الشمال الغربي"باغ شيخ" وفي الغرب "رشك بهشت". وكذلك كتلة منها هي حدائق مسجد بردي التي تقع على منحدرات التلال التي تحد المدينة في ناحية الغرب، والتي تطل عليها قمة جبل الثلج (كوه برف) بمنظرها الساحر.

البيمارستانات: من معالم شيراز الحضارية البيمارستان الجميل الذي بني بين عامي ٣٦٧- ٣٦٨هـ/٩٧٨- ٩٧٩م وخصص له مبلغ مائة ألف دينار. ويحتوي هذا البيمارستان على فريق من الأطباء يضم أربعة وعشرين طبيبا. وقد جهز ليس فقط لأن يكون م ستشفى علميا بل مستشفى للتعليم.

المساجد: من المعالم المميزة لمدينة شيراز الجامع المعروف بالمسجد العتيق الذي بناه عمرو بن الليث في القرن الثالث الهجري، وقد جدد هذا المسجد ورمم غير مرة حتى فقد شكله الأصلي. والمسجد مبني على أساس الإيوانات لا الأروقة، وصحنه فسيح مرصوف بالرخام وتحيط به البوائك من كل جهاته. ويمتاز هذا الجامع بمداخله الجميلة وهي ستة مداخل موزعة على الجوانب الأربعة، وقد بنيت المداخل بالحجر الرملي وزينت بالقاشاني، وعلى جهتي كل مدخل مئذنتان قصيرتان.

مسجد الوكيل بشيراز :-

ومن المساجد المشهورة في شيراز أيضا مسجد الوكيل الذي بناه كريم خان زند والذي يعرف باسم المسجد السلطاني. وأجمل ما فيه بيت الصلاة الذي تزدحم فيه عقود حجرية تقوم على دعائم مزخرفة بخطوط حلزونية. ويتزين الإيوان الشمالي برسوم الشجيرات والأزهار، ومنبر المسجد يقوم على أربع عشرة درجة، وقد صنع هذا المنبر في المراغة في أذربيجان ثم نقل إلى شيراز بأمر كريم خان زند.

كما يوجد بها العديد من المساجد الأخرى منها المسجد الجديد الذي بناه سعد ابن زنكي الأتابك السلغري في النصف الثاني من القرن السادس الهجري. ومسجد سنقر، الذي بناه أول أتابك سلغري.

الأسواق: عرفت أسواق شيراز بعظمتها وتنوعها والتي لا تخلو في أغلب الأوقات من الرياحين النادرة الوجود، كما تنصب فيها أكثر المحاصيل الزراعية الموجودة في إقليم فارس الفائق الغني بالحبوب والخضار، بالإضافة إلى الأسماك التي كانت تأتي من البحيرات، وإلى الفواكه الموسمية؛ أما عسل شيراز فكان مشهورا جدا ولا يزال كذلك إلى حد بعيد.

وكانت الأسواق على غرار ما هي عليه في بقية المدن الشرقية، فلكل حرفة حي خاص. وكانت أكوام المحاصيل والمصنوعات المحلية تزداد تضخما من جراء البضائع الأجنبية المستوردة عن طريق البر من موانئ سيراف وناجيرام. وكانت معامل شيراز تجهز الأثرياء بالأواني الفنية لتزيين بيوتهم.

وتشتهر شيراز بصناعتها التقليدية في السجاد الفاخر، وهو من أجود أنواع السجاد في العالم، وفيها صناعة أدوات البناء والأواني الخزفية والنحاسية المنمنمة الموشاة، وأقمشتها ومنسوجاتها القطنية والكتانية من أفخر أنواع النسيج. ويصنع بشيراز الفسيفساء المعروفة باسم خاتم كاري ومنسوجات الملابس والشاش والديباج (القماش المقصب) ومشاقة الحرير.

وبالقرب من المدينة توجد بعض الأماكن الأثرية الهامة التي تعتبر من المزارات السياحية المشهورة، فعلى بعد حوالي (٥٠) كيلومتر من الشمال الغربي لشيراز وأسفل جبال رحمت تشاهد آثار مدينة بيرسيبلس البائدة التي كانت العاصمة الرسمية لمؤسسها داريوس الأول وخلفاؤه من بعده طيلة ٢٥٠٠ عام من الزمان. ولا يزال علماء الآثار يبحثون في الأنقاض التي لا تزال تغطي مدينة بيرسيبلس منذ أن قام الإسكندر الأكبر بهدمها عام ٣٣٠ قبل الميلاد. وقد تم بالفعل رفع الأنقاض عن معظم أساس المدينة.

كما تقع مدينة باسرجاد على بعد حوالي (٧٧) كيلومتر من مدنية بيرسيبلس. وكان الملك سيروس هو الذي بنى المدينة. ومن بين المناطق المهمة في هذه المدينة منصة صخرية طولها (٨٠) متر وعرضها (١٨) متر. ويعتقد أن هذه المنصة كانت أساسا

لقصر ما. وبالقرب من هنا يوجد حطام مبنى أطلق عليه "سجن سليمان" الذي يحتمل أنه كان معبدا للنار. ومما لا شك فيه أن أهم الآثار في باسرجاد هي مقبرة سيروس الكبير. هذه المقبرة لها سبعة درجات مؤدية إلى الضريح تبلغ (٥٣٤) متر طولا و (٥٣١) متر عرضا ويتقدمها مدخل ضيق. وقد قام الإسكندر الأكبر بزيارة قبر سيروس بعد أن نهب وخرب مدنية بيرسيبلس. ويقال إنه أمر أحد محاربيه ويدعى أريسطوبولوس بدخول الضريح، فلما دخل وجد سريرا من الذهب ومائدة عليها أواني للشرب وكفنا ذهبيا وبعض الحلي المطعمة بالأحجار الكريمة.

<u>المكانة العلمية :-</u>

تميزت شيراز في عهد عضد الدولة البويهي أنها كانت مركزا ثقافيا مهما بعد أن قام عضد الدولة ببناء مكتبته ومرصده الشهيرين، وجلب إليها العديد من العلماء.

المكتبات: توجد بشيراز مكتبة عضد الدولة البويهي الشهيرة التي بناها في حجرة على حدة عين لها وكيلا وخازنا ومشرفا من عدول البلد. ولم يبق كتاب صنف إلى وقته من أنواع العلوم كلها إلا حصله منها. وقد ألصق إلى جميع حيطان الأزج والخزائن بيوتا طولها قامة إلى عرض ثلاثة أذرع من الخشب المزوق، عليها أبواب تنحدر من فوق والدفاتر منضدة على الرفوف، لكل نوع بيوت وفهارس فيها أسامي الكتب لا يدخلها إلا وجيه، وكان في كل مجلس من مجالسها ما يليق به من الفرش والستور.

المراصد: عرفت شيراز بمرصدها الذي بناه عضد الدولة والذي تميز بضخامة أجهزته. وقد عمل في هذا المرصد عبد الرحمن الصوفي الفلكي الشهير الذي قاس عام ٣٥٩هـ/٩٧٠ م ميل فلك البروج.

العلماء: ينسب إلي مدينة شيراز جماعة من أهل العلم والفضل والأدب والشعر والفقه والرياسة، منهم القاضي أبو العباس أحمد بن سريج أحد المجتهدين على مذهب الشافعي. وكذلك أبو إسحاق إبراهيم بن علي الشيرازي، الفقيه الأصولي، وكان

الوزير نظام الملك قد بنى له المدرسة النظامية . وينسب إليها المحدث الحسن بن عثمان أبو حسان الزيادي الشيرازي؛ وأبو عبد الله محمد بن خفيف الشيرازي، شيخ الصوفية ببلاد فارس، وأحمد بن عبد الرحمن أبو بكر الشيرازي.

ضريح حافظ بشيراز :-

ومن أشهر الذين نسبوا إلى شيراز حافظ الشيرازي، المفسر والشاعر والمتصوف وصاحب العرفان، المعروف بالحافظ، عاش حافظ في شيراز في الفترة من ٦٩٩هـ/١٣٠٠ م إلى ٧٩١هـ/١٣٨٩ م.

ومن أعظم الذين نسبوا إلى شيراز من الشعراء مشرف بن مصلح أبو عبد الله سعدي الشيرازي، وهو من أكابر الشعراء والعلماء، درس في بغداد بالمدرسة المستنصرية و بالمدرسة النظامية . كما ينسب إلى شيراز من الرحالة والجغرافيين الإصطخري الشيرازي الجغرافي الرحالة صاحب كتاب صور الأقاليم .

ومن الأطباء ينسب إليها نجم الدين محمود بن ضياء الدين الشيرازي. ومن الفلكيين قطب الدين محمود بن مسعود الشيرازي ،وغياث الدين منصور الشيرازي، وميرزا شهاب الدين النيريزي الشيرازي.

صنعاء:-

مدينة يمنية (عاصمة الجمهورية العربية اليمنية حاليا)، تقع في شمال اليمن وهي أكبر المدن اليمنية. وتقع صنعاء على خط عرض ١٥ ،٢٣ْ شمالا وخط طول ٤٤ ،١٢ْ شرقا. وتقوم على السراة الشرقية في واد جبلي ينفرج إلى الغرب حتى السلسلة الجبلية التي تتبع جبل عيبان ويشرف عليها من الشرق مباشرة جبل نقم الذي يعلوها بمقدار (١٦٠٠) قدم. وتحمل صنعاء اسم (مدينة سام) إلى اليوم، وتسمى أيضا(آزال) وهو اسم ورد في كتاب العهد القديم (التوراة) وهو اسم لأحد أبناء يقطن بن عار. وأصل الكلمة في اللغة اليمنية القديمة بمعنى القوة والمنعة فكلمة (صنع) تعني حصن ومنع و(تصنع) يعني تحصن.

<u>نبذة تاريخية :-</u>

صنعاء من أقدم المدن الإسلامية ويقال إن سام بن نوح كره السكنى في الشمال فأقبل طالعا في الجنوب يرتاد أطيب البلاد حتى صار إلى الإقليم الأول فوجد اليمن أطيبه مسكنا، وارتاد اليمن فوجد حقل صنعاء أطيبها.

ويعود أقدم ذكر لمدينة صنعاء في النقوش اليمنية القديمة إلى عهد(هلك آمر بن كرب إيل وتار يهنعم) ملك سبأ وذي ريدان الذي عاش في القرن الأول الميلادي، ثم يتكرر ذكر صنعاء في النقوش بعد القرن الأول مرارا وخاصة في القرن الثالث الميلادي، ولاسيما في عهد الملكين السبئيين (أبي شرح يحصب، ويأزل بين) في حوالي منتصف القرن المذكور.

وفي حوالي عام ٥٣٠ ميلادية ظهر أبرهة الحبشي- صاحب الفيل والذي أراد هدم الكعبة المشرفة في السنة التي ولد فيها النبي صلى الله عليه وسلم- بعد سقوط الملك اليهودي ذى نواس الذي اضطهد النصارى في صنعاء، وقد جعل أبرهة من هذه المدينة مقرا للوالي الحبشي بعد أن أطاح بمنافسه الحبشي أرياط. وقد زين المدينة بالكاتدرائية المسيحية التي تعرف بقليس -ekklesia- كما جلب مواد البناء من أطلال مأرب، أما العمال فقد بعث بهم إمبراطور الروم وكذلك الفسيفساء.

وفي عام ٥٧٠ ميلادية استدعت أسرة ذي يزن وهي الأسرة اليمنية الحاكمة القديمة (وهزر) القائد العسكري لكسرى الأول أنو شروان فاستطاع أن يخرج من صنعاء مسروق بن أبرهة الثاني وخليفته ثم أقام فيها بادئ الأمر حكما مشتركا مع ذي يزن ثم انفرد الفرس بالحكم وتولاه ابن وهرز فحفيده ثم ابن حفيده. وظل الأمر كذلك حتى عام ١٠هـ/٦٣١ م عندما دخل باذان خامس هؤلاء الولاة في الإسلام. وقد انتشر- الإسلام في اليمن بسرعة منذ ظهوره. وازداد انتشاره بعد أن فتحها المسلمون عام ١٦هـ/٦٣٦ م، وكان أهل اليمن من أوائل الذين آمنوا بالرسول ونصروه، كما كان لهم أثر كبير في نشر الدعوة الإسلامية خارج الجزيرة العربية.

ولكن صنعاء ما لبثت أن وقعت عام ١١هـ/٦٣٢ م في قبضة خصم النبي صلى الله عليه وسلم عبهلة بن كعب الأسود الذي تحصن في غمدان وظل يقبض على أزمة الأمور فيها ثلاثة أشهر. ولما توفي النبي صلى الله عليه وسلم دخلت فتنة عبهلة في محاولة للانفصال عن الدولة الإسلامية في المدينة وقد وجدت حكومة الخلافة في المدينة سندا قويا لها في طائفة من أبناء اليمن كان يطلق عليهم (الأبناء) وهم أشراف الفرس المستعربين.

وفي نفس العام تمكن فيروز الديلمي بمساعدة المهاجر ابن أبي أمية بن المغيرة من رد السيادة الإسلامية إلى صنعاء واليمن العليا. وقد تهدم حصن غمدان في ذلك القتال المرير. ويحكى أن هذا الحصن كان قد أعيد بناؤه قبل ذلك في العهد الحميري على يد عمرو ابن أبي شرح بن يحصب الذي ورد ذكره في النقوش. وقد ساد السلام بعض الشيء بعد الفتح، حيث عامل أولو الأمر في المدينة الأشراف في صنعاء وما جاورها برفق وحكمة.

وكان يعلى بن منبه الذي عينه أمير المؤمنين عمر بن الخطاب رضي الله عنه خليفة للمهاجر لا يزال واليا على صنعاء عندما استخلف علي بن أبي طالب رضي الله عنه وجهه ولكن عليا عزله وولي مكانه عبيد الله بن عباس. ولما تولى الصحابي الجليل معاوية ابن أبي سفيان الخلافة استبدل عبيد الله بن عباس بآخر هو بسر ابن أبي أرطأة.

وقد خرج أهل اليمن مع الفتح الإسلامي في جيش عمرو بن العاص، فاستقر عدد كبير من المجاهدين ومن القبائل اليمنية في بلاد الشام وفي مختلف أقطار العالم الإسلامي.

وقد تعرضت اليمن إلى هجمات أجنبية، بما فيها الهجمات الصليبية والمغولية، ثم الهجمات البرتغالية والهولندية والبريطانية. ولكنها استطاعت في أواخر القرن السادس الهجري/الثاني عشر- الميلادي قوات صلاح الدين الأيوبي ثم قوات المماليك

التصدي للهجمات الصليبية والمغولية، والوصول إلى مدخل البحر الأحمر من أجل حمايتها.

وفي عام ٨٧٦هـ/١٥١٧ م وبعد سيطرة العثمانيين على مصر، أعلنت اليمن ولاءها للسلطان العثماني سليم الأول. كما خضعت اليمن ل لحكم المصري عام ١١٩٤هـ/١٨٣٥ م في عهد والي مصر- محمد علي باشا. واستمرت اليمن لسنوات طويلة في مرحلة الصراعات الدولية بين الدول الأوربية والدولة العثمانية، إلى أن احتلت القوات البريطانية عدن عام ١١٩٨هـ/١٨٣٩ م، واستمر الشعب اليمني يئن من وطأة الاحتلال الإنجليزي والصراعات الدولية، وقام بثورات عديدة من أجل ضم عدن وملحقاتها إلى الوطن الأم اليمن.

وفي عام ١٣٠٦هـ/١٩٤٧ م انضمت اليمن وكانت تعرف باسم المملكة المتوكلية اليمنية إلى هيئة الأمم المتحدة، كما انضمت إلى جامعة الدول العربية عام ١٣١٣هـ/١٩٥٤ م، ثم ألغيت الملكية وأعلنت الجمهورية عام ١٣٢١هـ/١٩٦٢ م.

المعالم الحضارية :-

بدأت صنعاء تلك المدينة العتيقة كقرية طيبة لا تحتل سوى مساحة صغيرة من قاع صنعاء الفسيح الذي يمتد من جبل نقم شرقا وجبل عيبان غربا ولكنها تزايدت في العهود الإسلامية واتسعت دائرة سورها. وفي القرون الأخيرة استحدثت في غربها مدينة (بير العزب) تلاصقها، وربما تفوقها مساحة وكان للوجود العثماني اليد الطولى في إنشائها حيث كان بها مساكن موظفي الدولة العثمانية وحدائقهم. ومنذ عام ١٣٢١هـ/١٩٦٢ م بدأت صنعاء تشهد تغييرات هائلة، واتساعا سريعا، وامتدت صنعاء القديمة و(بير العزب) خارج أسوارها، وتكثف زحفها العمراني في جميع الاتجاهات.

وتتميز صنعاء بتنوع آثارها وحضارتها. ومما يميز صنعاء ذلك التراث المعماري اليمني، وهو أكثر ما يلفت النظر في العاصمة ومختلف المناطق اليمنية، بالإضافة إلى

النقوش الدقيقة والرائعة التي تظهر على جدران المنازل والقصور والمساجد والقلاع. ويعد سد مأرب من أشهر السدود التي عرفت على مر التاريخ وهو يعتبر من عجائب الفن الهندسي. وقد شيد أساسا لتنظيم الري ووقاية العاصمة من أخطار الفيضانات الموسمية التي تصيب مأرب في شمال شرقي صنعاء. وقد حرصت الحكومة اليمنية على الاحتفاظ بالطابع المعماري اليمني التراثي حتى عند بناء المباني الحديثة، بما فيه مباني الوزارات، غير أن هناك بعض الاخترقات الغربية المحدودة في العمارة الحديثة.

الأسوار: كانت الأحياء القديمة بصنعاء محاطة بسور ضخم ترجع أقدم أجزائه إلى أيام الأيوبيين، ويبلغ طول هذا السور نحو خمسة أميال ويخترقه عدد من الأبواب على كل باب حفاظ، وحراس الباب يحملون مفاتيح أبواب السور أو يضعونها في خزانة السلطان، وقد تهاوت بعض أجزاء السور وبقيت بعض أبوابه، وبقيت أسماء هذه الأبواب كما كانت تعرف منذ القديم، وقد كان مجموع الأبواب تسعة، أربعة منها رئيسية وهي أبواب صنعاء القديمة الأربعة (باب اليمن، وباب شعوب، وباب السبحة، وباب ستران) ثم الخمسة الأبواب الأخرى (باب خزيمة وباب البلقة، وباب القاع ،وباب الشقاديف، وباب الروم).

القصور: اشتهرت صنعاء أنها مدينة القصور حيث احتوت على العديد من القصور العظيمة على مر التاريخ، ومن هذه القصور قصر مهم مميز في صنعاء هو قصر غمدان المدفون الآن في صنعاء، وعلى تلاله أقيم القصر، وهو بناء قديم نصفه مخزن للسلاح، والنصف الآخر سجن للمعتقلين، ويعتبر قصر غمدان أول ناطحة سحاب في التاريخ، فهو من بناء القرن الأول الميلادي، وكان لا يزال قائما حتى أوائل القرن الأول للهجرة/السابع الميلادي على عهد الخليفة عثمان بن عفان رضي الله عنه.

ويعد قصر ناعط قصر القصور، إذ تألف من (٢٠) قصر كبير مقامة على قمة جبل تنين بهمدان. ومن هذه القصور أيضا مقر الإمام ويسمى بستان المتوكل ويقع في

الشمال الغربي من المدينة العربية. ومن قصور صنعاء المميزة أيضا قصر القليس.

ولا يزال بصنعاء كثير من القصور التي شيدتها الأسر الحاكمة المختلفة التي تعاقبت على الحكم هناك.

المساجد: يعتبر الجامع الكبير بالنسبة لمدينة صنعاء أشهر معلم إسلامي، فقد تم بناؤه بناء على أوامر الرسول صلى الله عليه وسلم. واختلف فيمن قام بتأسيسه فقيل الصحابي الجليل معاذ بن جبل وقيل هو الصحابي وبر بن يحنس الأنصاري وقيل بل الصحابي فروة بن مسيك المرادي. وقد تم إصلاحه بأمر من الوليد بن عبد الملك وسار على نهجه الولاة من بعده. وتوجد بالمسجد مكتبة عامة، هي من أكبر المكتبات في العالم العربي، تحتوي على نفائس الكتب والمخطوطات النادرة. ويقال بأن هذا الجامع الكبير أقيم على أنقاض قصر غمدان، وقد عرف الجامع باسم الجامع الكبير أو جامع السيدة أروى بنت أحمد.

على أن هناك مسجدا آخر في صنعاء يحمل اسمه ويتمثل اليوم في مصلى العيد خارج المدينة ا لقديمة شمال باب شعوب وقد تعاقبت عليه سلسلة من الإصلاحات والإضافات منها ما شيده الوالي الأموي أيوب بن يحيى الثقفي عام ٨٦ هـ بأمر الوليد بن عبد الملك وأخرى قام بها علي بن الربيع الحارثي عام ١٣٤ ومنها ما قام به الأمير اليعفري محمد بن يعفر الحوالي بين عامي ٢٦٦ و ٢٧٠هـ وتوالت التوسيعات حتى صار إلى ما هو عليه. كما أوقف عليه أوقافا كثيرة من أشهرها ما أوقفه الأمير أسعد اليعفري. بالإضافة إلى هذا الجامع يوجد في صنعاء جامع البكرية الذي يعتبر مفخرة الفن المعماري الإسلامي.

وقد كان في صنعاء القديمة مائة مسجد وستة لم يبق منها عامرا بالعبادة إلا أربعين إلى جانب ما بني خارج المدينة القديمة بعد ثورة ٢٦ سبتمبر ١٩٦٢م والتي بلغ تعدادها الآن حوالي مائتين وخمسين مسجدا.

الحمامات: عرف اليمنيون الحمامات قبل الإسلام وكانت تبنى في الغالب بجوار المعابد، كما كانت بعد الإسلام تبنى في الغالب إلى جوار المساجد لصلة النظافة بالطهارة وواجب التطهر (الاغتسال) قبل الصلاة، بالإضافة إلى أنها باتت مظهرا حضاريا للمدينة الإسلامية في عصر ازدهارها.

وقد مر الحمام بمراحل كثيرة غير مسجلة حتى استقر على وضعه الحالي والمتوارث منذ بضعة قرون سواء من حيث الشكل وهندسة البناء ومواده، أو من حيث الهدف والتقاليد التي ارتبطت به. ولا يستبعد بأن الحمام كفكرة يمنية قد استفاد من الحمام الطبيعي الذي يهبط إليه بسلم، فجرى إنشاء كل الحمامات تحت مستوى الأرض ولا يظهر منها إلا السقف المبني على شكل قباب بعدد غرفه (التي تسمى خزائن) لها فتحات صغيرة يتسرب منها الضوء عبر قمريات استبدلت بالزجاج في العصر الحديث، وبهذا يحافظ الحمام المبني أساسه بالحجر الأسود ثم بالحبش الأسود، على حرارته التي يكتسبها من فرن كبير يبنى تحته في المؤخرة حيث يعلو الفرن الدست من النحاس مبني عليه بالآجر يفضي إلى خزانة(المغطس) الذي يكون مصدرا للمياه الساخنة لكل خزائن الحمام، وإلى جواره حوض عميق آخر للمياه الباردة، كما ينزل إلى الحمام من مدخله عبر سلم حجري مريح يفضي۔ بعد عبور ممر له إلى ردهة الحمام حيث الاستقبال وغرفة الملابس (المخلع) وبركة (الشذروان).

ويتم من خلف الحمام النزول إلى الفرن عبر درجات تؤدي إلى غرفة مستطيلة تسمى (الملل ة) هي مخزن الوقود الذي كان إلى عهد قريب في معظمه من الفضلات البشرية التي يتم تجميعها من أسفل مخرجات حمامات منازل المدينة القديمة ويتم نشرها حتى تيبس في ساحة مكشوفة منخفضة قريبة من (المللة) تسمى (المضحى) قبل إحراقها في الفرن.

أما بقية خزائن (غرف) الحمام وفي رأسها (الصدر) الذي يتوسط خزانتين إحداهما(المغطس) فتكتسب حرارتها من تسرب لهب الفرن تحتها عبر فوهات خاصة

تمتد إلى تحت الأرضية والجدران المصلولة بالحبش وتصاعد دفئها من مخارج محكمة لقربه من مصدر النيران وهو المكان الأول - بعد التطهر في خزانة المغطس- الذي

يقصده المتحممون للعرق والاستفادة من جوه الحار، وذلك قبل الخروج إلى الخزائن الأخرى المعتدلة الحرارة لتلقي خدمات الحمام على يد الحمامي، أو أحد مهرته من الأساطية الذين يقومون بالتدليك بالكيس والتلييف بالصابون حيث يتحلق المتحممون حول أحواض حجرية صغيرة تزود بالمياه من أنابيب ممتدة من المغطس وحوض المياه البارد الذي بجواره، وقد تستخدم الدلاء لنقل المياه في الغالب، خاصة عند الاغتسال النهائي الذي يتم في خزانة المغطس قبل الخروج إلى (المخلع) حيث تترك الملابس بعهدة الحمامي الذي يقوم بواجب الخدمة ومنها تكييس من يحتاج إلى مثل ذلك نظير مقابل لا علاقة له بأجرة الحمام التي كانت تخضع لتقنين رسمي حدده قانون صنعاء عام ١٢٣٧هـ/١٨٢٢ م ببقشة واحدة من الريال.

وقد تصاعدت أجرة الحمام وغيرها من خدماته عبر السنين لكنها كانت دائما متناسبة مع دخل العامة من الناس وذلك باعتبار الحمام مؤسسة موقوفة للخير العام يرعاها وقف خاص وإدارة يتبعها، وهو ما جعل الحمام مستمرا لأداء مهمته والإنفاق على الصيانة والتجديد، في حين يكون دخله -مقابل الخدمات- للحمامي وأسرته والعاملين معه، الذين يتوارثون العمل والمهنة جيلا بعد آخر.

ومن أقدم الحمامات في صنعاء وأكثرها شهرة والتي مازالت عامرة روادها حتى الآن: حمام السلطان وهو القائم حتى اليوم في حي (بستان السلطان) غربي السايلة وهو أقدم الحمامات العامة التي تمثل النموذج التاريخي المتوارث والمشهور، وقد حمل اسم بانيه السلطان طغتكين بن أيوب (توفي عام ٥٩٣هـ/١٣٩٧ م) الذي اختط الحي وبنى فيه قصره ودور الأمراء والقادة الأيوبيين ومسجدا والحمام. ومد قناة فأجرى (غيل البرامكة) ليعبر بستان السلطان الذي كان من أحسن الأحياء وأرقاها.

وقد هدم القصر الإمام المنصور بن عبد الله بن حمزة المتوفى عام ٦١٤هـ/١٢١٧ م حين استولى

على صنعاء ونقل بعض أبوابها وأخشابها إلى ظفار وهو حصنه المعروف بـ (ظفار ذيبين). أما الحمام فقد كان آخر من جدده الإمام المهدي عبد الله المتوفى عام ١٢٥١هـ/١٨٣٦ م بالصفة التي هو عليها إلى الآن.

وهناك أيضا حمام شكر وهو من الحمامات القديمة المعروفة، ويقع شرقي سايلة صنعاء في أول الشارع المقابل لقبة المهدي عباس، ويرجع تاريخه إلى زمن أقدم من عام ٩٧٧هـ/١٥٦٩ م حين تم تسجيله في المسودة السنانية ونسبته إلى أسرة صنعانية، ويقال إن هذا الحمام كان خاصا باليهود.

وحمام الطواشي وتم بناؤه عام ١٠٢٨هـ/١٦١٩ م عندما زار اليمن رسول مبعوث من سلطان الهند يعرف بالطواشي، ومعه هدية عظيمة لمحمد باشا الوالي العثماني على اليمن، وخلال مقامه بصنعاء بنى الحمام والمسجد المعروفين باسمه إلى اليوم، وجعل مصالح الحمام وقفا للمسجد. وقد عرف حمام الطواشي بفوائده الطبية وبمغطسه العميق.

وهناك أيضا حمام الميدان العامر إلى اليوم وبناه الوالي العثماني حسن باشا الوزير (٩٨٨-١٠١٢هـ/١٥٨٠ -١٦٠٣م) مقابل قصر السلاح في الجانب الغربي من الميدان، وهو الوحيد -مع حمام العرضي المتأخر- الذي بناه الأتراك في صنعاء. ورغم أنه بني على الطراز المعماري اليمني، إلا أنه أدخل عليه بعض الإضافات التركية في ردهة المدخل وخزانة المخلع، وهو من أحسن الحمامات وأوسعها.

وحمام الجلاء ويرجع تاريخ هذا الحمام إلى ما قبل القرن العاشر للهجرة/السادس عشر للميلادي، وكان خاصا باليهود في الحي الذي كانوا يسكنونه شرقي السايلة حتى تم نقلهم إلى قاع اليهود بعد عام ١٠٨٦هـ/١٦٧٦ م أيام حكم الإمام المهدي أحمد بن الحسن. وعرف الحي من يومها باسم حي الجلاء. وقد قام المهدي عام ١٠٩١هـ/١٧٨٠ م ببناء مسجد الجلاء محل (كنيس اليهود)، جنوبي الحمام بعد إجلائهم، وكلا الحمام والمسجد عامر إلى اليوم.

ومن الحمامات أيضا حمام المتوكل وهو حمام مشهور عامر، بناه في باب السبح شمالي قبة المتوكل التي بناها أيضا، الإمام المتوكل القاسم بن حسين (١١٢٨-١١٣٩هـ/١٧١٦ -١٦٢٦م). وقد قام المهدي عبد الله بن المتوكل أحمد بترميمه وتجديده على الحالة القائمة الآن.

وهناك عدد آخر من الحمامات تحمل أسماء أحياء صنعاء القديمة مثل ح مام سبأ وحمام ياسر وهما من أقدمهما، وحمام سوق البقر والبونية وكذا حمام الفيش جنوبي قاع اليهود وحمام العرضي الوالي العثماني الذي بناه داخل مبنى العرضي الوالي العثماني المشير عبد الله باشا عام ١٣١٨هـ/١٩٠٠ م. وكان حمام علي المبني بجوار بستان (دار الحمد) أحدث حمام قبل ثورة ٢٦ سبتمبر عام ١٩٦٢م بناه بعد عام ١٣٦٧هـ/١٩٤٨ م سيف الإسلام علي بن الإمام يحيى حميد الدين.

وفي السنوات الأخيرة، ونتيجة لتزايد سكان صنعاء توجه بعض الناس في بناء حمامات جديدة خارج نطاق المدينة التاريخية عرف منها ثلاثة هي: حمام النور جنوب باب اليمن، وحمام الجراف شمالها، وحمام الخاوي جنوب سور ما كان يعرف بالعرضي الدفاعي (التموين العسكري) الآن.

الأسواق: كانت صنعاء قبل الإسلام حاضرة هامة ومحطة تجارية وسوقا من أشهر أسواق العرب واشتهرت بذلك أيضا بعد الإسلام حتى قيل إنها "كانت وجهة كل تاجر وعالم" وشاع عنها قولهم: "لابد من صنعاء وإن طال السفر وإن تحنى كل عود وإن عقر".

أما أسوق صنعاء فقد كانت من أسواق العرب المشهورة قبل الإسلام وقد كانت أسواقا متميزة ومتعددة الأغراض وقد ارتبط توسع السوق بازدهار المدينة ونموها واعتماد المنتجات الحرفية عليه. وفي عام ١٩٧٤م كان بصنعاء (٤٩) سوقا، و(٢٩) سمسرة تستعمل كمخازن للتجارة ومصارف للتبادل التجاري بالنقود ونزل تقدم خدماتها للمسافرين ودوابهم وبها أماكن لحفظ أمتعتهم.

وفي صنعاء حتى اليوم الأسواق المتخصصة على غرار أسواق المدن الإسلامية مثل القاهرة ،و دمشق ،و بغداد ،وبيروت ،و إستانبول ،فهناك سوق النحاسين، وسوق الحدادين، وسوق السلاح، وسوق النجارين، وسوق البنائين، وسوق الأقمشة، وسوق العطارين، وسوق القات وملحقاته. والقات نبات مخدر يمضغ مضغا، وهو من

المقتنيات اليومية التي يحرص اليمني على اقتنائها وتناولها. وهناك أسواق أخرى عديدة متخصصة باحتياجات اليمني، غير إن الذي يميز أسواق صنعاء واليمن عامة، صناعة الخناجر المعقوفة، التي يضعها اليمني على وسطه، ولا يستغني عنها أي يمني. ولذا فإن هذه الصناعة من أروج الصناعات اليمنية. والأدوات التي في الأسواق، هي أدوات تماثل الأدوات التي استخدمها اليمني ال قديم من خناجر وسيوف وحلي وصحون وسبحات وأدوات زينة ووصفات شعبية طبية.

وشوارع صنعاء تسمى عادة "الحارات"، وتوصل إلى المساجد والأسواق. وقد كان لكل حارة المسجد والبستان والسوق الخاص بها يؤمن للسكان الاحتياجات اليومية من الغذاء والمآكل والخضار والفواكه.

وتزرع في صنعاء فاكهة المنطقة المعتدلة جميعا مثل المشمش والكمثرى والتفاح والسفرجل والأعناب والأعشاب العطرة وقد أقام الترك بها أيضا جميع أنواع الخضر بما في ذلك البطاطس. وأشجار النخيل ليست إلا أشجار زينة في مثل هذا الارتفاع الشاهق ويزرع البن هناك وبخاصة على منحدرات جبل نقم.

المكانة العلمية :-

بدأ التعليم في اليمن بعد الإسلام أول ما بدأ في المساجد، وانتقل بعدها إلى الزوايا والكتاتيب وبعض المنازل والأماكن العامة والخاصة. واستمرت هذه المؤسسات والأماكن في أداء دورها إلى أن نشأت المدرسة كمؤسسة متخصصة تقوم بوظائف تربوية واجتماعية وثقافية في العصر ـ الحديث. ولا تزال المؤسسات القديمة تؤدي بعض وظائفها في عهدنا هذا.

وقد استطاعت صنعاء على الرغم من بعدها وتاريخها الحافل بالفتن والقلاقل أن تسهم في الحركة العلمية الإسلامية، وقد اكتسبت صنعاء بعد الإسلام ملامح جديدة فقد دخلها عدد من أصحاب رسول الله صلى الله عليه وسلم وأسس فيها واحد من أقدم الجوامع الإسلامية هو (الجامع الكبير) تركزت فيه تعاليم الإسلام وازدهرت فيه العلوم.

وقد كان هذا الجامع من الجوامع العامرة بشيوخ الفقه والتلاميذ من العاصمة وخارجها لأن حول الجامع سورا من الغرف المكونة من طابقين أو ثلاثة، وذلك لإيواء الطلاب الوافدين من الأرياف، ولما تواصل التعليم بهذا الجامع، تكاثرت أوقاف الكتب على خزائنه وكان أغلب تلك الكتب تعليمية، ولم تكن تسد حاجة الطلاب فكان الطلاب يشتركون كل اثنين في كتاب يتابعان إملاء الشيخ، وفي عام ١٣٤٣هـ/١٩٢٥ م افتتحت دار العلوم مما خفف التزاحم عن كتب الجامع نتيجة التحاق بعض الطلاب بها.

المدارس: أنشئ في عهد العثمانيين العديد من المدارس منها المدرسة السكندرية وبناها إسكندر موز عام ٩٨٤هـ/١٥٧٦ م، ومدرسة العادلية وبناها الوالي مراد باشا وقد خصصت لتدريس الفقه الحنفي وكان إنشاؤها في عام ١٠٠٥هـ/١٥٩٦ م. وفي أواخر القرن التاسع عشر تم بناء العديد من المدارس على أيدي الولاة الأتراك و منها البكيرية ودار المعلمين ومكتب الصنائع والإعدادية والأيتام والبنات ثم المدرسة الرشيدية وقد تم بناؤها من أجل تخريج الموظفين وإعداد الراغبين في الالتحاق بدار المعلمين التي كانت بمثابة البديل عن حلقات الدرس في المساجد وخرجت المدرسة الرشيدية عددا من الكتبة والمحاسبين، كما خرجت دار المعلمين عددا من معلمي المرحلة الابتدائية والمدارس العلمية فيما بعد.

ومن المؤسسات التعليمية ذات الأثر الكبير في الحياة الثقافية والعلمية لدى أهل اليمن (دار العلوم) تلك الدار التي أنشأها الإمام يحيى في صنعاء حيث حول دار الاستراحة التي كانت تخص الوالي التركي في ميدان شرارة -ميدان التحرير حاليا- إلى المدرسة العلمية وافتتحها في حفل حافل عام ١٣٤٣هـ/١٩٢٥م فأصبحت المدرسة العلمية أول دار علوم تنفق الدولة عليها وتضع المناهج الدراسية الخاصة بها، وقد تحمس لها أغنى المزارعين فوقفوا عليها أعداد من المزارع في كل منطقة، وتشكلت لهذه الأوقاف إدارة تسمت بنظارة (الترب والخوالي) وأضيفت إلى هذه الأوقاف مواريث الذين يموتون ولا وارث لهم.

وقد تشكلت دار العلوم من ثلاثة صفوف، كل صف أربع شعب. إلى جانب شعبة تسمت بـ"الشعبة التحضيرية" أي: التي تعد الطلاب لدخول الشعبة الأولى، وكان طلاب التحضيرية من خريجي ابتدائيات المدن أو كتاتيب الأرياف، فكانت التحضيرية بمثابة المتوسطة، أما الذين يتخرجون من المتوسطة أو الثانوية فيلتحقون بإحدى الشعب على حسب تقدير هيئة الامتحان التي تحدد الشعبة والصف الذي يلحق بها الطالب.

وكان الترقي على حسب امتحان سنوي شفوي، تحضره مجموعة من العلماء المحققين في الفقه واللغة وأصول الدين وعلم البلاغة. إلى جانب أساتذة الدار الذين كانوا يسمون مشايخ فقد كانت دار العلوم تتكون من ثلاثة طوابق تضم اثنتي عشرة شعبة تسمى الشعبة الأخيرة (الغاية).

وكان أغلب الخريجين يتعينون قضاة شرعيين أو مديروا مناطق أو كتاب محاكم. وقل منهم من يتقلد وظيفة حسابية أو جمركية أو كتابة تحرير عند مدير منطقة. ووظيفة كاتب التحرير هو الرد على الشكاوى الشعبية إما بتوقيع المدير أو بتوقيعه إذا كانت المسألة عادية أما المدير فلا يسد مسده أحد في الأوامر الرسمية وفي الصلة بينه وبين المقام الإمامي (مقر الحكم) بشهارة أو صنعاء أو تعز.

وكان البعض يعود مدرسا في نفس الدار إذا سبقت له ممارسة الإعادة بعد الشيوخ أو التدريس في الشعب الأولى أيام طلبه، وكان التخرج من هذه الدار مضمون الوظيفة غالبا، لأن الدولة هي التي أنفقت على الطلاب. وضمنت لهم الكسوة والسكن إلى جانب الطعام وصرف نصف ريال في كل أسبوع مدة سنوات الدراسة. وفي السنة الأخيرة من الدراسة، كان يجري المقام الإمامي مشروع مرتب من عشرة ريالات للذين لم يحصلوا على وظيفة حتى يحصلوا عليها فتنضاف إلى مرتبه أو يحل محله في قبضها خريج آخر لم يصل إلى التوظيف.

أما الوافدون إلى دار العلوم من الجوامع: كجامع صعدة، وحوث، وثلا. والمدرسة الشمسية بذمار وجامع أروى بجبلة أو جامع زبيد فكانوا يلتحقون بالصف الثاني أو الأول على مقدار تحصيلهم في تلك الجوامع التي كانت تشبه "منهج دار العلوم" وبالأخص الفقه واللغة والبيان. وكان سبب التحاق طلاب الجوامع بدار العلوم يرجع إلى دافعين: التوسع والانتظام في الدراسة. أو ضمان الوظيفة التي يفضي إليها التخرج، وكان يحصل البعض على وظائف في منتصف الدراسة أو ثلثيها.

وقد كانت الدولة ملتزمة بتوفير كل كتب المنهج الذي كان يحتوي على ستة دروس في اليوم، لكل درس خمس وأربعون دقيقة وخمس عشرة دقيقة راحة بين الدرس والدرس. وكانت هذه الكتب من مقتنيات مكتبة دار العلوم، توزع في أول العام الدراسي شهر شوال وتعاد في آخر العام الدراسي شهر رجب.

وقد كانت مكتبة الدار تضم إلى جانب الكتب الدراسية مقادير قليلة من الكتب الثقافية، أغلبها تراثية من أمثال: نهج البلاغة، شرح نهج البلاغة لابن أبي الحديد، تاريخ الطبري، مروج الذهب للمسعودي، الأغاني للأصفهاني، ديوان الحماسة لأبي تمام، الاتفاقيات التي عقدها الإمام يحيى مع الدول.

ومن مطلع الخمسينات إلى ثورة سبتمبر ١٩٦٢م تكاثرت كتب المكتبة، إذ أمر الإمام أحمد بمصادرة ما كانت تضم مكتبات الدستوريين وضمها إلى مكتبة دار العلوم،

فأضيف إلى المكتبة. ديوان شوقي، وديوان البحتري، ونظرات المنفلوطي، وحاضر العالم الإسلامي، وسيرة ابن هشام... وأمثال هذه الكتب.

وبعد الثورة تم تحويل دار العلوم إلى مدرسة الوحدة ثم حملت المدرسة المجاورة لها هذا الاسم فأصبحت دار العلوم الآن سكنا للطلاب الذين لا سكن لهم في المدينة وما تزال كذلك.

العلماء: لم يزل بصنعاء دوما عالم مجتهد وفقيه أصولي وأديب شاع ر أصيل، ففيها وضع عبيد بن شريه قصصه التاريخية أساس شهرته التي دفعت معاوية ابن أبي

سفيان إلى استدعائه إلى بلاطه، كما أن زميله الأصغر وهب بن منبه الذي توفي في صنعاء أشاد به مواطنوه باعتباره حجتهم الأولى في القرآن الكريم.

ومن أعيان علمائها وصاحب القدر العظيم في المعرفة بحديث رسول الله صلى الله عليه وسلم وهو الإمام الجليل عبد الرزاق بن همام بن نافع المتوفى في صنعاء عام ٢١١هـ/٨٢٧ م. وقد روى عنه جماعة من أعلام وأئمة أهل الحديث المشهورين منهم سفيان بن عيينة، ومعتمر بن سليمان، وأبو أسامة حماد بن أسامة، والإمام أحمد بن حنبل، ويحيى بن معين، وإسحاق بن راهويه(شيخ البخاري)، ومحمد بن يحيى الذهلي، وعلي بن المديني، وأحمد بن منصور الرمادي، والشاذكوني.

كما تعرف صنعاء بأنها البلد الذي ولد به وتوفي العالم الموسوعي الحسن بن أحمد الهمداني . ومن الشعراء علقمة ذي جدن ووضاح اليمن وعبد الخالق ابن أبي الطلح الشهابي وغيرهم.

<u>طرابلس:-</u>

طرابلس هي مدينة تريبولس اليونانية، وهى بلدة في سورية قرب ساحل البحر المتوسط شمالي جبيل، وبعضها يقع على تل عند مخرج خانق عميق يجتازه نهر هو نهر قديشا (وفي العربية أبو علي)، وبعض المدينة بجوار ذلك التل، ويمتد غربيها سهل خصب غاية الخصوبة تغطيه الغابات، وينتهي هذا السهل بشبه جزيرة يقع فيه الميناء،

ويحمي هذا الميناء سلسلة من الجزائر الصخرية الصغيرة تقوم أمامه، كما يحميه بقايا سور قديم. ونحن نجهل الاسم الفينيقي القديم للمدينة. وتقع على خط طول ٣٥ درجة و ٥٥ دقيقة شرقا، وخط عرض ٣٤ درجة و ٥٥ دقيقة شمالا.

<u>نبذة تاريخية :-</u>

وقد ورد ذكرها أول ما ورد في العهد الفارسي، وجاء اسمها اليوناني من قسمتها إلى ثلاثة أحياء تفصل الأسوار كلا منها عن الآخر، وهى أحياء صور وصيدا وأرواد، وكانت المدينة القديمة تقوم في موضع الميناء الحالي، يحميها موقعها الطبيعي واستحكامات أحيائها الثلاثة، مما جعل الاستيلاء عليها أمرا غاية في المشقة، إلا أنها كانت مهددة باستمرار بفعل انعزالها من ناحية البر عن العالم الخارجي، بل عن مورد يمدها بمياه الشرب، ولا أدل على هذا من أن معاوية أنفذ إليها في خلافة عثمان جيشا بقيادة سفيان بن مجيب الأزدي، وأقام سفيان حصنا ليعزل البلدة تماما، واشتد الضيق بأهلها حتى اتصلوا بالإمبراطور البيزنطي وتوسلوا إليه أن يرسل بعض السفن بأقصى ما يستطيع من السرعة لنجدتهم، واستجاب الإمبراطور لهم، ونجح الطرابلسيون في ركوب السفن ليلا ولاذوا بالفرار.

وأراد معاوية أن يعمر المدينة المقفرة فحمل عددا غفيرا من اليهود على الاستقرار فيها ويذكر ياقوت الحموي أن الذين أسكنهم فيها كانوا من الفرس، ويقال إن معاوية كان يرسل إليها سنويا جيشا تحت إمرة عامل من عماله. وكان الجيش ينسحب حين تتوقف الملاحة، ولا يبقى إلا العامل وحفنة من الرجال. ويذكر اليعقوبي أن ذلك الميناء العجيب كان يتسع لألف سفينة. وراح الإصطخرى بعد خمسين سنة يسمي طرابلس ثغر دمشق ويتحدث عن خصوبة أراضيها العجيبة بما فيها من نخيل وحقول مزروعة بقصب السكر، ويشيد بأخلاق أهلها وخلالهم.

وقد وصف ناصر خسرو البلدة في عهد الفاطميين وصفا رائعا فقال: "إن الإقليم كله حقول وبساتين زرع فيها قصب السكر والنارنج والموز والبرتقال والليمون

والنخيل. وكان البحر يحمي المدينة من ثلاثة جوانب ويحميها من البر سور ينهض أمام بركة كبيرة، وكان ثمة مسجد جميل في س رة البلدة، ويسكنها عشرون ألفا جلهم من الشيعة، وكان ينفق على حامية السلطان من المكوس التي تؤديها السفن الكثيرة التي كانت تصل إلى الميناء، على حين كان للسلطان نفسه سفن ألفت أن تخرج إلى شواطئ البحر المتوسط من هناك".

وقد أنشئت مقاطعة طرابلس في عهد الحروب الصليبية ومنحت رايموند Raymond أمير تولوز، ولم يكن بد من أن ينتزع رايموند القصبة نفسها من يد المسلمين، فشرع في حصارها سنة ٤٩٣هـ / ١١٠١ م ،وأراد أن يعزل المدينة عزلا أفعل وأبعد أثرا فشيد حصنا على الجبل يسمى مونز بيريكرينوس Mons Peregrinus (ويسميه العرب سنجيل أي القديس كيل Sl. Giles) وقد نشأت في سفح ذلك الجبل بمرور الزمن بلدة صغيرة، وتوفي رايموند سنة ٤٩٩هـ /١١٠٥ م في هذا الحصن دون أن يبلغ هدفه. ولم تستسلم المدينة المحاصرة إلا في ١٢ من يوليو سنة ٥٠٣هـ /١١٠٩م.

وكتب الإدريسي يقول: إن الحصن بناه الإفرنجي ابن سنجيل، وذكر جميع القرى والمعاقل التابعة لطرابلس، وكذلك الجزائر الصغيرة الصخرية التي أمام الميناء، وفي سنة ٥٦٦هـ / ١١٧٠ م قاست البلدة كثيرا من زلزال مروع، وسقط بيت المقدس سنة ٥٣٨هـ / ١١٨٧ م، وظلت طرابلس قرنا آخر قاعدة من قواعد النصارى الهامة حتى سنة ٦٨٨هـ / ١٢٨٩ م. وهنالك ظهر جيش السلطان المنصور قلاوون المملوكي أمامها فاضطرت إلى الاستسلام في ٢٦ من إبريل، وكان ذلك نقطة تحول في تاريخها، إذ أن هذا السلطان اعتبر بالماضي، فأقام مدينة طرابلس جديدة على تل الحجاج، على حين دمرت المدينة القديمة واضمحلت حتى أصبحت مرفأ صغيرا تافها عرف باسم المينا (عن اللفظ اليوناني) .

وكتب عنها الدمشقي فوصف موارد المياه الجارية في كل جانب، وأن قنطرة معلقة طولها ٢٠٠ ذراع وارتفاعها ٧٠ ذراعا كانت مقامة هنالك، كما وصف حدائقها

الغناء التي تجود بأحسن الفاكهة، وكذلك ذكر محلات مختلفة تابعة لطرابلس وهى تشمل البثرون والبقيعة وجبال النصرية، وكان ثمة مملكة اسمها مملكة طرابلس بين المملكات التي اقتسمها خلفاء صلاح الدين، ولكن سرعان ما حل محل هذا التقسيم تقسيم البلاد إلى خمس ولايات وألحقت طرابلس تبعا له بدمشق وأصبحت ثغرا لها؛ والمدينة الآن مزدهرة ازدهارا لا بأس به بفضل خصوبة الإقليم المحيط بها خصوبة عجيبة، وحركة الملاحة فيها ذات شأن بفضل صناعة الحرير. والروم الأرثوذكس هم أكثر أهل المدينة بعد المسلمين.؛وثمة سلسلة من الأبراج بمحاذاة ساحل البحر تذكرنا بماضي المدينة الحربي. و ينسب لهذه المدينة عدد من العلماء ينسبون لقبا لها ومن أشهرهم: الطرابلسي الفلكي.

طليطلة:-

مدينة أندلسية عريقة في القدم تقع على بعد ٧٥ كيلو متر من مدريد العاصمة الأسبانية. وتقع على مرتفع منيع تحيط به أودية عميقة وأجراف عميقة ،تتدفق فيها مياه نهر تاجة. ويحيط وادي تاجة بطليطلة من ثلاث جهات مساهما بذلك في حصانتها ومنعتها. واسم طليطلة تعريب للاسم اللاتيني "توليدوث" (Tholedoth) وكان العرب يسمون طليطلة مدينة الأملاك لأنها كانت دار مملكة القوط ومقر ملوكهم.

نبذة تاريخية :-

مدينة طليطلة قديمة للغاية، يحيط بأصلها الغموض. ويغلب على الظن أنها بنيت زمن الإغريق. ومما لا شك فيه أن بناءها يسبق مقدم الرومان، فقد حاصرها القائد الروماني ماركوس فولفيوس نوبليور واستولى عليها عام ١٩٠ قبل الميلاد. ولم يتحمل سكانها أول الأمر قسوة الرومان، فسرعان ما ثاروا عليهم، وهزموا حاكمها الروماني كايوس كالبورنيوس بيزون الذي خلف فاتحها فولفيوس عام ١٨٦ قبل الميلاد. ولكنهم ما لبثوا أن خضعوا أخيرا للرومان، واستسلمت المدينة للفاتحين.

وازدهـرت طليطلـة في عهـد الرومـان، وازدادت أهميتهـا بالنسـبة لهـم، فحصـنوها بالأسـوار، وأقاموا فيها المسرح الكبير والجسر الأعظم، وغير ذلك من الأبنية الرائعـة التـي اشـتهرت بهـا العـمارة الرومانية.

ولكن ما لبث أن اجتاح الامبراطورية الرومانيـة القبائـل البربريـة التـي تـدفقت عـلى أملاكهـا كالسيول المدمرة، ولم تـنج أسـبانيا مـن ذلـك عـلى الـرغم مـن أن طليطلـة اسـتطاعت أن تحتمـي في حصونها وتحتفظ لنفسها باستقلال داخلي. واستقر القوط الغربيون في قطـاع طركونـة وجنـوب غالـة، وأخذوا يوجهون من هذه المراكز غاراتهم في قلـب أسـبانيا. ونجـح إيوريكـو في ضـم طليطلـة، قاعـدة إقليم كاربتانيا، إلى ملكه. وارتفعت طليطلة في عهد الملك أتاناخيلدة إلى الذروة وزودها ملوك القـوط من بعده بآثارهم الجليلة، وسموها "المدينة الملكية".

وكان رودريجو آخر ملوك القوط مشغولا بـإخماد ثـورة قـام بهـا أهـالي مدينـة بنبلونـة بـبلاد البشكنس، حين وصلته أنباء الفتح الإسلامي، ونزول جيوش المسلمين بجبل طـارق عـام ٩٣هــ/٧١٢ م فعظم عليه الأمر، واتجـه بجيوشـه جنوبـا لملاقـاة المسـلمين بقيـادة القائـد طـارق بـن زيـاد. والتقـى الجيشان في واقعة وادي لكة، وانتصر المسلمون انتصـارا سـاحقا عـلى جيـوش القـو ط، وتقـدم طـارق بجيوشه نحو الشمال فاتحا مدن شذونة ومدور وقرمونة وأستجة ،ولم يلق المسـلمون بعـدها مقاومـة تذكر. وانتهى طارق إلى طليطلة، دار مملكة القوط، فوجدها خالية قد فر عنها أهلها، فاستولى عليهـا، وغنم فيها غنائم طائلة.

وظلت طليطلة بعد الفتح الإسلامي تتمتع بتفوقها السياسي على سائر مدن الأنـدلس، ولكنهـا ما لبثت أن فقدت هذا التفوق إزاء السيادة التي فرضتها عليها قرطبة ،عاصمة الأندلس في عهـد بنـي أمية.

وكانت طليطلة تضم أكبر طائفـة مـن المسـتعربين والمولـدين واليهـود وكانـت مزاجـا لعنـاصر وتقاليد لاتينية وقوطية وأخرى عربية.

وساهم موقع طليطلة الاستراتيجي على نهر تاجة في حصانتها وزيادة ميل سكانها إلى الثورة وجنوحهم إلى الانفصال عن الحكومة المركزية. وقد كان لطبوغرافية المدينة وطبيعة سكانها أثر كبير في خروجهم عن سلطان الإمارة بقرطبة مرات كثيرة، مما كلف أمراء قرطبة أثمانا باهظة لإعادتهم إلى فلك دولتهم.

وفي عام ١٨٠هـ/٧٩٧ م استطاع الحكم الربضي أن يوقع بأهل طليطلة وأن يستذلهم بعد أن استخفوا بواليه عمروس الوشقي المولد، فقد اتخذ عمروس قصرا، واستدعى فيه وجهاء طليطلة، وأوهمهم أنهم إذا طعم منهم قوم انصرفوا من باب غير

الباب الذي دخلوا منه، وجعلوا كلما دخلوا قتلوا وقيل إن عدد القتلى يؤمنذ من وجهاء طليطلة بلغ نحو خمسة آلاف وثلثمائة رجل، فلانت بعد ذلك شوكة طليطلة.

وفي عهد محمد بن عبد الرحمن الأوسط عام ٢٣٣هـ/٨٤٨ م خرجت عليه طليطلة، فخرج لحربها بنفسه، واستنجد أهلها بملك جيلقية البشكنس على وادي سليط، وقد أكمن لهم فأوقع بهم، وهزمهم هزيمة نكراء، ودخلت طليطلة بعدها تحت لواء الخلافة القرطبية منذ عام ٣١٨هـ/٩٣٠ م بعد سنوات طويلة من الثورات، وانتظمت أمورها في ظل خلافة عبد الرحمن الناصر.

وعندما اشتعلت نيران الفتنة الكبرى عقب سقوط الخلافة بقرطبة، وقامت دول ملوك الطوائف، واستقل بنو ذي النون بطليطلة، وهم أسرة من البربر الذين كانوا في خدمة المنصور ابن أبي عامر وكان اسم جدهم الذي ينسبون إليه زنون، فحرف الاسم إلى ذي النون أو دنون. وارتفع شأنهم، وذاع صيتهم في عهد المنصور، وقادوا جيوشه، واستقروا بكورة شنتبرية.

ولما تولى عبد الملك بن متيوة أمر طليطلة، وأساء إلى أهلها، خلعوه واتفقوا فيما بينهم على تولية عبد الرحمن بن ذي النون، فوجه إليها ابنه إسماعيل، فاستولى عليها وعلى ما يحيط بها من مدن وقرى، واستقام له الأمر فيها، وترك شئون المدينة إلى شيخها أبي بكر الحديدي، وكان من أهل العلم والدهاء. ثم توفي إسماعيل وخلفه ابنه

المأمون يحيى بن إسماعيل، فجرى على سنن أبيه في اتباع العدل، فتوطد سلطانه، وعظم ملكه. وقام في عهده نزاع بينه وبين ابن هود حاكم سرقسطة، ودام هذا النزاع قرابة ثلاث سنوات، وانتهى بموت سليمان بن هود.

ولما توفي المأمون يحيى عام ٤٦٦هـ/١٠٧٤ م، تولى حفيده القادر بالله يحيى. وفي عهده ثار عليه أهل طليطلة لقتله ابن الحديدي، وأرغموا ابن ذي النون على الرحيل منها. فاستعان ابن ذي النون بألفونسو السادس ملك قشتالة لاسترداد ملكه. وأقبل ألفونسو بجيوشه، وحاصر المدينة، ودخلها واغتصبها من القادر بالله، فخرج له عنها في

شهر صفر ٤٨٧هـ/مايو عام ١٠٨٥م مقابل مظاهرة ألفونسو له على بلنسية.

وهكذا سقطت مدينة طليطلة في أيدي الصليبين وقد أحدث سقوط طليطلة في أيدي القشتاليين دويا هائلا في أنحاء العالم الإسلامي، وقرعت نواقيس الخطر تنذر ملوك الإسلام في الأندلس بسوء المصير فأحسوا بضعفهم وتنبهوا بعد فوات الأوان إلى نهايتهم الوشيكة. وكان سقوط طليطلة نذيرا بالنهاية المحتومة لدولة الإسلام في الأندلس. وقد حاول المرابطون والموحدون استرداد طليطلة ولكن جهودهم المتواصلة أخفقت وأصبحت هذه المدينة قاعدة هامة للقشتاليين.

المعالم الحضارية:-

كان بطليطلة العديد من المعالم الحضارية التي تعطي انطباعا عما وصلت إليه تلك المدينة من الحضارة والتقدم. وقد ازدهرت طليطلة في فن العمارة، وانخرطت من الوجهة الفنية في سلك الأسلوب المعماري الشائع في قرطبة بعد أن دخلت في فلك الخلافة الأموية وازدهرت في عهد الخلافة ازدهارا تدل عليه آثارها المعمارية الرائعة.

الأسوار: كان لسور طليطلة في عصرها الإسلامي أبواب عديدة تتفرع عنها طرق إلى شتى الاتجاهات التي تربط طليطلة بنواحي الأندلس. وكانت هذه الطرق كثيرة لما كان لموقع طليطلة من أهمية تتوسط به مدن الأندلس.

وفي العصر الإسلامي كان باب القنطرة هو الباب الرئيسي لسور طليطلة. ويؤدي الطريق من هذا الباب إلى الرحبة المعروفة باسم سوق الدواب وقد سمي بباب القنطرة لأنه كان يفضي- إلى القنطرة على وادي تاجة. ومن الأبواب الأخرى الهامة أيضا باب شاقرة الذي كان ينفتح على حومة تنسب إليه وإن كان هناك بابان آخران يحملان نفس الاسم أحدهما قديم لا يشك في أصله العربي والآخر أحدث منه ومختلف في أصله لكنه عربي الطراز. ومن أبواب طليطلة المعروفة أيضا باب المردوم الذي يقع بجواره المسجد المعروف بباب مردوم الذي بناه موسى بن علي في المحرم عام ٣٩٠هـ/يناير عام ١٠٠٠م من مال أحد أعيانها أحمد بن حديدي.

وقد وجدت أبواب أخرى مثل باب الحديد وباب الدباغين اللذان يشرفان على نهر التاجة ،ولا يزال الأخير منهما يعرف باسمه العربي. وكذلك كانت جميع الأبواب التي استحدثت في سور طليطلة بعد استيلاء الأسبان عليها كانت لها جميعا أصول عربية إذ أن هذه الأبواب كانت نقاط انطلاق من طليطلة نحو مختلف جهات الأندلس.

القناطر: من أهم المعالم الحضارية المتبقية حتى الآن قنطرة طليطلة تلك القنطرة التي كانت تعتبر في زمانها من عجائب البنيان، إذ تتألف من قوس واحد تحيطه فرجتان من كل جانب وفي نهايتها ناعورة ارتفاعها تسعون ذارعا تصعد الماء إلى أعلى القنطرة، ويجري الماء على ظهرها فيدخل المدينة. وقد هدمت هذه القنطرة في عهد الأمير محمد بن عبد الرحمن الأوسط حين ثار عليه أهلها، ثم جددها خلف بن محمد العامري، قائد المنصور ابن أبي عامر عام ٣٨٧هـ/٩٩٧م.

النواعير: كان أهل طليطلة يعتمدون في سقايتهم على نهر تاجة. ونظرا لعمق مجرى نهر التاجة بالنسبة لبنيان طليطلة القائم على نجد من الأرض كان الماء يرفع من نهر بواسطة ناعورة كبيرة وصل ارتفاعها في الجو إلى تسعين ذارعا وهي تصعد الماء إلى أعلى القنطرة والماء يجري على ظهرها فيدخل المدينة وقد تهدمت هذه الناعورة بعد العصر الإسلامي لطليطلة فاستعيض عنها بالسقيا من عين ماء عذبة كانت توجد

بعدوة النهر المقابلة. ولقد أجرى أهل طليطلة ماءها في القناة التي كانت من صنع المسلمين وتجري فوق ظهر القنطرة.

وفضلا عن السقاية من نهر التاجة، كان أهل طليطلة يعتمدون في سقياهم أيضا على الآبار التي كانت كثيرة في العصر الإسلامي ويبدو أن بعض الآبار كان ملكية خاصة وقد يشارك في ملكية الواحد منها أكثر من نفر.

الأرباض: كان يقع خارج سور طليطلة في عصرها الإسلامي أكثر من ربض، منها ربض كان يقع بناحية باب شاقرة دفن في حومته ابن ميمون أحمد بن محمد ابن أبي عبدة. وكان من أرباض طليطلة أيضا الموضع الذي كان يسمى محلة حرنكش

وكان يقع على مقربة من باب القنطرة، وقد نزل فيه الخليفة عبد الرحمن الناصر حين دخل طليطلة عام ٣١٩هـ/٩٣١ م. وقد اتسع هذا الربض وامتد من محلة حرنكش إلى محلة المقبرة الواقعة خارج باب القنطرة مباشرة خاصة بعد أن شيد الناصر لدين الله في هذا الموقع ما سماه مدينة الفتح بجبل حرنكش وشحنها بالآلات والميرة وأقام فيها الأسواق وجمع لها أهل المهن والفعلة والصناع وغيرهم.

القصور: من أهم صروح طليطلة التي تتصل بالعصر الإسلامي، قصر طليطلة وهو بناء قديم ضخم شيد على صخرة عالية تطل على نهر التاجة، أمام قنطرة طليطلة وكان أيام الرومان حصنا، فجدده الملوك القوط، ثم جدد أيام المسلمين، وأنشأ به الحكم بن هشام أمير الأندلس في سنة ٧٩٧م قلعة منيعة، لضبط مدينة طليطلة وقمع ثوراتها، وكانت تستخدم حصنا ومقرا للحاكم. وهذه القلعة هي التي تحولت فيما بعد إلى ما يسمى اليوم بالقصر. وهو صرح منيع البناء والمواقع، له فناء مربع معقود وأربعة أبراج كبيرة، يقوم كل منها في ركن من أركانه الأربعة.

وفي عهد أسرة ذي النون أقام ملوكها القصور الشامخة، والآثار الجليلة الرائعة ومن بينها القصر الذي بناه المأمون يحيى بن ذي النون في عام ٤٥٥هـ/١٠٦٣ م، وقد تأنق في بنائه، وأنفق فيه مالا كثيرا، وصنع فيه بحيرة، بنى في وسطها قبة من زجاج

ملون منقوش بالذهب وجلب الماء على رأس القبة بتدبير أحكمه المهندسون، فكان الماء ينزل من أعلى القبة على جوانبها محيطا بها ويتصل بعضه ببعض، فكانت قبة الزجاج في غلالة مما سكب خلف الزجاج لا يفتر من الجري، والمأمون جالس فيها لا يمسه من الماء شيء ولا يصل إليه، وقد توقد فيها الشموع فيرى لذلك منظر بديع عجيب، وكانت من قاعات هذا القصر قاعة تعرف بالمجلس المكرم، كسيت جدرانها بالمرمر الأبيض، ونقشت جميعا بالتوريقات المحفورة في الجص.

وكان للمأمون قصر آخر يعرف بمج لس الناعورة ،وهو قصر ريفي ينساب الماء حول قاعاته بين الأعشاب. وأمام إحدى هذه القاعات بركة كالمرآة نصبت عليها تماثيل
أسود تمج المياه من أفواهها، وبطليطلة اليوم آثار قصر عربي يعرف بقصر جاليانا، ويغلب على الظن أنه المنية أو قصر الناعورة الذي بناه المأمون. وقد بلغت حضارة طليطلة الذروة في عهد أسرة ذي النون، واشتهرت بعلمائها في الفلك والرياضة، كما عرفت بصناعة الأسلحة وصناعة العلب العاجية وعمل الأسطرلابات.

المساجد: تنتشر بطليطلة المساجد التي تحول معظمها اليوم إلى كنائس. أما أكثر الآثار الباقية شهرة فهي مساجد طليطلة التي تحولت إلى كنائس تنتشر عبر المدينة. فهناك المسجد الجامع في طليطلة ويظهر فيه الطابع الإسلامي أوضح ما يكون. وقد عين طارق بن زياد بعد فتحه مدينة طليطلة موضع المسجد الجامع في وسط المدينة. وكانت آنذاك كنيسة القديسة مريم التي كانت مقرا للمطرانية الطليطلية قد فر عنها مطرانها وتركها غنيمة في أيدي المسلمين فأمر طارق بن زياد بأن يقام المسجد على جزء من الكنيسة وترك الجزء الباقي لمن بقي من النصارى في المدينة وقد طلب أهل طليطلة من الأمير محمد بن عبد الرحمن عام ٢٥٧هـ/٨٧١ م أن يبيح لهم ضم الكنيسة الملاصقة للمسجد ولكن الأمير محمد عوض النصارى عنه تعويضا مناسبا قبلوه عن رضى خاصة بعد أن قلت قيمة هذا الجزء وخمل ذكره بانتقال مقر المطرانية إلى كنيسة أخرى هي كنيسة ماريادي ألفينين التي أبقى عليها المسلمون وعلى غيرها من الكنائس والأديرة دون أن يستولوا عليها غصبا أو قهرا من نصارى طليطلة.

ولقد بقي هذا المسجد الجامع حتى سقطت طليطلة في يد نصارى الأسبان فاستولوا عليها قهرا وغصبا بعد أن أحاطوا بالشيخ الأستاذ المغامي آخر من بقي في المسجد حتى لم يجد بدا عن الخروج من المسجد ليستولى عليه نصارى الأسبان. ومازال هذا الأثر يتمتع بمعالمه الإسلامية رغم محاولة نصارى الأسبان أن يطمسوا جميع معالمه أو يمحوها تماما.

وقد كان هذا المسجد أعلى من مسجد قرطبة وقريب منه في طوله وعرضه إذا أضيف إليه البيوت والمقاعد والمخازن المتصلة به من نواحيه الأربعة وسواريه ليست

كغيرها من السواري التي بالمساجد، حيث تميزت سواريه بضخامتها مع غرابة شكلها فكل سارية محيطة بها ثمان سواري متصلة بها متقدم عليها أقواس في غاية العلو. وبناء المسجد كله من الحجارة التي تشبه الرخام وسقفه منها بالقبو ليس فيه خشب وأرضه مفروشة بالرخام الأبيض والأسود، ويقع بوسط المسجد قبة طولها (٧٢) قدما والعرض مثله وأبواب الجامع إحدى عشر منها ثمانية من الجهات الثلاث والجهة الرابعة استقلت بثلاث أبواب متصلة بعضها ببعض وبإزاء أحد الأبواب الثلاثة منار المسجد وهو من بديع هذا المسجد العظيم فهذه المنارة اليتيمة التي لا تشبهها منارة حسنا وبهاء بنيت بالحجارة من جنس الحجارة التي بني بها المسجد ويصعد إليها بمائتي درجة إلى موضع الأذان ومن موضع الأذان إلى انتهاء علوها نحو المائة درجة. وقد بلغ طول المسجد قدم وأربعمائة قدم وعرضه ثلاثون قدما ومائتان، وعلو سمكه خمسة عشر ومائة قدم.

ومن المساجد الباقية أيضا في طليطلة مسجد الجبل البارد الذي بناه أبو نصر فتح بن إبراهيم الأموي المعروف بابن القشاري وهو أيضا الذي بنى أيضا حصن وقش ومكادة في زمن المنصور محمد ابن أبي عامر وكان رجلا صالحا يلزم جامع طليطلة. كما توجد أيضا بقايا قليلة من بعض مساجد طليطلة مثل مسجد الباب المردوم الذي ينسب حاليا إلى أحد أبواب مدينة طليطلة يقع على مقربة منه وعلى الرغم من عدم

معرفة الاسم العربي فإنه ينسب إلى مؤسسه أحمد بن حديدي إذ يوجد على واجهة المسجد - رغم تحوله إلى كنيسة - نقش كتابي بارز نصه: "بسم الله الرحمن الرحيم. أقام هذا المسجد أحمد بن حديدي من ماله ابتغاء ثواب الله فتم بعون الله على يد موسى بن علي البناء فتم في المحرم عام تسعين وثلاثمائة".

وقد تحول هذا المسجد إلى كنيسة بعد عام ١٠٨٥م بقليل وأطلق عليه اسم كنيسة كريستودي لالوث، ووهبه ألفونسو الثامن لإحدى الجمعيات الدينية، ثم أضيف إليه بعد ذلك من جانبه الشمالي رأس على هيئة حنية من الطراز المدجن.

ومن المساجد التي لا تزال بعض معالمها قائمة حتى اليوم في طليطلة ذلك المسجد الذي تحول إلى كنيسة سان سلفادور وكان قد بني في النصف الأول من القرن الخامس الهجري/الحادي عشر- الميلادي، يدل على ذلك نقش وجد في بلاطته الوسطى يشير إلى أنها بنيت من مال الأحباس عام ٤٣٤هـ/١٠٤١ م أي في عصر بني ذي النون، لكن نصارى الأسبان قد حولوه إلى كنيسة عام ٥٥٥٤ ـ/١١٥٩ م بعد استيلائهم على المدينة ويبدو من مشاهدة بنيان ذلك المسجد أنه كان يتألف من خمس بلاطات طول الواحدة منها ١٨ مترا وعرضها أربعة أمتار.

ومن المساجد الباقية أيضا مسجد باب المردوم. وهو مربع الشكل طول ضلعه ثمانية أمتار تقوم كل واجهة من واجهاته على ثلاث عقود ضخمة من الحجر بداخل كل منها باب أصغر على هيئة عقد مستدير وهذه العقود تحمل فوقها صفا من النوافذ العربية التي كانت زجاجية تنير المسجد في العصر الإسلامي لكنها الآن قد سد معظمها. وقد شيدت جدران المسجد من الحجر الجرانيتي ومن الآجر وفقا لأسلوب البناء الذي اختصت به طليطلة. ويتكون المسجد من ثلاثة أروقة طولية تقطعها ثلاث عرضية فنتج عن هذا التقاطع تسعة أساطين يعلو كل منها قبة ليكون مجموعها تسعة قباب أعلاها القبة الوسطى وكان للمسجد وقت بنائه صحن صغير على نمط الصحون أو الأفنية التي توجد عادة في المساجد الإسلامية.

ومسجد دار الدباغين الذي بناه المسلمون بعد أن انتزع القشتاليون منهم مسجدهم الجامع في عام ٥٥٤هـ/١١٥٩ م فبادروا إلى استبداله بمسجد آخر حاولوا إخفاءه اتقاء نقمة بعض المتعصبين في بلاط ألفونسو الثامن من الفرنج الذين كانوا يتربصون بهم السوء. وقد عرف الأسبان هذا المسجد باسم "مسجد المسلمين الواقع في مربض الفرنج" حيث كان يسكن في هذا المربض أو الحومة الفرنسيون، وكان حيا تجاريا أو سوقا كبيرة تقع بالقرب من الكاتدرائية.

وقد كان مسجد الدباغين يقوم في طابق علوي بعيدا عن أنظار الفرنج، ولكن الأسبان كانوا يعلمون بوجوده، وكان معروفا لديهم حتى مطلع القرن السادس عشر- حين طرد المسلمون من الأندلس. وتخطيط البناء من أسفل يكشف في خفاء شديد عما فوقه، فالطابق الأدنى منه يظهر أنه كان يتخذ بيتا، أما الأعلى فيحتفظ بنظام المسجد، وإن كان المحراب فيه يقتصر حاليا على مجرد عقد بسيط.

ويشغل باب المسجد الركن الشمالي الغربي منه. وينقسم المسجد إلى تسعة أساطين مربعة، أوسطها تعلوه قبوة من الضلوع قوامها أربع ضلوع متقاطعة فيما بينها: اثنتان رأسيا واثنتان أفقيا. ويشغل كل من مربع من المربعات التسعة الناشئة من هذا التقاطع قبيبات صغيرة، يتقاطع فيها عقدان صغيران في شكل متعامد، بينما تجتمع القباب التسع دفعة واحدة في قبوة تغطي الأسطوان ا لمركزي.

وعمارة المسجد كلها من الآجر تكسوها طبقة جصية ازدانت بخطوط ملونة باللون الأحمر. وقد أصبح مظهر هذا المسجد اليوم يثير الأسى فقد أهمل منذ أن هجره أصحابه وجعل بعد ذلك مستودعا للخرائب والأنقاض وأدمج أحد أساطينه في منزل مجاور، وأخذ الجير والسناج يتنازعان في تبشيعه حتى اسودت جدارنه وسقفه إذ كان موقدا كبيرا لأحد مصانع الشموع، واحترقت أعمدته ومناكب عقوده. ثم أصبح اليوم مخزنا لبراميل الخمور. ومع ذلك فلهذا المسجد أهميته الكبرى باعتباره المثل الوحيد لمساجد عصر الاضطهاد في طليطلة.

ومن الآثار الباقية في طليطلة كنيستان كانتا لليهود الأولى هـي كنيسـة سـانتا ماريـا لا بلانكـا التي أقامها إبراهام بـن العشـار بعـد عـام ٦٤٧هـ/١٢٥٠ م، والثانيـة كنيسـة إلترانسـتو التي أقامهـا صموئيل هاليفي في عام ٧٥٨هـ/١٣٥٧ م، وكنائس نصرانية كثيرة، وقاعات ذات سقوف خشبية مائلـة، على الأسلوب الإسلامي، وكذلك باب مدجن يعرف اليوم بباب الشمس.

الحمامات: انتشرت في طليطلة في العصر الإسلامي كثير مـن الحمامـات العامـة التي يستحم فيها المسلمون كعادتهم في سائر مدنهم، وقد بقي منها حتى الآن حمامان ،يوجد أحدهما بالقرب مـن البئر المرة وكان يسمى في أوائل القرن ١٣ الميلادي حمام جمانش، ويوجد الآخر في الحي القديم لليهود وكان يسمى باسم حمام زيد حتى أواخر القرن ١٣م.

<u>المكانة العلمية</u> :-

أسهمت طليطلة في الحركة الفكرية من الحضارة الأندلسية إسهاما بـارزا وكانـت مركـزا علميـا هاما في الأندلس تنوعت اهتماماتـه العلميـة وذخـر بـالكثير مـن العلمـاء النـابهين الـذين كانـت لهـم إسهامات في علوم شتى نقلية وعقلية. وكان لقيام دويلة مستقلة في طليطلة في عصر الطوائف على يد بني ذي النون أثـره في الحركة العلمية بخاصة والحياة الفكرية بعامـة في هـذه المدينـة المتميـزة، وقـد شجع بنو ذي النون العلوم والفنـون وكـان للشعر في عهدهم سـوق رائجـة. ونتيجـة لتلك العوامـل نشطت الحركـة العلميـة في طليطلـة في عصرهـا الإسلامي وتنوعـت الاهتمامـات العلميـة لعلمائهـا فاشتغلوا بعلوم شتى.

وكان الفقه من العلوم التي حظيت دراستها بقسط وافر من اهتمام أهـل طليطلـة عـلى نحـو لافت للنظر، ومرجع اهتمامهم بالفقه يرجع إلى كثرة من تتلمذ على الإمام مالك من علمائها الأوائـل، وكذلك الظروف السياسية والاجتماعية لطليطلة التي كانت تثير أمام أهلها الكثير مـن المسـائل التي تستوجب الفتيا مما دفع إلى اشتغال كثرة

من علمائها بالفقه والعناية به فنشأت في طليطلة ما يستحق تسميته بمدرسة فقهية.

العلماء: شارك أهل طليطلة في الحركة العلمية الأندلسية منذ بواكيرها وكان منهم عدد ممن التقى مالك بن أنس أحد أئمة الفقه الأربعة ومؤسس المذهب المالكي ويأتي في مقدمتهم أبو عثمان سعيد ابن أبي هند الذي عاش في عصر الولاة ورحل إلى المشرق ولقي إمام دار الهجرة وسمع منه ونال تقديره حتى لقبه مالك بن أنس بحكيم
الأندلس، ولما عاد أبو عثمان إلى الأندلس تولى قضاء بلدته طليطلة زمنا ثم تحول عنها إلى قرطبة فسكنها حتى توفي في صدر أيام الأمير عبد الرحمن بن معاوية الداخل.

وتوالى توافد عدد من الطليطليين على إمام دار الهجرة كان منهم سعيد بن عبدوس المعروف بالجدي - مصغرا - سمع من مالك الموطأ وعاد إلى الأندلس فتولى قضاء طليطلة وكان فقيهها ومفتيها، وكان ممن التقى بالإمام مالك من أهل طليطلة أبو هند عبد الرحمن ابن أبي هند الأصبحي الذي روى عن مالك وروى عنه مالك وتوفي بطليطلة بعد عام ٢٠٠هـ/٨١٦ م.

وكان ممن لقى مالكا من أهل طليطلة أيضا عيسى بن دينار بن واقد الغافقي فقيه أهل الأندلس قاطبة، سمع من مالك لكنه صحب ابن القاسم المصري - أكبر تلاميذ الإمام مالك - وعول عليه ثم انصرف إلى الأندلس فدارت الفتيا عليه ولم يتقدمه أحد في وقته وهو الذي علم أهل الأندلس المسائل وألف في فقه المالكية كتاب الهداية الذي أشاد به ابن حزم ورأى أنه أفضل مؤلف في بابه.

وهكذا غرس هؤلاء الطليطليون ممن لقوا الإمام مالكا بذور الحركة العلمية في طليطلة، وأخذت تلك الحركة في التنامي منذ أوائل القرن الثالث الهجري/التاسع الميلادي نتيجة لعدة عوامل منها كثرة رحيل طلاب العلم الطليطليين إلى المشرق وتلقيهم العلم عن مشاهير علماء أوقاتهم في إفريقيا ومصر والحجاز، ودخل بعضهم الشام والعراق فجمعوا من كل هذه الأمصار علما وفيرا ومتنوعا. ومن الأسباب التي

ساعدت على ازدهار هذه الحركة وفود كثير من العلماء إلى طليطلة سواء من علماء المدن الأندلسية الأخرى مثل قرطبة وغيرها أو من علماء الأمصار الإسلامية المشارقة الذين قدموا إلى الأندلس ودخلوا طليطلة.

كما اهتم أهل طليطلة بدراسة الحديث وكان منهم من أخذ عن بقي بن مخلد مثل أبو زكريا يحيى بن محمد بن قطام. لكن التأثير الواضح في اهتمام أهل طليطلة بدراسة الحديث كان لمحمد بن وضاح بن بزيغ الذي وفد إليه في قرطبة عدد كبير من الطليطليين مثل زكريا بن إسماعيل بن عبد الرحمن وزكريا بن عيسى- بن عبد الواحد وعمران بن محمد بن معبد وأبو يوسف هارون بن سلمان الرعيني وغيرهم، وما لبث ابن وضاح أن قدم بنفسه إلى طليطلة فزاد تأثيره في أهلها وتتلمذ عليه الكثير منهم.

ثم ما لبث أن تزايدت عناية أهل طليطلة بالحديث وتوالت فيها أجيال من المحدثين كان من أبرزهم أبو عبد الله محمد بن عمرو بن سعيد بن عيشون الأزدي الذي رحل إلى المشرق فلقي بمكة أبا سعيد الأعرابي وسمع منه سماعا كثيرا ومن غيره وحدث في الأندلس بمصنف أبي داود، وتوفي عام ٣٨٢هـ/٩٩٣ م. وكذلك أبو محمد عبد الرحمن بن عباس بن جوشن الأنصاري صاحب الصلاة والخطبة بجامع طليطلة.

أما أشهر رجال الحديث من أهل طليطلة فأهمهم الصاحبين: أبا إسحاق بن شنطير وأبا جعفر بن ميمون اللذين ذاع صيتهما في الأندلس كافة وكانت إليهما الرحلة في وقتهما وتتلمذ عليهما كثير من الأندلسيين عامة والطليطليين خاصة ليس في الحديث وحده وإنما في كثير من العلوم الدينية.

كما اهتم أهل طليطلة عناية ملحوظة بالقراءات وتوالت منهم أجيال ممن اشتهروا بالقراءة كان من أوائلهم عبد الله بن مسعود الطليطلي الذي كانت له رحلة إلى المشرق أخذ فيها عن سحنون بن سعيد بالقيروان وأصبغ بن الفرج بمصر، وكان عبد الله محمد بن سعيد البكري الخطيب ويعرف بابن الأعرج كان بصيرا بالقراءة وكانت له رحلة إلى المشرق. وأيضا سليمان بن مسرور الذي كان إماما في علم القراءات لكنه رحل إلى المشرق واستوطن مصر وتوفي بها.

أما العلوم الأدبية فقد كان فيها لعلماء طليطلة إسهام ملحوظ ومنهم من يعد من الأعلام المعدودين في هذا المجال شرقا وغربا حيث كان أبو محمد عبد الله بن أحمد المعروف بابن القشاري فقيها لكنه كان أيضا شاعرا أديبا، وأبو بكر يحيى بن عبد الله بن ثابت الفهري نحويا حافظا للعربية فصيح اللسان شاعرا، وأبو بكر يحيى بن محمد بن يحيى الأموي صاحب أدب وشعر وبلاغة وحسن الخط. وكان أبو الربيع سليمان

بن محمد المعروف بابن الشيخ خطاطا بارع الخط في المصاحف. و كان أبو عمر يوسف بن عمر الجهني عالما بالفرائض والآداب والفلك، طالع النجوم واستبحر في ذلك. وكان أبو القاسم محبوب بن محبوب الخشني من أعلم أهل زمانه باللغة العربية، وكان أبو إسحاق إبراهيم بن محمد بن أشج الفهمي متفننا في العلوم بصيرا باللغة والحساب. وكان أبو عمر أحمد بن يحيى بن سميق مشاركا في عدة علوم، وله نظر في الطب وطالع منه كثيرا واهتم به. وكان جودي بن عثمان نحويا التقى بكبار نحاة المشرق كالكسائي والرؤاسي والفراء، وكان أول من أدخل كتاب الكسائي إلى الأندلس.

كما اشتهر من طليطلة علماء رياضيون منهم أبو جعفر أحمد بن خميس بن دمج، وهو ممن اهتموا بالهندسة والفلك والطب وله مشاركة في علوم اللسان وفي الشعر، وأبو إسحاق ابن إبراهيم بن لبر بن إدريس التجيبي المعروف بالقويدس، وأصله من قلعة أيوب واستوطن طليطلة وتأدب بها وبرع في علم العدد والهندسة والفرائض وجلس للتعليم بذلك زمنا وكان له بصر بعلم هيئة الأفلاك وحركات النجوم وتقدم في علم العربية. وأبو الحسن علي بن خلف الصيدلاني الذي تميز بطلب الفلسفة وفهمها وبرع في الهندسة.

ومن أشهر علماء طليطلة أبو إسحاق إبراهيم بن يحيى النقاش المعروف بابن الزرقيال أو الزرقيالي، وكان من أبصر أهل زمانه بأرصاد الكواكب وهيئة أفلاكها وحساب حركاتها وأعلمهم بعلل الأزياج واستنباط الآلات النجومية. وكان منهم أبو

عثمان سعيد بن محمد بن البغونش رحل إلى قرطبة لطلب العلم بها فأخـذ عـن مسـلمة بـن أحمـد المجريطي علم العدد والهندسة وعن محمـد بـن عبـدون الجيلي وسـليمان بن جلجل ومحمـد بـن الشناعة ونظرائهم على الطب ثم انصرف إلى طليطلة واتصـل بها بأميرها الظافر إسماعيل بـن عبد الرحمن بن إسماعيل بن ذي النون وحظي عنده وكان أحد مدبري دولته لكنـه تـرك قـراءة العلـوم في صدر دولة المأمون بن ذي النون وأقبل على قراءة القرآن الكريم ولزوم داره والانقباض عن الناس بعد أن اشتغل بالفلسفة والمنطق والهندسة وجمع كتب جالينوس وصححها.

وفي الطب اشتهر من علمائها الأطباء أبو المطرف عبد الرحمن بـن محمـد بـن عبـد الكبـير بـن يحيى بن واقد بن محمد اللخمـي أحـد أشراف أهل الأندلس، وكـان لـه عناية بالغـة بقـراءة كتب جالينوس وتفهمها ومطالعة كتب أرسطوطاليس وغيره من الفلاسفة وتميز بعلم الأدوية المفردة حتـى ضبط منه ا ما لم يضبطه أحد في عصره وألف منها كتابا جليلا لا نظير له.

وأبو بكر يحيى بن أحمد المعروف بابن الخياط كان أحد تلاميذ أبي القاسم مسلمة بـن أحمـد بن المجريطي في علم العدد والهندسة ثم مـال إلى الفلـك فـبرع فيه واشتهر بـه وخـدم بـه سـليمان المستعين ثم التحق بخدمة بني ذي النون بطليطلة وكان معنيا إلى جانب ذلـك بالطب دقيق العـلاج وكان حكيما حليما دقيقا حسن السيرة كريم المذاهب وتوفي بطليطلة عام ٤٤٧هـ/١٠٥٦ م عـن نحو ثمانين عام.

وكان مـنهم محمـد التميمـي الطليطلي ألـف كتابا في الطب شرح فيه تشـخيص الأمـراض وأغراضها ،وكانت طريقته في تعليم الطب عن طريق الممارسة.

وهكذا كانت الحياة الفكريـة في طليطلة في عصرها الإسلامي خصبة وثريـة واشـتملت عـلى اتجاهات علمية متنوعة ما بين علوم دينية وأخرى عقلية فضلا عن آداب وفنون شتى، وقد شـارك في تلك الحياة الفكرية أجيال متعاقبة من العلماء والأدباء والشعراء وغيرهم حتى إذا سقطت طليطلة في أيدي نصارى الأسبان نزح

كثير من هؤلاء عن طليطلة إلى غيرها من مدن الأندلس واستأنفوا عطاءهم الفكري فيها.

طنجة:-

طنجة هي مدينة تنكيس القديمة، والنسبة القديمة إليها طنجي، والنسبة الحديثة إليها طنجاوي. وهي مدينة من أعمال مدينة مراكش وتقوم على مضيق جبل طارق، وعلى مسيرة عشرة كيلو مترات إلى الشرق من رأس إشبرتال عند النقطة التي يبدأ بها المحيط الأطلسي. وتقع مدينة طنجة قرب خط عرض ٢٥ شمالا، وخط طول ٧ غربا.

وتشرف مدينة طنجة على جون رائع ينتهي في الشرق برأس المنار وفي الغرب بالقصبة. ثم ينحدر إلى البحر انحدارا فيه شيء من الوعورة أحيانا . وبمدينة طنجة عدة أحياء يبلغ عددها أربعة عشر حيا هي قوام المدينة عينها. ومن أهم الأحياء التي في خارجها: سيدي أبو القناديل، ومرشان، والدرادب المنحدرات، وسوق البر، والصفاصف أي أشجار الحور، والسواني أي النواعير، والمصلى. وفي جوار طنجة مباشرة قريتا شرْف وطنجة القديمة البالية، ويسكنهما الريفيون من قبيلة فحص طنجة.

نبذة تاريخية :-

ويقطن طنجة خليط من السكان المسلمين من العرب والبربر وجالية أوروبية يغلب عليها العنصر الأسباني. وكانت مدينة طنجة منذ القرن الثالث عشر الهجري/التاسع عشر الميلادي مقر ممثلي الدول الأجنبية لدى بلاط سلاطين مراكش، وهذا الشأن السياسي الذي كان لقصبة الدولة الشريفية قد أضفى على طنجة طابعا خاصا بها. وهي الآن قصبة المنطقة الدولية التي تحمل اسمها. وتروى عن أصل طنجة وتشييدها قصص أسطورية مختلفة فيما بينها أشد الاختلاف.

وكان موقع مدينة طنجة معروفا لدى الفينيقيين، وكانوا هم أول من استعمرها ثم سكنها من بعد المستعمرون البونيون. وقد ظهرت طنجة في رحلات هانو سنة ٥٣٠ قبل الميلاد. ويبدو أن مدينة طنجة كانت قصبة ملوك مختلفين صغار من الأهلين

أهمهم شأنا بوكُّوس الأول (حوالي سنة ١٠٥ قبل الميلاد). وفي عهد بوكُّوس الثالث (في سنة ٣٨ قبل الميلاد) أصبحت مدينة طنجة جمهورية مستقلة، وأعلنت روما أنها مدينة حرة، وظلت على هذه الحال حتى عهد كلوديوس (حوالي سنة ٤٣ قبل الميلاد) وهنالك رفعت من مرتبة مستعمرة رومانية وأصبحت قصبة ولاية. وفي سنة ٢٩١م أي في أيام الإصلاح الإداري الروماني الذي قام به دقلديانوس حين ضمت ولاية موريتانيا الطنجية إلى أبرشية بايتيكا أصبحت طنجة مقر ناظر ورئيس يديرها مدنيا، ثم انتقلت طنجة إلى حكم البيزنطيين وكانت مدينة سبتة المغربية هي مقر ممثل امبراطور القسطنطينية .

وقد دخلت مدينة طنجة في الإسلام في مستهل القرن الثاني الهجري/الثامن الميلادي، فقد فتحها موسى بن نصير القائد المشهور، وناط أمر حكمها بأحد قواده وهو طارق بن زياد الليثي، وحشد طارق في جوارها مباشرة الجنود الذين خرج بهم من مدينة سبتة إلى أسبانيا سنة ٩٣هـ /٧١١ م، وأصبحت طنجة في عهد الولاة الذين أقامهم خلفاء المشرق المتتابعون قصبة بلاد مراكش حتى جبال أطلس الكبرى، وكان أول وال اتخذ مدينة طنجة مقرا له هو عمر بن عبد الله المرادي سنة ١١٤هـ /٧٣٢ م.

وقد فقدت طنجة مكانتها السياسية منذ أن أصبح إدريس الأول سيدا لبلاد المغرب بأسرها، ولم تستعد طنجة مكانتها الأولى بعد ذلك كمدينة أولى في بلاد المغرب طوال حكم الأدارسة، ولا الخلفاء الأمويين في الأندلس، ولا المرابطين والموحدين، والحفصيين من بعدهم. وفي النصف الأول من القرن التاسع الهجري/الخامس عشر الميلادي بدأت طنجة تثير أطماع الدول الأوروبية لأول مرة منذ دخول مدينة طنجة في الإسلام، فاحتلها البرتغاليون سنة ٨٧٦هـ/١٤٧١ م مع مدن أخرى بالمغرب، ثم الإنجليز ستة ١٠٧٧هـ /١٦٦١ م، ثم الفرنسيون سنة ١٢٦٠هـ /١٨٤٤ م، ومع كل احتلال كانت مدينة طنجة تقاوم مقاومة باسلة قوى عسكرية عاتية. إثر كل احتلال كانت طنجة تجد نفسها أطلالا وخرائب إلى القرن الثالث عشر الهجري/التاسع عشر الميلادي.

معالم حضارية :-

وفي مدينة طنجة عدد قليل من المساجد منها سبعة مساجد جامعة، وستة مساجد أقل أهمية. وأهم هذه الساجد جميعا المسجد الذي حول إلى كنيسة أيام الاحتلال البرتغالي، وقد أعيد مسجدا وتناولته يد الإصلاح مرارا منذ أن استرده المسلمون في المغرب سنة ١٠٥٨ هـ /١٦٨٤ م الميلادية، وقد رمم هذا المسجد بعد ذلك في مناسبات شتى. ويحيط بمدينة طنجة عينها حصن يربو طوله على كيلو مترين مشيد من الحجر ويرجع معظمه إلى أيام الاحتلال البرتغالي بين عامي (١٤٧١-١٦٦١)م،تزال تكتنف الحصن من الجانبين أبراج منها: برج النعام، والبرج الإيرلندي ويسمى برج البارود وهو قلعة يورك التي ترجع إلى أيام الإنجليز، وبرج السلام. وفي هذه الأبراج تسعة وعشرون مدفعا من أصل أوروبي.

وأعظم آثار طنجة قصر الشريف الذي يقوم على الجزء الشرقي من القلعة وقد ظل هذا القصر مقرا للحكومة عدة قرون، وكان الإنجليز يسمونه أثناء احتلالهم لطنجة: القلعة العليا. وقد شَيد القصر الحالي على أطلال القلعة العليا الباشا أحمد بن علي بن عبد الله التمساماني الريفي قبيل عام ١١٥٦هـ /١٧٤٣ م، وفيه قتل في المعركة التي دارت بالقرب من القصر الكبير.

عسقلان:-

عسقلان مدينة على الساحل الجنوبي لفلسطين تسمى بالعبرية: أشقلون، وهي إحدى المدن الفلسطينية القديمة الخمسة المعروفة لنا من العهد القديم، وقد أعطت عسقلان اسمها لنوع من البصل يسمى البصل العسقلاني. وعرفت في الفترة الرومانية باسم: (مدينة عسقلان الحرة) . وتقع على خط عرض ٥٣٢ وخط عرض ٥٣٤.

نبذة تاريخية:-

وقد كانت مدينة عسقلان هيلينية مزدهرة ذائعة الصيت في إقامة عبادات وطقوس دينية، واحتفالات خاصة بالمباريات المختلفة، ومزارا مباشرا لآلهة أفروديت، وكانت في الفترة المسيحية مقرا لأسقفية (مقبرة الثلاثة الأشقاء المصريين الشهداء).

وكانت عسقلان من آخر مدن فلسطين التي وقعت في أيدي المسلمين. وقد أخذها معاوية صلحا بعد زمن قصير من الاستيلاء على قيصرية في عام ١٩هـ -٦٤٠م، ويحتمل أن يكون عمرو بن العاص قد احتلها قبل ذلك فترة وجيزة. واحتلها البيزنطيون مرة أخرى في أيام ابن الزبير بضع سنين، ثم استردت منهم، وأعاد عبد الملك بن مروان تحصينها . ويبين نقش في أحد الأبنية أن الخليفة المهدى عام

١٥٥هـ -٧٧٢م قام بتشييد مسجد ومنارة بها.

وانتقلت عسقلان بعد تقلبات الزمن إلى أيدي الفاطميين، وأصابها قدر من الازدهار في ظل حكمهم وفق رواية المقدسي وناصر خسرو، وأصبح بها دار لسك العملة، واستخدمت قاعدة بحرية فرعية في بعض الأحيان. وقد احتفظ الفاطميون بعسقلان حتى بعد فقدهم سائر سوريا وفلسطين على أيدي السلاجقة، ولكن لم يكن لهم سوى سيطرة صورية على العمال المحليين. وفي عام ٤٩٢هـ - ١٠٩٩م دخل الجيش المصري المنسحب من بيت المقدس مدينة عسقلان، وفي ردح من الزمن بدا أن عسقلان على وشك أن تنتقل إلى حكم الفرنجة. إلا أن الخلافات الداخلية بين الصليبيين هي التي أنقذتها من براثنهم، وبقيت في أيدي المصريين. وقد ظلت عسقلان على مدى قرن ونصف قرن من الزمان مدينة حدودية، وهدفا عسكريا رئيسيا في الصراع بين الصليبيين، وحكام مصر المسلمين. وظلت تحت سيطرة المصريين في الثلاث والخمسين سنة الأولى بعد قدوم الصليبيين، حيث استخدموها رأس جسر وقاعدة تشن الغارات منها على أراضي الفرنجة.

ونتيجة لتضخم عدد سكانها بوفود اللاجئين من مناطق الفرنجة المحتلة، وحاميتها التي تعزز من مصر، أصبحت عسقلان مركزا حربيا كبيرا. ولكن على الرغم من الاستئناف الجزئي لتجارتها مع بيت المقدس، فإن الحياة كانت صعبة في هذه القاعدة الأمامية، ولم يجد المصريون مناصا من أن يرسلوا إمدادات جديدة وقوات نجدة عدة مرات خلال العام الواحد، ووفق رواية وليم الصوري كان كل سكانها المدنيين بما فيهم الأطفال مدرجين في جدول رواتب الجيش.

وبعد سقوط صور في أيدي الصليبيين في عام ٥٢٩هـ -١١٣٤م، ضعف موقف عسقلان كثيرا. وللقضاء على ما أظهرته من تهديد لبيت المقدس أحاطها الصليبيون بحلقة من الحصون والقلاع ،وفي عام ٥٤٨هـ -١١٥٣م، وبعد حصار استمر سبعة أشهر، استولى بلدوين الثالث على عسقلان بهجوم بري وبحري موحد، وأصبحت

آنئذ قاعدة لمغامرات الفرنجة الحربية والسياسية في مصر. وبعد معركة حطين استسلمت عسقلان مثل معظم معاقل الصليبيين في فلسطين لصلاح الدين في عام ٥٨٣هـ -١١٨٧م. وفي عام ٥٨٧هـ -١١٩١م بعد هزيمة أرسوف وجد صلاح الدين نفسه عاجزا عن التشبث بعسقلان في مواجهة ريتشارد ملك إنجلترا، ولذلك دمرها وهاجر السكان المسلمون منها إلى سوريا ومصر، وانتقل المسيحيون واليهود إلى بيت المقدس.

ووصل ريتشارد إلى عسقلان في شهر ذي الحجة عام ٥٨٧هـ -١١٩٢م، وأعاد بناء قلعتها، ولكن وفق شروط السلم التي تمت في شهري أغسطس - سبتمبر من السنة نفسها، ولم يكن هناك مفر من أن تهدم مرة أخرى. وقد أتاح التنافس بين الصالح أيوب صاحب مصر، والصالح إسماعيل صاحب دمشق إلى عودة عسقلان مرة أخرى إلى أيدي الفرنجة، فحشدوا بها حاميات، وأعاد تحصينها فرسان الإسبتارية الذين نجحوا في الدفاع عنها أمام هجوم مصري في عام ٦٤٢هـ ١٢٤٤م.

وبعد معركة غزة الحاسمة عام ٦٤٢هـ -١٢٤٤م، لم تستطع عسقلان توقع المساعدة بأي حال من الأحوال، ووقعت في عام ٦٤٥هـ -١٣٤٧م في يد فخر الدين

يوسف بن الشيخ. ولكي يصعب على المسيحيين أن ينزلوا بها هدم السلطان المملوكي بيبرس عددا من الأماكن بساحل فلسطين، وفي عام ٦٦٨هـ -١٢٧٠م هدم بيبرس البقايا الضئيلة من حصون عسقلان، وسد الميناء بالأشجار والدبش. وظلت المدينة -التي لم تستعد رونقها بعدما هدمها صلاح الدين- خربة حتى العصور الحديثة.

المعالم الحضارية :-

وفي العصور القديمة والعصور الوسطى، كانت الأكناف المحيطة بمدينة عسقلان مشهورة بنبيذها وأشجار الجميز وشجيرات الحناء، وقد أعطت عسقلان اسمها لنوع من البصل يسمى البصل العسقلاني. ويردد مؤلفو العصر الوسيط أثرا هو أن النبي عليه الصلاة والسلام كان يقول دائما: "عسقلان عروس الشام"، وفي فترة سيادة الشيعة الفاطميين، شيد الفضل بن بدر الجمالي بعسقلان في عام ٤٩١هـ -١٠٩٨م مشهدا

فخيما لاستقبال رأس الحسين رضى الله عنه سبط الرسول عليه الصلاة والسلام. وقد تم إنقاذ هذا الأثر المقدس والمبجل إلى أقصى- حد في عام ٥٤٨هـ -١١٥٣م من أيدي الفرنجة، وبجانب مشهد الحسين الذي أصبح بعدئذ مزارا لحجاج المسلمين توجد بئر تعرف ببئر إبراهيم (عليه السلام) .

غرناطة:-

مدينة تقع على بعد (٢٦٧) ميلا جنوب مدينة مدريد (عاصمة أسبانيا حاليا). وهي إحدى ولايات الجنوب الأسباني وتطل على البحر المتوسط من الجنوب وتطل على نهر شنيل وبساتين قصور الحمراء وتلها العالي. وهي تعلو قرابة (٦٦٩) متر فوق سطح البحر مما جعل مناخها غاية في اللطف والجمال. ومنه اشتق اسمها، حيث تعني كلمة غرناطة عند عجم الأندلس "رمتنة" وذلك لحسنها وجمالها.

نبذة تاريخية :-

أسست مدينة غرناطة في موضع مدينة رومانية صغيرة تعرف باسم أليبيري. وطوال التاريخ الروماني بأسره لم يكن لهذه المدينة ذكر كبير. ويرجع ازدهار المدينة وعظمتها إلى أسرة بني الأحمر بعد أن دخلها محمد بن يوسف بن نصر استجابة لدعوة أهلها عام ٦٣٥هـ/١٢٣٨ م لحمايتهم من الصليبيين. ومنذ ذلك الحين أصبحت غرناطة عاصمة لمملكة بني الأحمر.

وبعد أن استوطن بنو الأحمر بها أخذوا يبحثون عن مكان مناسب تتوفر لهم به القوة والمنعة فاستقر بهم المطاف عند موقع الحمراء في الشمال الشرقي من غرناطة. وفي هذا المكان المرتفع وضع أساس حصنهم الجديد "قصبة الحمراء". ولكي يوفر له الماء أقيم سد مع نهرة حدرة شمالي التل شيدت علية القلعة ومنه تؤخذ المياه وترفع إلى الحصن بواسطة السواقي. واتخذ بنو الأحمر من هذا القصر مركزا لملكهم وأنشئوا فيه عددا من الأبراج المنيعة وأقاموا سورا ضخما يمتد حتى مستوى الهضبة.

قصر الحمراء بغرناطة :-

ولقد كانت الحمراء قلعة متواضعة في القرن الرابع الهجري/العاشر الميلادي. ولكن عندما تولى باديس بن حبوس زعيم البربر غرناطة اتخذها قاعدة لملكه وأنشأ سورا ضخما حول التل الذي تقع عليه وبني في داخله قصبة جعلها مركزا لحكمه وقد تطورت مع الزمن وأصبحت حصن غرناطة المنيع.

وكان عهد السلطان يوسف الأول وولده محمد الخامس هو العصر الذهبي لعمليات الإنشاء والتشييد في قصر الحمراء ففي عهد الأول: أقيم السور الذي يحيط بالحمراء بأبراجه وبواقيه العظيمة المعروفة بباب الشريعة أو العدل وغير ذلك من الأبراج والقصور والحمامات. ثم قام ابنه بإصلاح ما بدأه أبوه وإتمامه ثم قام بتشييد مجموعة قصر السباع وقاعة الملوك أو العدل وغيرها.

وقد حصن بنو الأحمر غرناطة تحصينا منيعا واستطاعوا أن يصدوا هجمات الصليبين، وظلت المدينة حصنا شامخا ومعقلا للإسلام في بلاد الأندلس مدة تزيد علي المائتين والستين سنة حتى سقطت في قبضة الجيوش النصرانية عام ٨٩٧هـ/١٤٩٢ م وبسقوط غرناطة انتهى آخر مظهر من مظاهر السيادة الإسلامية.

<u>المعالم الحضارية :-</u>

تتمتع غرناطة بالعديد من المعالم الحضارية التي ما تزال معظم آثارها باقية حتى اليوم.

القصور: انتشرت بغرناطة القصور الفارهة التي تعد سمة مميزة للمدينة. ويعد قصر الحمراء واحد من أروع القصور في تاريخ العمارة الإسلامية، كما يعد من أعظم الآثار الأندلسية الباقية حتى الآن بما حواه من بدائع الصنع والفن. وقد زين صناع غرناطة المهرة القصر بأبدع نماذج لا تستطيع البشرية الإتيان بمثله. فالداخل من المدخل الرئيسي للقصر (باب الشريعة) يجد وراءه قاعة المشورة وهو

المكان الذي كان خصص للموظفين في القصر الذين يعاونون السلطان في إدارة شئون الدولة وقد تم إنشاؤها عام ٧٦٦هـ/١٣٦٥ م وخلف هذه القاعة مصلى لا يزال يحتفظ بمحرابه الجميل. وفي القسم الثاني من القصر والذي كان يعرف بـ (الديوان) توجد ساحة البركة وقاعة البركة وقاعة العرش وقاعة السفراء وهذا القسم ما يزال يحتفظ بمظهره القديم إلى حد كبير.

وهناك بهو الأسود وهو واحد من أروع أجنحة القصر. وهذا البهو عبارة عن فناء يحيط به ممر ومن حوله القاعات والغرف وفي وسطه نافورة لاثني عشر أسدا يرتفع كل منها قدمين ونصفا وقد أنشأ هذا البهو السلطان محمد الغني بالله الذي تولى السلطنة عام ٧٥٥هـ/١٣٥٤ م. وبالقرب من هذا البهو نجد قاعة الأختين التي تعلوها قبة جميلة تزينها الزخارف الملونة وقد سميت القاعة بهذا الاسم لأن أرضها تحتوي على قطعتين من الرخام نقش عند مدخلها بالخط الكوفي (ولا غالب إلا الله). والقصر

مزخرف بزخارف هائلة متناسقة بشكل خفيف الظل يسر ـ الناظرين. أما الحجرات فقد كسيت بحشوات جصية تبدو كالسجاجيد وقد اشتملت على وحدات زخرفية نباتية غاية في الروعة والجمال.

ويرجح أن سبب تسميته الحمراء هو لون حجارتها الضارب للحمرة. والحمراء عبارة عن مجموعة أبنية محاطة بأسوار طولها (٧٤٠) مترا وعرضها (٢٠٠) مترا تقع على ربوة عالية تسمى السبيكة في الجانب الشمالي الشرقي من مدينة غرناطة. وهذه الأبنية على ثلاثة أقسام: القسم العسكري ويقع شمال شرقي القصر وهو عبارة عن قلعة تحرس الحمراء ولها برجان عظيمان، ثم القصر الملكي في الوسط ثم الحمراء العليا المخصصة للخدم. وللحمراء عدة أبواب أهمها باب الشريعة، وباب السلاح، وباب الحديد.

<u>قصر جنة العريف بغرناطة -:</u>

وبالقرب من قصر ـ الحمراء ـ يوجد قصر ـ جنة العريف الذي شيد في أواخر القرن السابع الهجري/الثالث عشر الميلادي ويقع شمال شرقي قصر الحمراء فوق ربوة مستقلة وتظهر من ورائه جبال الثلج. وقد غرست في ساحات القصر وأفنيته الرياحين والزهور فائقة الجمال حتى أصبح هذا القصر المثل المضروب في الظل الممدود والماء المسكوب والنسيم العليل وقد اتخذه ملوك غرناطة منتزها للراحة والاستجمام.

ومن معالم غرناطة قصر شنيل أو قصر السيد الذي يرجع تاريخه إلى زمن الأمير أبي إسحاق بن الخليفة ابن أبي يعقوب بن يوسف وقد اتخذ قصرا للضيافة في عهد بني نصر ويقع على الضفة اليسرى لنهر شنيل.

البيمارستانات: تميزت غرناطة بعدد من البيمارستانات على غرار تلك الموجودة في المشرق العربي. فكان هناك بيمارستان المدينة الذي عرف ببيمارستان غرناطة وأنشأه محمد بن يوسف بن إسماعيل بن نصر، الذي تولى الملك بعد وفاة أبيه في عام ٧٥٥هـ/١٣٥٤ م، وهو عبارة عن فناء أوسط تحيط به أروقة من بائكات ذات

عقود مدببة في الطابق الأرضي وأعتاب خشبية في الطابق الأول. وكانت حجراته تفتح على الممرات التي تتقدمها كذلك امتازت واجهته بالتماثل والانسجام سواء من حيث زخارفها الفنية أو من حيث اشتمالها على النص التأسيسي للبيمارستان وكان يوجد في الطابق الأول نوافذ مفردة أو مزدوجة.

والبيمارستان في مظهره أبسط من معاصره البيمارستان المنصوري ففي وجهته بعض النوافذ وفيها أقواس مزدوجة وفي الوسط باب وأسكفة يعلوهما كتابة تشبه أشرعة الفلك. ويدخل من الباب إلى ردهة مربعة الزوايا مستطيلة وفي وسطها حوض فيه أسدان جاثيان يشبهان مثيليهما في قصر-الحمراء وينبع منهما الماء. وحول الردهة أربعة أروقة ينفتح فيها أبواب طويلة ذات انحناء على شكل نعل الفرسقد. وقد حول هذا المارستان إلى دار ضرب بعد سقوط غرناطة وحدثت به تغييرات مرات عديدة

وتهدم ثلاثة أرباعه. كما كان هناك أيضا البيمارستان الذي أنشأه السلطان أبو عبد الله محمد بن المولى عام ٧٦٧هـ/١٣٦٦ م، ووقف عليه الأوقاف.

المساجد: يعد مسجد غرناطة الجامع من أبدع الجوامع وأحسنها منظرا لا يلاصقه بناء. ومؤسس هذا المسجد الجامع محمد الثالث، وقد أقام سقفه على أعمدة حسان والماء يجري داخله شيدت على أنقاضه كنيسة سانت ماريا، وإلى جانب المسجد الجامع وجدت مساجد أخرى مهمة مثل: مسجد الحمراء وعدد من المساجد في الأحياء المختلفة.

واشتهرت مساجد غرناطة باستخدام الرخام كما عرفت بتجميل صحونها بحدائق الفاكهة وأقيمت المآذن منفصلة عن المساجد يفصل بينها صحن المسجد وكانت المئذنة عبارة عن أربعة أبراج مربعة وتتكون من طابقين ويحيط بها سور يزين أعلاه بكرات معدنية مختلفة.

وحتى الآن توجد مئذنتان ترجعان إلى عصر دولة بني نصر- الأولى مئذنة مسجد تحول إلى كنسية هي كنيسة سان خوان دي لوس ريس، والثاني ببلدة (رندة) التي تحول مسجدها إلى كنيسة باسم سان سباستيان.

الحمامات: يوجد من الآثار الباقية بالمدينة حمام واحد يقع في شارع كاليه ريال ويعرف بالحمام الصغير، وهو يتكون من حجرة للاستراحة وخلع الملابس (تعرف عادة بالمسلخ أو المشلخ)، ويتوسط هذه الحجرة حوض (نافورة)، ويلي هذه الحجرة ثلاث حجرات مقبية موازية لبعضها هي بالترتيب: الباردة والحجرة الدافئة والحجرة الساخنة. وقد بنيت جدران الحمام من الحجارة القوية الشديدة الصلابة أما العقود والأقبية فمن الآجر.

المكانة العلمية

لقد كانت غرناطة مركزا إسلاميا علميا كبيرا، فهي واحدة من حلقات الحضارة الإسلامية في الأندلس مع المدن الأخرى مثل قرطبة وبلنسية، ومجريط، إشبيلية و طليطلة وغيرها. وقد انتشرت في غرناطة العديد من المدارس التي درس وحاضر فيها العديد من العلماء والأدباء المشهورين.

المدارس: كانت غرناطة قبلة الأنظار للطلاب الذين يفدون من الأقطار المجاورة الإسلامية منها وغير الإسلامية. إذ عرفت بها المدرسة اليوسفية التي أنشئت عام ٧٥٠هـ/١٣٤٩ م وقد سميت هكذا نسبة إلى مؤسسها يوسف الأول، كما عرفت بالمدرسة العلمية والمدرسة النصرية. وقد بدأت كمركز للعلوم الدينية واللسانية وفيما بعد أصبحت تهتم بأكثر أنواع العلوم المعروفة آنذاك، وقصدها الطلاب من المناطق النصرية كافة. وقد نالت شهرة واسعة مما جعل أبناء المغرب، طلابا ومعلمين، يفدون للانتساب إليها، ومن علماء المغرب الذين درسوا في اليوسفية الفقيه ابن مرزوق والكاتب عبد القادر بن سوار المغربي وسواهما.

وقد تهدمت المدرسة اليوسفية كليا بين عامي ١١٣٤- ١١٤١هـ/١٧٢٢- ١٧٢٩م، ولم يبق منها اليوم إلا قاعة الصلاة، وتقع في الجهة المقابلة لكاتدرائية غرناطة. كما عثر على لوحة رخامية نقش عليها تاريخ بناء المدرسة على أيام يوسف الأول، وهي محفوظة في متحف غرناطة الأثري.

وقد بدأت النهضة العلمية في الأندلس مع الفلكي والرياضي أبي القاسم المجريطي عام ٣٩٨هـ/١٠٠٨ م الذي أنشأ مدرسة رياضية فكان له أتباع وتلاميذ. وفي مستهل القرن الخامس للهجرة/الحادي عشر عصفت الفتنة المعروفة التي مزقت الأندلس فتفرق تلاميذ المجريطي ولجأ بعضهم إلى طليطلة حيث تمتعوا بمركز مميز، خصوصا عندما تسلم عرش قشتالة الملك ألفونس العاشر.

العلماء: شهد العهد الناصري نهضة شاملة ونبغ عدد من العلماء في جميع حقول المعرفة ومن أشهر علمائها الإمام الشاطبي العالم الأصولي، و لسان الدين الخطيب الفيلسوف، والسرقسطي اللغوي، وابن زمرك الشاعر، ومحمد بن الرقاح المرسي الذي اشتغل بالهندسة والرياضيات، ومارس الطب في غرناطة. وقد نبغ فيها من الفلكيين أبو يحيى بن رضوان الوادي آشي، وأبو عبد الله الفحام المعروف بأبي خريطة.

أما الأطباء فقد كثر عددهم واشتهر بعضهم في المشرق والمغرب، ومن الأطباء المشهورين محمد بن إبراهيم الأنصاري المعروف بابن السراج الذي عاش في بلاط بني الأحمر فكان طبيب محمد الثاني الخاص، كما اشتهر بعمل الخير إذ كان يداوي الفقراء مجانا ويفرق أمواله على المحتاجين. وهناك الكاتب والطبيب يحيى بن هزيل التجيبي الذي كان أستاذ ابن الخطيب، ومحمد الشقوري الذي كان طبيب دار الإمارة أيام يوسف الأول. كما ينسب إليها أيضا ابن زهر في الطب. كما نبع من نساء غرناطة الكثيرات منهن حفصة بنت الحاج، وحمدونة بنت زياد، وأختها زينب وغيرهن كثيرات.

وفي قصر الحمراء كان الإقبال على العلم شديدا من قبل أبناء البيت المالك، فأولاد يوسف الأول تأدبوا على يد رضوان الذي أصبح فيما بعد وزيرا. كما تلقى إسماعيل الثاني علومه بإشراف عباد وهو من الأرقاء النصارى، أعتق بعد ما تقبل الإسلام، وعين محمد الخامس تلميذ ابن الخطيب أبا عبد الله الشريشي مؤدبا لأولاده.

فـــاس:-

مدينة مغربية تقع في أقصى الشمال الشرقي من المملكة المغربية. وهي تقع على خط طول ٤°٥٤َ غربا و٣٤°٦َ شمالا. وهي تشغل الطرق السهلة التي تصل بين ساحل المغرب المطل على المحيط الأطلنطي ووسطه، ويوجد جنوب فاس واحد من أقصر الطرق ويمر بوسط جبال أطلس إلى الجنوب عبر طريق سفرو. وطرق الاتصال بين فاس وكل من ساحل البحر المتوسط أو مضيق جبل طارق على قدر كبير من السهولة.

نبذة تاريخية :-

يعود تاريخ مدينة فاس إلى القرن الثاني الهجري/الثامن الميلادي، عندما قام إدريس بن عبد الله مؤسس دولة الأدارسة عام ١٧٢هـ/٧٨٩ م ببناء مدينة على الضفة اليمنى لنهر فاس لتكون بدلا للعاصمة القديمة ولتلي أيضا تلك العاصمة القديمة التي كانت قد ازدحمت بالسكان. ثم وفد إليها عشرات العائلات العربية من القرويين ليقيموا أول الأحياء وعرف بعدوة القرويين. كما وفد إليها الأندلسيون الذين أرغموا على الهجرة من الأندلس ليكونوا عدوة الأندلسيين. وكان هناك حي خاص لليهود وهو حي الملاح ،وقد كان اختيار المكان موفقا فهو مكان فسيح تحيط به الأشجار والحشائش. ولكن إدريس توفي قبل تطويرها، وبعد ذلك بعشرين سنة أسس ابنه إدريس بن إدريس المدينة الثانية على الضفة اليسرى من النهر. وقد ظلت المدينة هكذا إلى أن دخلها المرابطون فأمر يوسف بن تاشفين بتوحيد المدينتين وجعلهما مدينة واحدة فصارت القاعدة الحربية الرئيسية في شمال المغرب.

ومدينة فاس كانت أحد ركائز الصراع بين الأمويين في الأندلس والفاطميين في إفريقيا، وظلت المدينة تحت سيطرة الأمويين في الأندلس لمدة تزيد على الثلاثين عاما، وتمتعت المدينة خلال تلك المدة بالازدهار. وعندما غابت شمس الخلافة الأموية بقرطبة وقعت مدينة فاس تحت سيطرة أمراء زناته الذين كانوا على خلاف مستمر

فيما بينهم. وظلت هكذا إلى قدوم المرابطين، ومن بعدهم الموحدين، وكذلك بنو مرين الذين اتخذوها مركزا لهم بدلا من مراكش ،و أنشئوا مدينة ملكية وإدارية جديدة عرفت بالمدينة البيضاء. وأصبحت فاس مرة أخرى مركزا حضاريا حيث تميزت بالازدهار السياسي والاقتصادي والفكري بين سائر بلاد المغرب.

المعالم الحضارية :-

ظلت فاس القديمة مركزا للنشاط الاقتصادي بخلاف فاس الجديدة التي ظلت مركزا للحكم. ولموقع فاس ميزة ذات أهمية خاصة في المغرب وهي غزارة مياهها حيث تمتص الطبقات الكلسية في الأطلس الأوسط المياه لتكون منطقة من المياه الجوفية تتفجر منها في سهل يسمى سهل سايس ينابيع كثيرة تتجمع وتتحد لتغذي نهر فاس أو على الأصح أنهار فاس يضاف إلى ذلك الينابيع التي تتفجر من العدوات الشديدة الانحدار التي حفرها نهر فاس مسيلا له. وتمتد بمدينة فاس قنوات المياه مثل الشرايين لتصل إلى كل مسجد ومدرسة وبيت، ويتفجر فيها عيون نهر سبو وروافده. وهو ما يجعل المدينة ذات موقع إستراتيجي إذ تستطيع المدينة أن تصمد أمام أي حصار.

وتقع فاس في واد خصيب وكأنها واسطة العقد بين التلال المحيطة بها من كل الجهات. ويوجد قرب المدينة الغابات التي تتوفر فيها أشجار البلوط والأرز والتي يستخرج منها أخشاب عالية الجودة، وتحيط بها أراض كثيرة صالحة لكافة أنواع الزراعة حيث تنمو الحبوب والكروم والزيتون وأنواع عديدة من أشجار الفاكهة. ولكثرة بساتين البرتقال والتين والرمان والزيتون بصورة خاصة تبدو المدينة زمردية اللون محاطة بعقود من الحدائق والبساتين وبجبال خضراء داكنة متوجة بشجر الأرز والصبير وزهر عود السند. ومن الارتفاعات العالية يبدو اللون الأخضر هو الغالب على كل الألوان بينما تتخلله نقاط بيضاء ما هي إلا الخراف والماعز والأبقار التي تنتشر في المراعي .

الأسوار: يوجد بفاس معالم آثرية تدل على حضارتها عبر العصور الإسلامية، ومن أهم ما بقي من هذه الآثار السور وبواباته الثمانية بأقواسها الرائعة والنقوش والتخريم البارز فوقها والتي ترجع إلى عهد المرينين. وقد تجدد بعضها في العصور التالية ولكنها ظلت محتفظة بطابعها.

وفي داخل الأسوار تميزت المدينة بوجود عشرة آلاف بناية أصلية، وسبعين كيلو متر من القنوات المتدفقة من مياه الوادي والعيون، وبها أربعة آلاف نافورة وسقاية. وتميزت المدينة بقصورها التي شيدها المرينيون على التلال ا لتي تطل على فاس من جهة الشمال، وكذلك المنازل القديمة المكونة من طابقين حولها أفنية ضيقة لكنها تكسى بحشوات من الفسيفساء الخزفية، والأبواب المزخرفة بزخارف جصية محفورة، ويحاط بعض المنازل بالحدائق والبساتين. البيمارستانات: تعددت بفاس المستشفيات وكثرت،وكان الغرباء يسكنون فيها ثلاثة أيام، ويوجد عدد كبير من المستشفيات في خارج أبواب المدينة إلا أنها تقل جمالا عن تلك التي كانت بداخلها. وكانت هذه المستشفيات غنية جدا إلا أنه في أيام حرب سعيد عندما كان السلطان في أشد الحاجة إلى المال أشاروا عليه ببيع إيراداتها وأملاكها، وبقيت المستشفيات فقيرة محرومة تقريبا من وسائل العمل. وكان بالقرب من سوق العطارين وسوق الحناء مكان يقيم به المرضى بأمراض عقلية ،وكان بناؤه قديما يرجع تأسيسه إلى عهد سلاطين بني مرين ،حيث بنى أبو يعقوب يوسف بن يعقوب هذا المارستان لما تولى الملك سنة ٦٨٥هـ/١٢٨٦ م، وعهد إدارته إلى أشهر الأطباء وخصص له الأوقاف الكثيرة من العقار للصرف عليه، ولما عظم أمر المارستان واتسعت أعماله أدخل عليه السلطان أبو عنان زيادات عظيمة. وفي سنة ٩٠٠هـ/١٤٩٥ م لما أقام أهل الأندلس من المسلمين في فاس تولى رياسة هذا البيمارستان طبيب من بني الأحمر يسمى فرج الخزرجي ولذلك سمي بيمارستان فرج، فأصلح فيه وجعل الموسيقيين يعزفون أمام المرضى.

المساجد: انتشرت بفاس العديد من المساجد إلا أن أشهرها على الإطلاق هو جامع القرويين الذي أسس في القرن الرابع الهجري/العاشر الميلادي حيث كانت مساحته صغيرة ثم هدم وقام بتشيده علي بن يوسف المرابطي وزاد في مساحته زيادة كبيرة، وقام بزخرفته صناع أندلسيون، وقد بنى مئذنته الخليفة الأموي عبد الرحمن الناصر على نفقته الخاصة. وما زال مسجد القرويين يحتفظ بمنبره المصنوع من الخشب المحفور والمطعم. ويعد هذا المنبر ثاني المنابر المغربية، وقد زود هذا المسجد بثريا فخمة وحجرة للوضوء. أما صحن جامعة القرويين فمتحف فني خالد بهندسته المعمارية العربية المحضة وفنون النحت والتصوير على الخشب والفسيفساء والنقش المعدني البارز بأروع الصور والأشكال وصناعة الخزف في فاس نوعا ما صناعة الفخار كالجرار والأباريق والمزهريات وصناعة الخزف كالصحون والأطباق.

ومن أجمل الآثار الباقية جامع الأندلسيين وهو من التحف الخالدة حيث تميز بسقف المصلى ،وهو أثر فني خالد بجمال نقوشه وفسيفساء نوافذه الزجاجية التي تجتمع في رسومها ألوان شتى تأسر العيون كما تميز بالنجفة النحاسية المدلاة من السقف وجمال تخرمها الذي لا يمكن تقليده في هذا العصر لأنه يحتاج إلى زمن طويل. وقد أعيد بناؤه في عهد محمد الناصر وشيده تشيدا عظيما.

كما يوجد أيضا العديد من المساجد مثل مسجد الحمراء، ومسجد الرصيف وغيرها من المساجد المنتشرة في أنحاء المدينة. وجميعها لا تقل روعة معمارها عن مسجد الأندلسيين.

الأسواق: كما وجدت فيها البنايات المقبية ،والحمامات التي صممت وفق التخطيطات البسيطة جدا للحمامات الأندلسية. وتحاط المدينة بسور كبير أعاد الموحدون بناءه وبهذا السور ثمانية أبواب ضخمة بواقع أربعة أبواب في كل جانب. وكانت الأبواب تفتح من الداخل فتفضي إلى الطرق والأزقة الضيقة التي تنتشر فيها الأسواق. ومن أشهر حرفها معاصر الزيتون والمدابغ وصنع الأواني

الخزفية والمصنوعات الجلدية كالسروج والأعنة وصناعة الأسلحة كالسيوف والرماح والأسنة والأقواس والدروع والتروس وأمثالها، وصناعة السلال باليد والأنوال، وتخريم النحاس و الفضة والصاغة، وصناعة الحلويات.

كما ظلت فاس محتفظة بأسبقيتها بصناعة السجاد والنسيج والصباغة ودبغ الجلود على مر العصور رغم أن الدار البيضاء فيما بعد انتزعت لواء الزعامة الاقتصادية منها.

المكانة العلمية :-

يوجد في مدينة فاس واحد من أعرق وأقدم المؤسسات العلمية وهو جامع القرويين الذي أسسته السيدة فاطمة بنت محمد الفهري عام ٢٤٥هـ/٨٥٩ م بعد تأسيس المدينة بمدة (٥١) عاما. وقد بقي الجامع والجامعة العلمية الملحقة به مركزا للنشاط الفكري والثقافي والديني قرابة الألف سنة. وبعد أن وسعه أبو يوسف يعقوب المريني صار الجامع يستوعب (٢٢) ألف مصل. كما صار يدخل إليه من (١٧) بابا منها بابان لدخول النساء، وكان هذا الجامع الفريد في بنائه وهندسته يضاء في عصوره الأولى بـ (٥٠٩) مصباح قائم فوق قواعد قد يزيد وزنها على (٧٠٠) كيلو جراما.

وتعتبر جامعة القرويين في العصر الحديث أقدم جامعة ثقافية في العالم حيث تخرج فيها معظم علماء الغرب وفيها تعلم جربرت دي لوفرينه الثاني الذي أصبح فيما بعد سلفستر الثاني. وفيها تعلم (الصفر العربي) في علم الحساب وهو الذي نشر ذلك في أوروبا. كما درس له في جامع القرويين أيضا ابن الشيخ الفيلسوف الرئيس موسى بن ميمون اليهودي القرطبي الذي كان من أعظم الأطباء في عصره والذي غادر الأندلس إلى المشرق وعين طبيبا لصلاح الدين الأيوبي ثم عين مدرسا بالقاهرة .

وفضلا عن هذا الجامع فإن فاس كانت تضم (٧٨٥) مسجدا جميعها أو معظمها كانت مدارس بالضبط كمساجد البصرة والكوفة تدرس فيها علوم الدين وعلوم اللغة والتاريخ وغير ذلك من العلوم ولعل من أكبر مدارس فاس مدرسة السلطان أبو عنان

المريني التي أسسها عام ٧٥٦هـ/١٣٥٥ م وكان قد ألحق بها مسجدا للصلاة يتحلى بمنارة "مئذنة" لا مثيل لها في الجمال والأناقة.

وتميزت فاس بمدارسها التي بنيت حول جامع القرويين وانتشرت في أنحاء المدينة خصوصا في القرن الثامن الهجري/الرابع عشر الميلادي على يد العديد من الأمراء، وقد زينت هذه المدارس بذوق فني رفيع ومتنوع وهي تشكل واحدة من أروع التشكيلات الزخرفية في مدينة فاس. ويأتي في مقدمة هذه المدارس مدرسة فاس، والمدرسة المصباحية التي أسسها أبو الحسن سنة ٧٤٣هـ/١٣٤٣ م، والمدرسة التي أسسها أبو عنان وهي المدرسة الوحيدة المزودة بمنبر ومئذنة، وغيرها كثير من المدارس.

أما أقدم مدارس فاس فهي مدرسة الصفارين التي أمر ببنائها أبو يوسف المريني عام ٦٧٨هـ/١٢٨٠ م وزودها بمكتبة ثرية وقد نقلت فيما بعد إلى جامعة مسجد القرويين. وتعتبر مدرسة العطارين أصغر مدرسة في زمانها ولكنها كانت من حيث الهندسة المعمارية من أجملها وأبهاها وكانت تقع عند طرف سوق العطارين ومؤسسها هو السلطان أبو سيد.

وكانت هذه المدارس تدرس فيها العلوم الابتدائية بدءا من القرآن والكتابة والقراءة إلى مبادئ الحساب وغيرها ثم يلتحقون بعدها بالجامعة وكانت مدة الدراسة في جامعة القرويين تستغرق بين خمسة أعوام و١٥ عاما وكان الطلاب يختارون بمحض إرادتهم أساتذتهم كل أستاذ حسب اختصاصه في مادة أو أكثر فيجلسون في حلقات حول الأستاذ الذي كان يستند بظهره إلى سارية من سواري المسجد.

وكان كل من السلطان أبي الحسن والسلطان أبي عنان يهتم بتثقيف الناشئة والأساتذة ويرعى شئون المسلمين رعاية بالغة وقد أعطيا كل اهتمامهما إلى تدريس القرآن الكريم والحديث وعلوم اللغة.

ولقد اشتهر من فاس جماعة من أهل العلم ونسبوا إليها منهم أبو عمرو عمران بن موسى الفاسي فقيه أهل القيروان في وقته. وأبو العباس أحمد بن محمد بن عثمان

الشهير بابن البناء وهو أشهر رياضي في عصره، وأبو بكر محمد بن يحيى بن الصائغ الشهير بابن باجة وكان ممن نبغوا في علوم كثيرة منها اللغة العربية والطب وكان قد هاجر من الأندلس وتوفي بفاس.

ومن العلماء الذين أقاموا بفاس ودرسوا بجامعتها ابن خلدون المؤرخ ومؤسس علم الاجتماع، ولسان الدين بن الخطيب، وابن عربي الحكيم وابن مرزوق.

قرطبة:-

مدينة أندلسية تقع في الغرب الأسباني ،تتفرع سفوح جبالها من سلسلة جبال سيرا مورينا، الممتدة شمالي المدينة. وتمتد قرطبة على الضفة اليمنى لنهر الوادي الكبير، الذي ينحني طفيفا في مجراه نحو الغرب مؤلفا أهم طريق طبيعي في أسبانيا الجنوبية. وقرطبة مدينة إيبيرية قديمة البناء، كان اسمها (إيبيري بحت) وترجم بالعربية إلى قرطبة.

نبذة تاريخية :-

تأسست قرطبة في العصر الروماني عام ١٥٢ ق.م على نهر الوادي الكبير. وذاعت شهرتها منذ الصراع بين قرطاجنة وروما، عندما اصطحب هانيبال معه نفرا من أهل قرطبة في حملته على روما. وفي عام ٢٠٦ ق.م استولى عليها القنصل الروماني لوثيو مارثيو، ثم اتخذها الرومان منذ عام ١٦٩ ق.م عاصمة لأسبانيا السفلى. واتسع نطاقها في عهد الحاكم الروماني ماركوس كلوديوس مرثيلو الذي زينها بالأبنية الرائعة والأسوار المنيعة التي اشتهرت بها العمارة الحربية الرومانية. وهكذا دخلت قرطبة في سلك الإمبراطورية الرومانية وعمرت وازدحمت بالأسر الرومانية النبيلة.

وفي القرن الأول الميلادي، استطاع قائد الإمبراطور يوليوس قيصر أن يستولي عليها بعد موقعة "مندا" عام ٤٥م. ثم أصبحت عاصمة إقليم باطقة بعد أن قسم الإمبراطور أغسطس قيصر أسبانيا السفلى إلى اقليمي لوزيتانية وباطقة. ثم أصبحت بعد ذلك واحدة من أربعة مراكز قضائية في أسبانيا الجنوبية بجانب قادس و إشبيلية وإستجة

وعندما غزا الفندال والسواف والألان شبة جزيرة إيبيريا عام ٤٠٩م، استولى الفندال على إقليم باطقة، واستولوا على إشبيلية، وجعلوها عاصمة الإقليم. أما قرطبة فقد ظلت خاضعة للبيزنطيين حتى نجح ملك القوط الغربيين ليوفخلدو أخيرا في الاستيلاء عليها عام ٥٦٨م، وأقام بها أسقفية. ثم أخذت قرطبة تفقد شيئا فشيئا أهميتها أمام طليطلة ،التي تفوقت عليها منذ أواخر القرن السابع الميلادي.

وفي عام ٩٣هـ/٧١١ م فتحت قرطبة أبوابها لجيوش المسلمين بقيادة طارق بن زياد. وكان الفتح الإسلامي للمدينة أمرا هينا ميسورا، حيث بعث طارق بن زياد قائده مغيث الرومي إلى قرطبة في سبعمائة فارس، فأقبلوا نحو المدينة ليلا يسترهم الظلام -وقد أغفل حرسها حراسة سورها- ونجح بعض رجال مغيث في ا رتقاء ممشى السور، ووثبوا داخل المدينة، وفاجئوا حراس بابها الجنوبي، فقتلوا منهم نفرا وفتحوا الباب، فتدفقت منه جيوش المسلمين، وفتحوا المدينة. وأصبحت قرطبة ،بعد فتح المسلمين لها ،حاضرة أسبانيا الإسلامية، واستعادت مكانتها القديمة التي سلبتها إياها طليطلة.

ومنذ عهد أيوب بن حبيب اللخمي، استقر بها ولاة الأندلس قرابة ثلاثة قرون حتى سقوط الخلافة الإسلامية في الأندلس. ولقد احتفظ أهلها من النصارى بحريتهم الدينية والمدنية مقابل ما كانوا يدفعونه من جزية وفقا لعهد المصالحة بينهم وبين المسلمين.

أما تاريخ قرطبة الإسلامية فيبدأ منذ عهد السمح بن مالك الخولاني الذي ولي الأندلس عام ١٠٠هـ/٧١٩ م، وهو الذي رفعها إلى مصاف الحواضر الكبرى. وكان السور الروماني الذي يحيط بقرطبة قد تهدم في بعض أجزائه، وتفتحت العاصمة للداخلين إليها والخارجين منها، فأعاد السمح بناء هذه الأجزاء المهدمة من اللبن، إذ أن المسلمين كانوا حديثي عهد الأندلس لا يعرفون بعد مقاطع أحجارها.

وفي عام ١٣٩هـ/٧٥٦ م بدأ نجم قرطبة بالصعود عندما أعلنها عبد الرحمن بن معاوية المعروف بعبد الرحمن الداخل عاصمة له بعد أن سانده مسلمو الأندلس، ونادوا به حاكما عليهم. وقد جعل عبد الرحمن قرطبة، مهدا للعلم والثقافة ومركزا للفنون والآداب في أوروبا كلها، فقام بدعوة الفقهاء والعلماء، والفلاسفة والشعراء. فكانت أكثر مدن أوروبا سكانا.

وفي عهد الخليفة عبد الرحمن الناصر، وابنه الحكم المستنصر من بعده، وصلت قرطبة مستوى من الرخاء والثراء لم تبلغه حاضرة أخرى من قبل. ولقد نافست قرطبة في عهدهم بغداد عاصمة العباسيين، والقسطنطينية عاصمة الإمبراطورية البيزنطية، والقاهرة عاصمة الفاطميين. ووصل سفراء البلاط القرطبي إلى بلاد بعيدة مثل الهند والصين يحملون لملوكها من خليفة المسلمين في الغرب، رسائل مليئة بالمودة والصداقة والسلام، بينما تقاطر على البلاط الأموي مبعوثون ومندوبون عن أباطرة البيزنطيين وألمانيا وملوك كل من فرنسا وإيطاليا والممالك الأخرى في أوروبا وشمال أسبانيا، وزعماء البربر، وأمراء ورؤساء القبائل الإفريقية، حاملين معهم الهدايا الثمينة والغريبة. وكان الخليفة يستقبلهم وحوله حاشية من رجال سياسة وعلم وثقافة، فيقدم لهم من الكرم وال جود ما يبهرهم، ويقوم على تسليتهم أفضل الشعراء والمغنين والموسيقيين، فيعود الضيوف إلى بلادهم وقد بهرهم ما شاهدوه في بلاط الخليفة المسلم.

وظلت قرطبة تنعم بهذا التفوق على سائر مدن أسبانيا زمنا، حتى سقطت الخلافة الأموية عام ٤٠٤هـ/١٠١٣ م، حين ثار جند البربر على الخلافة ودمروا قصور الخلفاء فيها، وهدموا آثار المدينة، وسلبوا محاسنها.

ومنذ ذلك الحين انطفأت شعلة تفوقها، وتخلت عن مكانتها السامية لإشبيلية. ورغم هذه العواصف التي هزت كيانها استطاعت أن تحتفظ ببعض عظمتها وتفوقها في المجال الفني والصناعي والأدبي، حتى فتحها فرناندو الثالث في ٢٩ من يونية سنة ١٢٣٦م/٦٣٣ هـ.

وأثار سقوط قرطبة في أيدي النصارى الحزن والأسى في نفوس المسلمين، وتحول مسجدها الجامع الكبير إلى كنيسة كبرى، وهجرها عدد كبير من سكانها المسلمين فاستبدل فرناندو بهم سكانا آخرين من قشتالة وليون وقطالونية وغيرها من أقاليم أسبانيا النصرانية.

<u>المعالم الحضارية :-</u>

منذ أن تولى عبد الرحمن الداخل حكم قرطبة اعتنى عناية فائقة بالإنشاء والتعمير بالمدينة، فحصن العاصمة وزينها بالحدائق وأنشأ مدينة الرصافة ومقرها العظيم في الشمال الغربي على بعد ٤ كم من قرطبة، وقد أحاطها بالحدائق الزاهرة وأطلق عليها ذاك الاسم تخليدا لذكرى الرصافة التي أنشأها جده هشام بن عبد الملك بالشام - وكان هذا القصر يطل من ناحية الجنوب على الحقول التي تفصله عن قرطبة ويطل من الشمال على أرض واسعة تسمى (فحص السرادق) وقد اتخذ عبد الرحمن من ميدانها الفسيح منازل لجنده وقواده ومكانا يتدرب فيه الجنود بصورة مستمرة ومنتظمة. كما أقام عبد الرحمن الداخل " دار السكة " لضرب النقود على النحو الذي كانت تضرب عليه نقود بني أمية في المشرق من حيث الوزن والنقش.

الأسوار: كما بدأ عبد الرحمن الأوسط عام ١٥٠هـ/٧٦٧ م في إنشاء سور قرطبة الكبير الذي استمر العمل فيه أعواما كما أنشأ مساجد محلية كثيرة في قرطبة وغيرها وعلى رأسها المسجد الأموي الجامع الذي بدأ في إنشائه عام ١٧٠ هـ/٧٨٦ م. ويقع هذا المسجد في الجهة المقابلة لقصر ـ الإمارة وبينهما مساحة واسعة استغلها عبد الرحمن في إنشاء قصر خاص لنفسه وعدد من القصور الصغيرة لآل بيته أحاطها بالحدائق الغناء وسور يدور حولها. وقد امتدت هذه القصور حتى وصلت إلى ضفة نهر الوادي الكبير فبنى عبد الرحمن قصور الإدارة ناحية النهر. كما فتح بابا في الشارع بين النهر والسور سمي "باب السدة" وجعله للجمهور، وهو يفضي إلى المكاتب الحكومية. كما خصص جانب باب السدة لمواقع الكتاب الذين يعاونون الناس في كتابة شكاواهم وطلباتهم والذين يعرفون اليوم بالكتاب العموميين.

وبعد أن تولى عبد الرحمن الثالث الحكم عام ٣١٧هـ/٩٤٩ م أصبحت قرطبة من أكبر المدن في أوروبا وأكثرها حضارة وثقافة وعلما، وبلغ عدد سكانها إلى نصف مليون نسمة. وكانت قرطبة في ذلك الوقت تنقسم إلى جانبين كبيرين: جانب شرقي وجانب غربي. وعند اتساعها تجاوزت نطاقها القديم جنوبا في الضفة اليسرى من نهر الوادي الكبير، وشرقا فيما وراء باب رومية.

القناطر: ومن معالمها الحضارية تلك القنطرة التي كانت تجاه المسجد الجامع من الناحية الجنوبية وهي قنطرة رومانية الأصل، جددها المسلمون أيام السمح بن مالك أمير الأندلس وجددت بعد ذلك غير مرة وهي قائمة على ستة عشر عقدا وهي تربط قرطبة بضاحيتها المسماة (حي روح القدس) وما زالت هذه القنطرة تحتفظ بكثير من معالمها الأندلسية.

القصور: من الآثار الباقية منية العامرية وهي تقع على سفح جبل قرطبة على بعد تسعة كيلو مترات غربي قرطبة وثلاثة فقط إلى الغرب من مدينة الزهراء، في ضيعة تعرف باسم فونتانار دي لاجورجوخا، وفي موضع يطلق عليه اليوم اسم مورو كيل. وقد قام صاحب الضيعة بهدم هذه الأطلال كلها تقريبا في عام ١٣٤٤هـ/١٩٢٦ م ليقيم على أسسها دارا جديدة. وتنسب العامرية إلى ابن أبي عامر الذي بناها في عام ٣٦٨هـ/٩٧٩ م، وحوطها بالجنان والبساتين، ثم أدار عليها سوار منيعا.

وكان قصر العامرية يتكون من قاعات ثلاث متوازية، يحيط بها من الشرق والغرب غرف مربعة تتوزع ثلاثة في كل من الجهتين، وفي الشمال الشرقي يقوم بناء آخر ملاصق لهذا البناء ينقسم بدوره إلى غرف صغيرة لعلها كانت مرافق أو ملحقات بالقصر، وكان يتصل بهذه الغرف بركة كبيرة طولها (٤٩,٧٠) مترا، وعرضها (٢٨) مترا، وعمقها (٣) أمتار، أقيمت كلها من الحجر.

المساجد: اشتهرت قرطبة بالعديد من الآثار التي تجسد روعة المعمار وتعد شاهدا على الحضارة الإسلامية في ذاك الوقت. ويعد المسجد الجامع أهم تحفة معمارية

أنشئت في عهد عبد الرحمن الداخل. وهو يقع في الجهة المقابلة لقصر الإمارة. وقد بدأ في إنشائه عام ١٧٠هـ/٧٨٦ م، وجلب إليه الأعمدة الفخمة والرخام المنقوش بالذهب واللازورد وبلغ ما أنفق عليه ١٠٠ ألف دينار ثم زاد خلفاؤه من بعده في هذا العمل حتى أصبح أعظم مساجد الأندلس.

ولقد أتم هشام الأول ابن عبد الرحمن المعروف بالرضي بناء المسجد الجامع وأنشأ مساجد أخرى. وفي عهد عبد الرحمن الأوسط زاد في المسجد الجامع قدر بهوين كبيرين من ناحية القبلة ونقل المحراب إلى الجزء الجديد وأقام أعمدة أخرى و أقواسا فوق الأعمدة الأصلية فكانت الأقواس المزدوجة التي يعدها المعماريون من روائع العمارة الإسلامية وكان صحن المسجد مكشوفا يدور حوله سور وهو الآن ضمن الكنيسة.

ومن أهم هذه الآثار لا يزال مسجد قرطبة الجامع باقيا حتى اليوم بكل عقوده الإسلامية وأروقته ومحاريبه وقد تحول إلى كاتدرائية في القرن السادس عشر الميلادي. وأقام النصارى هياكلهم في عقوده الجانبية وبنوا مصلى على شكل صليب في وسطه وأزالوا كثيرا من قباب المسجد وزخارفه الإسلامية، وجعلوا مكانها زخارف نصرانية ومن ذلك مئذنة المسجد التي تحولت إلى برج للأجراس وعلى الرغم من ذلك فإن آيات القرآن الكريم والنقوش الإسلامية لا تزال تزين محاريبه الفخمة وأبوابه.

ومن الآثار أيضا المآذن المتبقية من المساجد المهدمة بعد سقوط دولة الإسلام في الأندلس، حيث شملت حركة التدمير معظم المساجد، فتحول بعضها إلى كنائس محلية، خربت مآذنها أو تحولت إلى أبراج للنواقيس، وهدمت بيوت الصلاة فيها وأقيمت في مواضعها كنائس من الطراز الروماني أو القوطي. ولم يبق بقرطبة الآن إلا ثلاثة أبراج لكنائس كانت في الأصل مآذن لمساجد.

أما أولى المآذن فهي لمسجد هدمه القشتاليون وأقاموا على أساسه كنيسة تعرف اليوم بكنيسة دير سانتا كلارا. ويرجع تاريخ هذه المئذنة إلى أواخر القرن العاشر

الميلادي، وإن كانت تشبه كثيرا من حيث طريقة البناء ومن حيث النواة المربعة مئذنة جامع القرويين بمدينة فاس . والمئذنة مربعة القاعدة، يبلغ طول كل جانب منها (٤،٧٠) مترا، ويتوسطها من الداخل نواة مركزية مربعة الشكل كذلك أشبه بالدعامة، يدور حولها فيما بينها وبين جدار المئذنة درج، يرتقي بواسطته الصاعدون إلى سطح المئذنة. والبناء من الحجر يتناوب في صفوفه كتلة موضوعة طولا وكتلتان أو ثلاثة من جوانبها، وأوجه المئذنة ملساء، تنفتح فيها بعض المنافذ الضيقة لإدخال الضوء وتنتهي من أعلى بشرفات ويعلو مدخل المأذنة عقد مفرطح مخفف للضغط، بأدناه عتب من سنجات.

أما المئذنة الثانية فهي أقدم عهدا ويرجع تاريخ بنائها إلى عهد الأمير عبد الرحمن الأوسط. وهي الآن البرج القائم في كنيسة سان خوان، وقد تحولت المئذنة إلى برج للنواقيس. وهذه المئذنة بناء متواضع مربع الشكل، يبلغ طول ضلعها (٣،٧٠) مترا، وارتفاعها من مستوى سطح الأرض حتى السطح الذي كان يقوم عليه بيت المؤذنين أو القبة العليا ثمانية أمتار. وتخطيط المئذنة من الداخل مستدير، إذ تتوسطها نواة مركزية أسطوانية يدور حولها درج لولبي. أما من الخارج فجدرانها من صفوف حجرية من نوع رديء تآكلت طبقته السطحية بفعل الرطوبة، ونظام البناء فيها يقوم على طريقة تعاقب الكتل الحجرية التي يتكون منها البناء طولا وعرضا بمعنى أن تتناوب كتلة توضع من وجهها طولا مع كتلة أو كتلتين وفي بعض الأحيان ثلاثة توضع عرضا من جوانبها. وتمتاز هذه المئذنة الصغيرة بأن كل وجه من أوجهها الأربعة يزدان بفتحة رشيقة مزدوجة تمثل عقدين توأمين على هيئة حدوة الفرس أي تجاوزت نصف الدائرة، اقتصرت سنجاتها على ثلثها الأعلى.

والسنجات في هذه العقود ثلاثة: سنجة وسطى من الحجر تؤلف مفتاح العقد وسنجتان تتألف كل منهما من ثلاثة قوالب من الآجر الأحمر تطوقان السنجة الوسطى من اليمين واليسار. ويستند كل عقدين توأمين في الوسط على عمود مركزي في كل

من الواجهات الأربعة، ولكن لم يتبق للأسف من هذه الأعمدة إلا عمود واحد رشيق يحمل تاجا مـن الطراز الكورنثي هو التاج الوحيد الـذي تبقـى في المئذنـة بواجهتها القبليـة، وينتمـي هـذا التـاج إلى مجموعة تيجان الأعمدة الأربعة التي يقوم عليها عقد المحراب بالمسجد الجامع بقرطبة، وتنسـب إلى الأمير عبد الرحمن الأوسط، وزخارفها تقـوم عـلى أسـاس ا لفروع النباتيـة المزدوجـة. أما الفتحـات المعقودة بأوجه المئذنة فكلها صماء مغلقة ما عدا فتحة الواجهة القبلية فهي نافذة.

والفتحات المعقودة بالمئذنة لا تحوطها اليوم طرر أو تربيعات مستطيلة الشكل، وربما كان يطوقها في الأصل طرر بارزة على النحو الذي نراه في جميع الآثار القرطبية. وكان يعلو العقود التوأمية في كل من الواجهتين الشماليتين بائكة صغيرة بارزة تتألف من سبعة عقود صغيرة عـلى شـكل حدوة الفرس تقوم على ثمانية أعمدة من الرخام قوطية المظهر يبدو أنها اتخذت من أبنيـة قديمـة. ولم يتبـق من هاتين البائكتين إلا آثار تدل على أنها كانت تعلو بدن المئذنة.

أما المئذنة الثالثة الباقيـة بقرطبة فهي المئذنة التي تحولت إلى بـرج النواقيس بكنيسـة سانتياجو بالجانب الشرقي من قرطبة. وتتميز هـذه المئذنة بقاعدتها المربعـة مـن الخـارج ونواتها الأسطوانية في الداخل وبالدرج الحلزوني الذي يدور بينهما. وتصميم المئذنة بوجه عام يشبه تصميم مئذنة برج كنيسة دير سانتا كلارا. أما التاج الكورنثي فيها فيشبه إلى حد كبير التاج المتبقي بمئذنـة كنيسة سان خوان.

الحمامات: وكان أهل قرطبة يسترخون في حمامات عامة وخاصة كلها مـدفأة وتجـري فيهـا المياه الساخنة والباردة. وكانت الحمامات العامة تعتبر من أهم المنشآت المدنية في المدينة لكثرتها وتعددها من جهة، ولارتباطها الوثيق بالطهارة المتأصلة بعمق في الإسـلام مـن جهـة أخرى، وقـد تميزت قرطبة بوجه خاص بكثرة حماماتها حتى قيل إن عـددها بلـغ ٣٠٠ حمام. وقد بلـغ عـدد حمامات قرطبة بعد أن تناهت في الاتساع في عصر المنصور ابن أبي عامر حوالي ٩٠٠ حمام.

ومـن الآثـار الإسـلامية الباقيـة في قرطبـة حمامـان: الأول صغير المسـاحة، عـثر عليـه عـام ١٣٢١هـ/١٩٠٣ م في جوف الأرض في المنطقة المعروفة بسـاحة الشـهداء داخـل نطـاق القصر ـ الخـلافي بقرطبة. وكانت غرفة المدخل مزودة بحوضين للاستحمام وتسقفها قبوة متعارضة، ويلي هـذه الغرفـة غرفتان تعلوهما قبوتان نصف أسطوانيتين مزودتان بمضاوي نجمية الشكل من ثمانية رءوس. والغرفة التالية تنتهي في كل من طرفيها بعقدين منفوخين توأمين يرتكـزان علـى دعامتين مـن الآجر مثمنتـي الشكل، وكان اتساع كل من الغرف الثلاثة أقل من مترين.

وبينما كانت الجدران من صفوف حجرية منتظمة الشكل، كانت الأرضيات مكسوة بل وحات الرخام. ويتصل الغرفة الأخيرة - عن طريق درج - بقاعة فسيحة مربعة الشكل يبلغ طـول كـل جانب منها (٨) أمتار، ويحيط بهذه القاعة ممر تحدده أربع دعائم ركنية من الحجارة تلتصق بها وتتوزع بينها أعمدة يبلغ عددها (٢٨) عمودا. ويعلو هـذه القاعـة قبوة مخرمـة بمضاوي علـى شـكل نجوم وزخارف أخرى، دهنت جميعها بزخارف حمراء اللون قوامها توريقات علـى أرضية بيضـاء. ويحتفظ متحف الآثار الأهلي بمدريد ببعض آثار الزخارف التـي تـم الكشـف عنهـا داخـل الحمـام، منهـا عقـد زخرفي ثلاثي الفصوص من الجص، ومنها منابـت لعقدين زخرفيين آخرين، كـما عـثر علـى قطـع مـن الحجارة مزينة بزخارف على شكل شرفات صغيرة مسننة على أرضية حمراء، وقطع جصية عليها كتابة كوفية، ويبدو أن هذا الحمام - من أسلوبه الزخرفي - يرجع إلى عصر الحكم المستنصر.

وتقع بقايا الحمام الآخر بالقرب من المسجد الجامع، إلى الجنوب الشرقي منه، وهـي لا تعـدو بلاطين مقببين بقبوتين نصف أسطوانيتين تتخللهما مضاوي نجمية الشكل، طول أحدهما (١٠،٤٠) مترا، وعرضه (٣،٥٠) مترا، وطول البلاط الثاني (١٢،٧٠) مترا، وعرضه (٤،٥٠) مترا. ويتوزع هذان البلاطان في البيتين رقمي (١٨،١٦) بشارع كارا. وقد تعرض هذا الحمام لبعض التغيرات في نظام بنائـه وفـي عقـوده في العصر النصراني.

وكانت المدينة نفسها، أو المركز العمراني القديم- باشتمالها على المسجد الجامع، والقيسرية والفنادق والحمامات والأسواق- مركز الحياة الدينية والاجتماعية والاقتصادية. كما كانت تنقسم إلى أحياء تعرف في الأندلس بالحومات. وكانت هذه الحومات تسمى بأسماء الأبواب المجاورة لها أو بأهم الآثار القائمة في مناطقها، أو بأسماء حرف سكانها، مثل حومة باب الفرج، وحومة الرقاقين قرب باب العطارين، وحومة النجارين، وحومة عين فرقد شرقي قرطبة، وحومة غدير بني ثعلبة، وحومة حير الزجالي خارج باب اليهود. وكانت شوارعها مرصوفة ونظيفة ومضاءة على الجهتين.

ومع سقوط قرطبة تم محاولة إزالة معظم آثارها القديمة، وإضفاء التقاليد القشتالية التي حملها الغالبون معهم. ومع أن إعادة تعمير قرطبة بعد سقوطها بالعناصر الأسبانية الجديدة قد غيرت كثيرا من مظهرها العمراني الذي كانت عليه، إلا أن قرطبة ظلت تحمل الطابع الإسلامي. ولم يتمكن الفن القوطي، الذي أدخله النصارى في الأندلس ،أن يتغلغل في فنونها، وظلت عمائر قرطبة الإسلامية مصدرا يستوحي منه معماريو النصارى كنائسهم ودورهم ومختلف أبنيتهم.

المكانة العلمية :-

نشطت الحركة العلمية بقرطبة في العصر الأموي وما تلاه من العصور الإسلامية حتى سقوطها في أيدي القشتاليين، نشاطا لا مثيل له، حتى غدت بحق قاعدة العلوم ومركز الآداب، وأصبح اسمها يرتبط ارتباطا وثيقا بالعلم، بل أصبح العلم من معالمها البارزة التي يتفاخر بها أبناء قرطبة.

ولم يتردد حكام قرطبة من جانبهم في مباركة النشاط العلمي، فسعوا إلى توفير الأمن والاستقرار لهؤلاء الوافدين المشارقة، فأحاطوهم برعايتهم، وغمروهم بعطاياهم، واصطنعوهم لخدمتهم. وكان حكام قرطبة مستنيرين يقدرون العلم والمشتغلين به، وكانوا على حظ كبير من الثقافة والعلم، ينظمون الشعر، ويشتركون مع الكتاب والشعراء وعلماء اللغة في مجالس يجري فيها نوع من المساجلات الأدبية.

ولقد اهتم أمراء بني أمية وخلفاؤهم باقتناء المصنفات النادرة، وأرسلوا للبحث عنها والتماسها وشرائها الخبراء المتخصصين. فعبد الرحمن الأوسط أدخل كثيرا من الكتب إلى الأندلس لم تعرفها البلاد من قبل. وكان يداخل كل ذي علم في فنه، كما كان مكرما للعلماء، محسنا لهم. وكان شاعرا أديبا ذا همة عالية، عالما بعلوم الشريعة والفلسفة، كما كان مولعا بالسماع مؤثرا له على جميع لذاته.

ولقد كانت جامعة قرطبة التي أسسها عبد الرحمن الثالث بجوار الجامع الكبير، من أشهر المؤسسات الثقافية في العالم المتحضر، حتى إنها نافست جامعات مصر وبغداد، وكانت تستقطب تلاميذ مسلمين ويهود ونصارى، لا من أسبانيا فحسب بل من جميع أنحاء أوروبا وآسيا وإفريقية، وعندما جاء الحكم الثاني قام بتوسيع الجامع وأوصل إليه الماء في أنابيب من الرصاص ،ودعا أشهر الأساتذة والعلماء من الشرق للتدريس في الجامعة، باذلا لهم العطاء.

ولقد وصلت الحركة العلمية في قرطبة ذروتها في زمن الحكم المستنصر وكان الحكم أكثر خلفاء بني أمية حبا للكتب، فكان يبعث في شراء الكتب إلى الأقطار رجالا من التجار ويزودهم بالأموال الطائلة لشرائها حتى جلب منها إلى الأندلس ما لم يعهده علماؤها من قبل. ولقد وصلت محتويات مكتبة قرطبة في زمن الحكم المستنصر إلى أربعمائة ألف مجلد، استحوذ فهرسها وحده على أربعة وأربعين مجلدا، في كل مجلد عشرون صفحة، وكان يدفع في المخطوط الواحد لنسخة الأغاني مثلا ألف دينار ذهبا. وكانت النساء يقمن بنسخ المخطوطات، وكن مائة وسبعين امرأة في الربض الواحد، وكان يظهر في كل سنة ستون ألف مخطوط.

وكان الحكم المستنصر ملما لكثير من فروع المعرفة وعلى الأخص العلوم العقلية، حتى لقب " الخليفة العالم". وقد شجع الحكم العلماء في الرياضة والفلك والطب والصيدلة على نشر نتائج أبحاثهم حتى يفيد منها الناس، فظهرت مدرسة

مسلمة المجريطي في الكيمياء والرياضة والفلك، ومدرسة أبو القاسم الزهراوي في الطب. كما شجع على الترجمة وجعل قاضي النصارى بقرطبة وليد بـن حيـزون، وقاسـم بـن إصبع مـن ترجمـة كتـاب ديسقوريدس في النباتات والعقاقير والطب، وهو الكتاب الذي أهداه الإمبراطور البيزنطي قسـطنطين السابع إلى الخليفة عبد الرحمن الناصر.

وفي عصر الطوائف ازدهرت الحركة الأدبية والعلمية في قرطبة في ظل الوزير الأديب أبـي حـزم بن جهور، فظهر ابن حزم القرطبي الأديب العالم الفيلسوف، وابن زيدون الوزير الشاعر، وابن حيـان المؤرخ. ولم تخمد هذه الحركة العلمية في عصر دولتي المرابطين والموحدين، فظهر ابن قزمان القرطبي، كما ظهر في التراجم ابن بشكوال وفي الآداب الشقندي، وفي الفقه ابن عبد البر.

ولقد أضحت قرطبة مركزا للعلوم التلمودية بسبب الحرية التي كانت يتمتع بها اليهود، فبرز من العلماء اليهود القرطبيين ابن ميمون، ويهودا هاليفي، وسليمان بن جبيرول الـذين كتبـوا إنتـاجهم الفكري باللغة العربية. وعندما كانت الكتابة والقراءة في باقي أوروبا محصورة على عدد محـدود مـن رجال الكنيسة، كان كـل شـخص في قرطبـة تقريبـا يعـرف القـراءة والكتابـة، ويتمتـع بقـدر واف مـن الثقافة.

العلماء: اشتهر في قرطبة كثير من العلماء المسلمين في شتى مجـالات المعرفـة. فمـن العلمـاء الشرعيين كان أبو محمد علي بن أحمد بن سعيد الشهير بابن حزم وهو فقيه من أكبر علماء المـذهب الظاهري. وكذلك محمد بن فتوح بن عبد اللـه الحميدي وكان مؤرخا ومن الفقهاء ظاهري المذهب.

ومن الأطباء الفلاسفة كان أبو الوليد محمد بن أحمد بن رشد وكان أوحد أهل زمانه في الفقه وتميز في علم الطب وله فيه مؤلفات كثيرة. ومن الـ أطبـاء أبـو داود سـليمان بـن حسـان الأندلسي- الشهير بابن جلجل وكان مبرزا في حقلي الطب والنبات، وكذلك أبو بكر محمد بن عبد الملك بن محمد ولد قريبا من قرطبة ودرس العلوم

الدينية وكان قاضيا. وأبو القاسم خلف بن العباس الزهراوي وكان من أشهر أطباء وجراحي عصره.

ومن علماء النبات اشتهر أبو المطرف عبد الرحمن بن محمد المعروف بابن وافد وكان فقيها وعالما بالعقاقير والأدوية المفردة وعالما بالفلاحة، وأبو جعفر أحمد بن محمد الأندلسي الغافقي وكان من كبار الأطباء والنباتيين في بلاد الأندلس. ومن الجغرافيين أبو عبد الله محمد بن محمد بن عبد الله بن إدريس الحسيني المعروف بالشريف الإدريسي وكان رحالة وعالما بالأدوية المفردة الفلك والنبات. ومن الفيزيائيين أبو القاسم العباس بن فرناس وكان صاحب أول محاولة بشرية للطيران وكانت له دراية بعلم الكيمياء وتوصل إلى اكتشافات في هذا المجال.

مراكش:-

عاصمة المغرب قديما، وثالث أكبر مدينة بعد الدار البيضاء والرباط، تقع في وسط المغرب عند منطقة السهول المدارية، إلى الجنوب من الدار البيضاء، وإليها تنتهي الطريق الحديدية الآتية من الرباط عبر الدار البيضاء.

نبذة تاريخية :-

يعود تاريخ مراكش إلى بداية قيام الدولة المرابطية حيث كانت بلاد المغرب الأقصى- جنوبي وادي أم الربيع أراض واسعة دون تنظيم إداري أو مراكز حضارية ذات شأن، فيما عدا مجموعة واحات تافللت وأكبرها سجلماسة. وكانت تلك النواحي تعرف في جملتها ببلاد السوس. وكان أبو بكر ابن عمر قد تبين بعد أن دخل وادي تنسيفت واستقر فيه أن هذا الجزء الشمالي من أملاكه غير آمن أو محصن، وأنه يحتاج إلى قاعدة تكون حصنا للصنهاجيين الصحراويين الذين كانوا مهددين بالأخطار من الشمال من ناحية برغواطة، ومن الشرق من ناحية بني زيري أصحاب قلعة بني حماد. كما إن قبيلة مغراوة الزناتية كانت تبسط سلطانها على مدينة فاس وحوض نهر سبو.

وقد قضى المرابطون الأول على سلطان الزناتيين في سجلماسة، وتقدموا نحو بلاد مغراوة، وكان الصراع بين الجانبين قادما ولا ريب، ومن ثم كان لا بد لأولئك الصحراويين من قاعدة يرتكزون عليها. تلك كانت الأسباب التي حفزت أبا بكر ابن عمر على التفكير في إنشاء مراكش أو مروكش، ومعناها سور الحجر أو مدينة الحجر وهو القاعدة الحصينة، وقد اختار أبو بكر ابن عمر لمدينته أو قاعدته موقعا إلى جنوب السفوح الشمالية لجبال الأطلس وسط سهل يشقه المجرى الأعلى لنهر تنسيفت. وكانت الأرض منازل لقبيلتين من قبائل مصودة وهما أوريكة وإيت إيلان أو هيلانة، وكان لكل منهما أغمات أو موضع مسور يستعمل ملجأ للقبيلة ومقرا للنساء والأولاد ومخزنا للماشية والسلاح.

وتنازعت القبيلتان فكل منهما تريد أن تكون المدينة في أرضها، وانتهى الأمر بإنشاء المدينة في الأرض التي تجاور القبيلتين، وحلت محل أغمات أوريكة وبقيت أغمات هيلانة التي تحولت فيما بعد إلى ضاحية لمدينة مراكش.

وقد بدأ أبو بكر ابن عمر في بناء مراكش عام ٤٥١هـ/١٠٦٠ م، وأتمها يوسف بن تاشفين الذي تولى رئاسة المرابطين، وكانت مراكش في أرض صحراوية منخفضة، فحفر لها يوسف الآبار، وجلب إليها المياه، ولم ي كن يحيط بمراكش من الجبال سوى جبل صغير كانت تقطع منه الأحجار التي بنى منها يوسف قصره، أما عامة بناء المدينة فكان من الطوب اللبن. ويعرف السهل الذي تقوم فيه مراكش باسم الخور، وهو سهل ينحدر انحدارا بطيئا نحو مجرى تنسيفت الذي على بعد خمسة كيلو مترات شمالي المدينة إلى الشمال الغربي منها، حيث يقوم تلان متوسطا الارتفاع هما جليز أو إنجليز وقرية وادي العبيد. والقسم الحديث من مراكش الذي أنشئ أيام الفرنسيين يسمي جليز ويمتد تل جليز إلى سور المدينة القديمة، وإلى شمال البلد تقوم غابة النخيل المشهورة التي تغطي (١٣٠٠٠) هكتار، وتضم (١٠٠٠٠٠) نخلة، وتلك هي أعظم غابات النخيل في المغرب الأقصى شمالي الأطلس.

وما كاد بناء هذه المدينة يتم حتى تحولت إلى مركز من مراكز الحضارة والإسلام في جنوبي المغرب الأقصى، وقد كان لها أثر سياسي وحضاري في الناس في منطقة وادي تنسيفت. وقد تطورت مراكش تطورا سريعا خلال العصر المرابطي فأنشئت فيها المساجد والأسواق، وقد اعتمدت في الحصول على حاجتها من الماء على مجار تحت الأرض أنشأها عرب أندلسيون، وظلت مراكش معتمدة على تلك المجاري زمنا طويلا.

وظلت مدينة مراكش معسكرا حربيا، وقاعدة عسكرية لقوات المرابطين إلى أن حاصرتها قوات الموحدين بقيادة عبد المؤمن بن علي عام ٥٤١هـ/١١٤٧ م، فنزل بجبل إيكليز وهناك ضرب عبد المؤمن القبة الحمراء وبنى مسجدا وصومعة طويلة يشرف منها على مراكش. ثم زحف الموحدون بجموعهم إلى مراكش فوضع عبد المؤمن من الكمائن عند مدينته، فخرج جيش المرابطين لملاقاة الموحدين فتظاهر هؤلاء بالهزيمة ثم خرجت الكمائن على فرسان المرابطين وسحقتهم سحقا، وقتل ما لا يحصى عدده، واتبع الموحدون فل المرابطين بالسيف إلى الأبواب، وأحكموا عليهم الحصار، وطال الحصار على أهل مراكش ثم ما لبث أن دخلها الموحدون بعد أن ماتت فانو بنت عمر بن بينتان وكانت تقاتل في زي الرجال، واستسلم الأمير وجملة من الأمراء، فنقلهم الموحدون إلى جبل الجليز حيث قتلهم أبو الحسن بن واكاك.

وظلت مراكش عاصمة للموحدين حتى أيام الواثق بالله أبي العلاء إدريس المعروف بأبي دبوس الذي تحالف مع بني مرين ليتولى الخلافة نظير تخليه لهم عن مدينة مراكش، فانتهز أبو دبوس فرصة خلو الأسوار من حراس ها وحاميتها وتسور مراكش من باب أغمات ودخلها على حين فجأة وقصد القصبة فدخلها من باب الطبول، ففر المرتضى- من مراكش إلى آزمور حيث مات قتيلا عام ٦٦٥هـ/١٢٦٧ م. لكن أبا دبوس نكث بعهده لبني مرين فاضطر الأمير أبو يوسف يعقوب المريني إلى مهاجمة مراكش عام ٦٦٨هـ/١٢٧٠ م، وانتهى الأمر بمقتل أبي دبوس أمام أسوار

مراكش التي دخلها جيش بني مرين عام ٦٦٨ هـ/١٢٧٠ م. وقد ضعف شأن مراكش في عصر بني مرين لاتخاذهم مدينة فاس حاضرة لهم فتأثر عمرانها بذلك، وانخفضت مكانتها السياسية.

ولكن مراكش استعادت مكانتها في عصر الأشراف السعديين كعاصمة للبلاد في الفترة (٩١٧-١٠٦٩هـ/١٥١١ -١٦٥٩م) وخصوصا في عصر السلطان أحمد بن محمد السعدي الملقب بالمنصور الذهبي(٩٨٦-١٠١٢هـ/١٥٧٨ -١٦٠٣ م) الذي أمهرها بأروع الأبنية التي أعادت ذكرى عصور الموحدين.

وبعد أن دخل العثمانيون تونس والجزائر حاولوا دمج مراكش ضمن أقاليم الدولة العثمانية. ونتيجة لذلك ظل المغرب طيلة خمسة قرون وحتى أوائل القرن العشرين في منأى عن السيطرة العثمانية والأوروبية على الرغم من وقوع بعض الجيوب الساحلية منه في يد البرتغاليين والأسبان ونتيجة لذلك ظل للمغرب طابعه ومظهره كما ظلت أوضاعه ثابتة في حين كان العالم العربي في مجمله تحت الحكم العثماني.

ولكن ذلك لم يستمر طويلا فقد تغلغل النفوذ الأسباني في مراكش بموجب معاهدة ١٢٧٧هـ/١٨٦١ م التي عقدها السلطان محمد بن عبد الرحمن مع أسبانيا، يضاف إلى ذلك أن مراكش تعرضت للتغلغل الأوروبي في أعقاب الوحدة الألمانية عام ١٢٨٦هـ/١٨٧٠ م. وذلك عندما بدأت ألمانيا تعاني من مشكلة عدم تملكها للمستعمرات أسوة ببريطانيا وفرنسا حتى تستطيع تصريف منتجاتها، والحصول على المواد الخام اللازمة لصناعتها وإنشاء أسواق لها فيها ومن هنا بدأت ألمانيا تتطلع للبحث عن مستعمرات لها في خارج أوروبا ونتيجة لذلك بدأ التنافس بينها وبين فرنسا من أجل مراكش فتصدت فرنسا لهذه المحاولة وذلك بربط نفسها بعدة اتفاقات مع بعض دول أوروبا فعقدت اتفاقا مع إيطاليا على أن تطلق إيطاليا يد فرنسا في مراكش مقابل أن تطلق فرنسا يد إيطاليا في طرابلس وبرقة. كما عقدت فرنسا اتفاقا

مع أسبانيا عام ١٣١٧هـ/ ١٩٠٠ م اتفقتا فيه على اقتسام الأجزاء الجنوبية من مراكش فتحصل أسبانيا على منطقة الريف التي تشمل الشريط الساحلي من مراكش المقابل للساحل الأسباني عند جبل طارق بينما تحصل فرنسا على ما تبقى من مراكش.

وفي أوائل عام ١٣٢٤هـ/ ١٩٠٦ م اتفق على عقد مؤتمر دولي في بلدة الجزيرة الخضراء لدراسة الأوضاع في مراكش. وفيه تم الاتفاق على الاعتراف بسيادة مراكش وتقرر إنشاء قوة بوليسية من فرنسا وأسبانيا للمحافظة على الأمن في مراكش.

وبعد نجاح فرنسا وأسبانيا في ضرب المقاومة المسلحة في المغرب لجأ الوطنيون إلى النضال السياسي فبرزت أحزاب عديدة مالت إلى اللين في مطالبها، كما تأسست صحف عديدة للدفاع عن مصالح الوطن فصدرت في باريس مجلة "المغرب" وفي فاس صدرت جريدة "عمل الشعب" بالفرنسية وجريدة الحياة، كما أنشئ أول حزب مغربي باسم كتلة العمل المغربي في أواخر عام ١٣٥٤هـ/ ١٩٣٤ م، كما شكل حزب آخر في منطقة الاحتلال الفرنسي برئاسة علال الفاسي وتولى هذا الحزب قيادة الحركة الوطنية في مراكش في أواخر الثلاثينات من هذا القرن، وظل كذلك حتى نالت البلاد استقلالها.

المعالم الحضارية :-

مدينة مراكش من أعظم مدن بلاد المغرب، كثيرة الجنان والبساتين، ويخرق خارجها الخلجان والسواقي، ويأتيها الأرزاق من الأقطار والبوادي، مع ما فيها من جني الأشجار والكروم التي يتحدث بطيبها في الآفاق، والمدينة ذات قصور ومبان محكمة.

الأسوار: تتميز مدينة مراكش بأسوارها التي أقيمت مع نشأة المدينة، فعندما أسس يوسف بن تاشفين مراكش أقام سورا صغيرا يحيط بالمسجد الجامع وبقصبة صغيرة كي يختزن فيها أمواله وسلاحه، وظلت المدينة بدون سور يحيط بها جميعا إلى أن تولى أمير المسلمين علي بن يوسف فشرع في بناء السور حولها من أجل حماية المدينة،

فأمر الصناع والفعلة والمهندسين في الحال ببناء السور، فاكتمل البناء في ثمانية أشهر وبلغ جملة ما أنفق على السور ما يقرب من سبعين ألف دينار من الذهب . وقد أضيف إليه وزيد فيه عدد من الأبراج عام ٥٣٠ هـ/١١٣٦ م حتى أصبحت تحيط بمقابر المدينة.

القلاع: اهتم المرابطون بتشييد القلاع والحصون وكانت هذه القلاع والحصون تبنى من الحجر في المناطق الوعرة حتى لا يستطيع الغزاة الوصول إليها في يسر وسهولة، وكان ا لمرابطون يشحنون هذه القلاع والحصون بالأقوات حتى تصمد للحصار مدة طويلة، وكانوا يعهدوا بالدفاع عنها لأحد قواد لمتونة، تعاونه قوة تتألف في الغالب من مائتي فارس وخمسمائة راجل. ومن أشهر هذه القلاع قلعة تاسغيموت التي بناها ميمون بن ياسين، وكان يقيم بها حامية مرابطية تتألف من مائتي فارس وخمسمائة راجل لحراسة هزرجة، وتقع على بعد ثلاث كيلومترات جنوب شرقي مراكش.

القصور: مما تتميز به مدينة مراكش القصور الفخمة التي أصبحت مميزة لها، ومن هذه القصور قصر المنصور الذي دام العمل فيه ما يزيد عن عشر سنوات، حيث حشد له الصناع حتى من بلاد الإفرنج، وجلب له الرخام من بلاد الروم فكان يشتريه بالسكر وزنا بوزن. وكان هذا القصر البديع به من القباب المتقابلة العالية، والفرش الحرير، والأستار المخوصة بالذهب. وكذلك قصر الحجر نسبة إلى جبل إيجليز القريب من مراكش ومنه اقتطعت الأحجار المستخدمة في بنيانه.

الحدائق: بمدينة مراكش بساتين كثيرة من أشهرها بستان المسرة الذي أنشأه عبد المؤمن بن علي أبي الخلفاء بضاحيتها، وهو بستان عظيم طوله ثلاثة فراسخ، فيه من كل فاكهة تشتهى، وجلب إليه الماء من أغمات زيادة على ما استنبط له من العيون الكثيرة، وأنشأ فيه صهريجا واسعا كالبحيرة كان يمر بها الجنود وشيوخ الموحدين على العوم والتجديف.

البيمارستانات: بنى أبو يوسف يعقوب بن يوسف بن عبد المؤمن بمدينة مراكش بيمارستانا عظيما، وذلك أنه تخير ساحة فسيحة بأحسن موضع في المدينة وأمر البنائين بإتقانه على أحسن صورة، وأتقنوا فيه من النقوش البديعة والزخارف المحكمة. وأمر أن يغرس فيه من جميع الأشجار والمشمومات والمأكولات، وأجرى فيه مياها كثيرة تدور على جميع البيوت، زيادة على أربع برك في وسط إحداها رخام أبيض، ثم أمر له من الفرش النفيسة من أنواع الصوف والكتان والحرير والأديم وغيره ما يزيد عن الوصف، وأجرى له ثلاثين دينارا في كل يوم برسم الطعام وما ينفق عليه خاصة خارجا عما جلب إليه من الأدوية.

وأقام فيه من الصيادلة لعمل الأشربة والأدهان والأكحال. وأعد للمرضى ثياب ليل ونهار للنوم من جهاز الصيف والشتاء، فإذا نقه المريض فإن كان فقيرا أمر له عند خروجه بمال يعيش به ريثما يستقل، وإن كان غنيا دفع إليه ماله وتركته. ولم يقصر الع لاج فيه على الفقراء دون الأغنياء بل كل من مرض بمراكش من غريب حمل إليه وعولج إلى أن يستريح أو يموت. وكان كل جمعة بعد صلاته يركب ويدخله يعود المرضى ويسأل عنهم.

المساجد: تنتشر بمراكش العديد من المساجد من أشهرها جامع الكتيبة بناه الأمير عبد المؤمن بعد أن تبين له أن المسجد الأول لم يشيد في الاتجاه الصحيح فأهمله وأقام المسجد الحالي، وهو عبارة عن مبنى ضخم المساحة، وهو مستطيل الشكل، جانبه الشمالي المشترك مع الجدار القبلي لجامع الكتيبة الأول منحرف إلى الشمال الشرقي. وتصميم الجامع هو تطور منطقي ومتناسق لتصميم جامعي تازي وتيمنلل، فعلى جانبي بلاط المحراب نجد عددا من البلاطات الأربعة الأخيرة من كل جانب منهما أقل في الاتساع من البلاطات الأربعة الموزعة على يمين ويسار بلاط المحراب مباشرة، ويعلو أسكوب المحراب خمس قباب: واحدة أمام المحراب، واثنتان على كل من الأسطوان الرابع التالي على يمين أسطوان المحراب ويساره، ثم قبتان

يعلوان الأسطوانين المتطرفين في نهاية أسكوب المحراب شرقا وغربا. ويفصل بلاطات الجامع التسعة عن الزيادة الجانبية دعائم مصلبة الشكل، تحدد تخطيطا لبيت الصلاة. كما تضاعف عدد البلاطات المجاورة لبلاط المحراب تضاعف عدد الأساكيب كذلك، وزاد بذلك اتساع بيت الصلاة، والدعائم التي تحمل القباب الستة بأعلى البلاطة الوسطى، والقباب الخمسة بأعلى أسكوب المحراب، والدعائم التي تفصل الصحن وأروقة المجنبتين الشرقية والغربية مما يلي الصحن عن بيت الصلاة، كلها مصلية الشكل باستثناء الدعائم الملتصقة بجدار القبلة فقطاعها مستطيل الشكل.

أما الدعائم التي تنتهي بها صفوف البلاطات فأنصاف مصلبة. وأبواب الجامع في الجهة الشرقية مبنية بالآجر أما الأبواب فتختلط فيها قطع الحجارة بالآجر. وشيدت القباب القائمة على أسكوب المحراب بقطع الحجارة، والجدار الشرقي للجامع مشيد بقطع حجرية مصفوفة تصفيفا رائعا، وينتهي البناء من أعلى بصفوف من الآجر، أما دعائم بيت الصلاة والصحن والعقود فمشيدة بالآجر.

ومئذنة الجامع تنتصب في الركن الشمالي الشرقي من الجامع، بين الجامع القديم والجامع الحالي، وتعتبر هذه المئذنة بحق من روائع فن العمارة الإسلامية، وزخارف المئذنة تختلف من بنائها بقطع الحجارة غير المهذبة، وزخارف المئذنة تختلف من وجه إلى آخر، وتت حكم الفتحات والنوافذ التي زودت بها أوجه المئذنة في توزيع الزخرفة. وتتنوع العقود التي تزدان بها هذه الفتحات تنوعا يشهد بعبقرية الفنانين الذين تولوا بناءها وزخرفتها، فمن عقود منفرجة إلى عقود مفصصة إلى عقود مقربصة، إلى عقود تتقاطع فيما بينها مؤلفة في بيت المؤذن شبكة من المعينات تشبه نظائرها في مآذن مساجد القصبة والرباط وإشبيلية. ويبلغ ارتفاع المئذنة (٦٧) مترا حتى أعلى التفاحات الثلاثة المتوجة لقبتها، وطول كل جانب منها (١٢) مترا.

ويعتبر المنبر من أعظم المنابر الأثرية التي وصلت من عصر المرابطين، ويمتاز هذا المنبر بما فيه من ثروة عظيمة من الزخرفة والحشوات هنا تختلف عن حشوات المنابر المرابطية الأخرى بأن معظمها مثلث الجوانب، والسدايب التي تحبس هذه الحشوات في مكانها لا يزال بها آثار التطعيم بالعاج فهو أول مثال للمنابر المطعمة بالعاج، كما يتجلى فيه أعمال النجارة الفنية والزخارف النباتية الرائعة، وهي تعتبر من أجل المنابر شأنا بعد منبر المسجد الجامع بقرطبة، وفي سقف هذا المنبر بقايا من حشوات خشبية ذات أشكال مختلفة تزدان بعناصر نباتية رائعة من النوع المعروف بالأرابسك.

وقبل أن يعبر المنصور المجاز إلى الأندلس كان قد أمر ببناء قصبة مراكش بإزائها وصومعته، فلما عاد من الأرك وجد كل ما أمر به من البناء قد تم. وتصميم جامع القصبة بمراكش غريب الشكل، فصحنه عظيم الاتساع بالنسبة لبيت الصلاة الذي يتكون من ١١ بلاطة عمودية على جدار القبلة تخترقها ثلاثة أساكيب، ويقوم على أسكوب المحراب ثلاث قباب ،وحدة أمام المحراب، والأخرتان على الأسطوانتين المتطرفتين منه، ويدور حول الصحن رواق في سعة بلاطة، ويختلف هذا المسجد عن غيره من مساجد الموحدين في أنه يحف بصحنه إلى اليمين واليسار صحنان آخران يفصلهما بلاط مواز لجدار القبلة، فيصبح حول الصحن الكبير أربعة صحون صغيرة تتوسطها فسقيات مستديرة مغصصة. ومحراب الجامع يقوم على عضادتين ترتكز كل منهما على عمودين، وجوفة المحراب تعلوه قبوة مقرنصة، وقد جدد الأشراف السعديون بناءها.

ومئذنة الجامع ليست في كبر صومعة الكتيبة، وتزدان الصومعة ابتداء من ارتفاع السطح بشبكة زخرفية من الفصوص المتقاطعة، مؤلفة شبكة رائعة من زهرة الزنبق، وينتهي الجزء الأعلى من الصومعة بأفريز عظيم من الزليج، ويعلو المئذنة بيت للمؤذن يسقفه قبة مفصصة.

وتتميز مراكش أيضا بالقباب والتي منها قبة البروديين وهي من أروع ما أنتجه الفن المرابطي، وتقع بالقرب من الجامع الذي بناه أمير المسلمين علي بن يوسف بمراكش، وهذه القبة عبارة عن مبنى مستطيل الشكل مبني بالحجر الآبد تتوج جدرانه من الخارج شرافات مدرجة ويغطي جزءه الأوسط قبة صغيرة مبنية بالآجر ومقواة من الخارج بعروق تقوم على قاعدة مربعة عرض ضلعها ٣,٨٠ م. تبرز بداخلها ثمانية عقود متقاطعة تشبه في تصميمها عقود قبة مماثلة في بيت الصلاة بجامع قرطبة وترسم بتقاطعها حلقة مثمنة تعلوها قبة صغيرة مفصصة تكاد تشبه القبة التي تشغل نفس المكان من النموذج الأندلسي، وتتحلى معظم الرقاع المحصورة بين عقودها بزخارف نباتية رقيقة من الجص تدور بأشكال محارات.

ومنها قبة دار الوضوء في مسجد أبي يوسف وتعبر هذه القبة عن الحيوية الفائضة لفن العمارة المولع بالتعقيدات، إذ نرى تكوينا آخر من عقود متقاطعة إلا أنها تختلط فيها الخطوط في تصميم مربع الشكل، وينغلق هذا التكوين بأفريز مثمن الأضلاع يحدد طبقة أخرى من العقود المنفردة، وتغطي التكوين قبة ذات ثمانية فصوص مستديرة بين أخرى صغيرة مدببة، ولا يزيد طول القاعدة على ٣,٨٠ م مع مفارقة شديدة في اتساقها بالنسبة إلى الارتفاع، والبناء من قطع الآجر المكسوة بالجص وقد حفرت فيه الفجوات بين العقود مؤلفة توريقات شبيهة بتلك التي في جامع تلمسان حول محارات كبيرة مع زخرفة مثالية من وريقات مخططة.

المكانة العلمية :-

كانت المساجد في مراكش هي الدعامة الأولى في نشر العلم بين الناس، وقد هيأ المرابطون المناخ الملائم لازدهار العلوم والآداب وذلك في الجامع الكبير بمراكش حيث جلبوا إليه علماء الأندلس للتدريس فيه، وكان الأمير يوسف بن تاشفين محبا للعلم والعلماء مما دعاه لتقريبهم من مجلسه فكان بلاطه لا يخلو من عالم أو فقيه أو أديب، وكان لا يقطع أمرا في مملكته دون مشاورة الفقهاء، كل هذا كان سببا في اغتراف مراكش من ثقافة الأندلس وعلومها.

وفي عهد الموحدين اتخذوا مراكش عاصمة لهم فشهدت عهدا ثقافيا جديدا يختلف كثيرا عن عهد المرابطين، إذ كانت الثقافة المرابطية في عمومها قادمة من الأندلس والقيروان، أما الثقافة الموحدية التي وضع أساسها المهدي بن تومرت فقد طبعت بطابع مغربي، ولم تكتف الدولة الموحدية بتهيئة الجو للثقافة والعلم، ولكنها دفعت بالمغرب إلى نهضته الثقافية الشاملة، وذلك ترحيبا بالقادمين من الأندلس ومن المشرق، وقد عرف رجال هذه الدولة بتقريبهم للعلماء، ورعايتهم للعلم، وليس أدل على نهضة المغرب العلمية في تلك الفترة من وفرة العلماء والمؤلفات في أغلب فروع المعرفة، وساعد على ذلك شيوع الرحلة في طلب العلم، وقد استنها في الخلافة الموحدية ابن تومرت الذي رحل إلى المشرق وعرج على الإسكندرية، ولقي هناك الطرطوشي.

وقد ازدهرت الحركة الثقافية في عهد عبد المؤمن بن علي بفضل تشجيعه للعلم والعلماء وغدا قصره مركزا ثقافيا يعج بالعلماء فقد كان عالما بمقادير العلماء ووقف الحفاظ لحفظ كتاب الموطأ، وبذلك أصبحت قصور الموحدين بمثابة مراكز ثقافية لنشر العلم والمعرفة، وازدهرت الثقافة في عصرهم.

الرباطات: تعد الرباطات من أهم مراكز الثقافة في بلاد المغرب، لما كانت تقوم به من دور هام في هذا المجال. والرباط هو ثكنة تتكون من صحن ومن عشرات الغرف الانفرادية حوله، ومن الطبقات التي تعلو جوانبه، وتنتهي بجامع كبير وصومعة مستديرة للأذان، وخصوصا لمراقبة السواحل من غارات الروم، وإقامة العلامات النارية بالليل التي تتناقلها الأربطة أولا بأول من أدنى رباط بسبتة في أقصى المغرب إلى الإسكندرية، والرباط فوق ذلك كله مركز ثقافي لبث العلم فيه احتسابا، هذا فضلا عن أنه معهد صناعة الحبر والرق والكاغد لتوزع على الطلبة بالمجان، ودار استنساخ للمصاحف، ومجامع الحديث وكتب الفقه، فالمؤلفون يحبسون تصانيفهم بخطوط أيديهم على الأربطة، لتكون النسخة الأم التي يرجع إلى نصها الصحيح، وفي كل رباط مكتبة

جدارية مفرغة في طاقات من الحائط، ولما كان عدد الأربطة بالمغرب ألفا، فقد كانت هناك ألف مكتبة.

وكانت هذه الرباطات يؤمها العلماء والطلبة من كل حدب وصوب، فكان الإمام سحنون ويحيى بن عمر ومحمد بن سحنون والإمام المازري وغيرهم من العلماء يقضون شهرا، وأحمد بن الجزار القيرواني الذي كان يقرأ الطب ويعالج المرضى في أشهر معلومة من السنة في الرباط حيث يدرسون العلم احتسابا.

المدارس: كانت المدارس تقوم بنفس الدور الذي كانت تقوم به المساجد والأربطة، ففي أيام علي بن يوسف بن تاشفين المرابطي بنيت مدرسة ابن يوسف وقد جددت هذه المدرسة أكثر من مرة حتى أصبحت على ما هي ع ليه الآن، وكان علي يريد لهذه المدرسة أن تعبر عن العنصر ـ المغربي الأصيل علما وفكرا، فلا تكون عالة على فاس أو الأندلس. وكان تأسيس المدرسة عام ٥١٤هـ/ ١١٢٠ م، وكان الطلبة يتلقون فيها التفسير والفقه والأصول والنحو واللغة. ويبدو أن تفسير الطبري وموطأ مالك وصحيح مسلم وكتاب العين لسيبويه والإيضاح والمخصص والمحكم ومؤلفات ابن سينا كانت الكتب المعتمدة في هذه المدرسة.

وكان للموحدين أيضا في مراكش مدرسة خاصة فيها آلاف الطلبة الذين كانوا يقرءون كتب المهدي بن تومرت ويتعلمون الفنون الحربية، وكان هؤلاء الطلبة على ثلاث طبقات، فالطلبة أبناء الأمراء كانوا يتعلمون في مدرسة خاصة بهم ليترسم بعضهم إلى الوظائف الملوكية العليا كالوزارة وما إليها. والطلبة المصامدة الذين هم من قبيلة مصمودة عصب الموحدين كانوا يدخلون في القسم الإداري ليتخرجوا في وظائف الدولة الإدارية (المخزنية). وهناك طلبة الحضر الذين كانوا يتعلمون ما يلزمهم لتولي الوظائف الشرعية، ولكل صنف من الطلبة رئيس أو مقدم يسمى سلطان الطلبة ينتخب لعام عادة.

العلماء: يعد عصر المنصور الموحدي العصر الذهبي لمدينة مراكش حيث رفع شأن المدينة وجملت، وكانت تلك الفترة من الفترات المميزة للحياة الفكرية والعلمية لمراكش. فظهر فيها من الأطباء بنو زهر ،وكذلك أبو إسحاق إبراهيم الداني الذي كانت له عناية بالغة بصناعة الطب، وكان أمين البيمارستان الذي بناه أبو يوسف، وكذلك ولداه. وكذلك محمد بن قاسم ابن أبي بكر القرشي المالقي ومن الرياضيين أبو البناء المراكشي . ومن الفلكيين علي بن عمر المراكشي. ومن الفلاسفة اشتهر ابن باجة ،و ابن طفيل ،و ابن رشد . ومن المؤرخين عبد الواحد بن علي التميمي المراكشي. ومن الشرعيين محمد بن محمد المراكشي. هذا بالإضافة إلى العدد الكبير من الشعراء والأدباء فضلا عن أهل الفن والمعمار والزخرفة.

المراجع

- عمارة المدن الاسلامية؛ د. اياد الرجبي.

- الرسول واسس العمارة الاسلامية؛ د. محمد شبلي.

- موسوعة الفنون والعمارة والاثار الاسلامية؛ مجموعة من المتخصصين

- تاريخ العمارة الاسلامية؛ د.سوسن نصر.

- الفن والعمارة الاسلامية في مصر؛ م. صابر ياسين.

- الطرز الاسلامية المعمارية؛ م.سحر سعود.

- تاريخ الفن الاسلامي؛ م.غسان وحيد آغا.

- العمارة الاسلامية عبر العصور؛ د.جميل قطش.

- الجمال والفن في الاسلام؛ د. انور عبد العزيز.

- تاريخ الحضارة الاسلامية؛ د.نظمي لوقا.

- الفن والعمارة في الهند؛ د. محمد زريا.

- الفن والعمارة في فارس؛ م. مصطفى سويف.

- مدخل الى الفن الاسلامي؛ د. عبد العزيز عزت.

- موسوعة الفنون الاسلامية؛ د. حلمي المليجي.

- الهندسة المعمارية من منظور اسلامي؛ د. زكريا ابراهيم.

- الفن والعمارة في تركيا؛ م. محمد جمال الدين.

- العناصر الزخرفية في الفن الاسلامي؛ م. هدى السيد احمد.

- علم الجمال عند المسلمين؛ د. وائل عبد العزيز.

- الحرف والفنون الاسلامية؛ د. ايمن سعادة.

T0271374

Printed in the United States
By Bookmasters